Die Grundtechniken des Karate

Roland Habersetzer

Die Grundtechniken des Karate

Vom Weißgurt bis zum 1. Dan

Aus dem Französischen
von Frank Elstner

Palisander

Der Verlag dankt Oliver Siegemund, Dr. Sven Hensel, Dr. Janett Kühnert und Norbert Wölfel (Shôtôkan – Chemnitzer Karateverein) sowie Mike John (Wadô-ryû – Chemnitzer WSV e. V.) für die fachliche Unterstützung bei der Redaktion.

Autor und Verlag danken Oliver Siegemund, Mike John, Jens Wendt, Janett Kühnert, Katrin Engelmann, Jörg Viedert, Ayub Inaev, Dennis Eckart, Robin Neubert, Jonas Neubert, Max Kusch, Maximilian Uhlig, Lukas Punkt, Christoph Kurz und Christoph Schneider, die als Modelle für die Fotografien in diesem Buch zur Verfügung standen.

Neuausgabe 2022
Titel der Originalausgabe:
Karaté pour les jeunes

Deutsch von Frank Elstner

Umschlaggestaltung: Anja Elstner
Lektorat: Palisander Verlag
Redaktion & Layout: Palisander Verlag
Illustrationen: Roland Habersetzer
Fotos: Isabelle Jans, Frank Elstner
Druck- und Bindearbeiten: Jelgavas tipogrāfija SI
Printed in Latvia
ISBN 978-3-957840-37-0

www.palisander-verlag.de

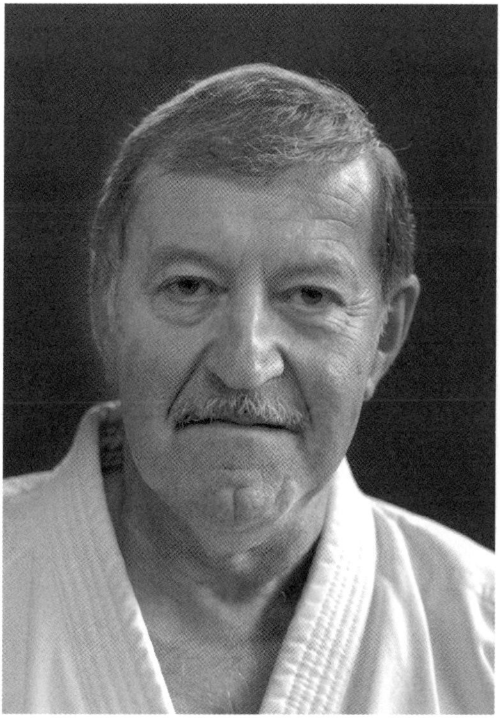

Hanshi Roland Habersetzer

Roland Habersetzer
Centre de Recherche Budo – Institut Tengu (CRB-IT)
7b, rue du Looch
67530 Saint-Nabor (Frankreich)
www.tengu.fr

Deutsche CRB-IT Website:
www.wslang.de/karatecrb/

Der Autor

Sensei Roland Habersetzer, Jahrgang 1942, seit 1974 Leiter des von ihm gegründeten »Centre de Recherche Budo – Institut Tengu« (Budô Kenkyukai – Tengu Gakuin) begann 1957 die Kampfkünste zu erlernen, zunächst Jûdô und schon bald darauf Karate. 1961 wurde er einer der ersten französischen Schwarzgurtträger im Karate. Seither ist er mit Leidenschaft als Lehrer dieser Kampfkunst tätig.

Im Jahre 1968 erschien sein erstes Sachbuch über die Kampfkünste. Heute besteht sein Werk aus nahezu 80 Büchern, was ihn zum Autor der weltweit bedeutendsten Buchreihe auf diesem Gebiet werden lässt. Seine Bücher, die zum Teil in mehrere Sprachen übersetzt worden sind, gelten in allen frankophonen Ländern als historisches, technisches und pädagogisches Standardwerk. Auch in vielen anderen Ländern besitzen sie hohes Ansehen.

Durch sein Wirken im Rahmen des CRB, durch zahlreiche Lehrgänge und Seminare auf der ganzen Welt und natürlich auch durch seine technischen Handbücher und historischen Werke leistete er echte Pionierarbeit, damit die traditionellen Werte seiner Kunst nicht verloren gehen. Zwischen 1962 und 2002 unterrichtete er in seinem Dôjô in Straßburg Karate, Kobudô und Taijiquan. Stets umfasste sein Ausbildungskonzept sowohl die Kampftechniken als auch deren kulturellen Hintergrund. Nach wie vor ist er als Budôka sehr aktiv, auch wenn sich seine Lehrtätigkeit inzwischen auf wenige Lehrgänge und Seminare hohen Anspruchs pro Jahr beschränkt.

Nachdem er verschiedene Graduierungen in Frankreich, Japan und China erhalten hatte, wurde Roland Habersetzer im April 2006 in Japan durch Ô-Sensei Ogura Tsuneyoshi der Titel eines Hanshi (9. Dan des Gembuko-Dôjô) sowie der Titel eines Sôke (Meister-Gründer) für seinen eigenen Kampfkunststil »Tengu no michi« (»Weg des Tengu«) verliehen.

Parallel zu seiner Tätigkeit als Budôka verfolgt er mit seiner Schule des Tengu eine neue Forschungsrichtung auf dem Gebiet der Kampfkünste. Das Ziel besteht darin, auf Grundlage des Studiums und des praktischen Vergleichs zahlreicher Formen des Kampfes mit und ohne Waffe zu einem umfassenden Konzept der Selbstverteidigung zu gelangen, das den Gegebenheiten des heutigen Lebens gerecht wird.

Illustrationen

Alle Zeichnungen entstammen der Feder des Autors. Das Foto des Autors stammt von Isabelle Jans. Alle anderen Fotografien stammen von Frank Elstner.

Der größte Teil der Zeichnungen in diesem Buch wurde anhand von Fotografien angefertigt. Dem Autor erschien diese Methode, ein praktisches Handbuch zu illlustrieren, schon immer als am besten geeignet, den Ablauf einer Bewegung (unterstützt durch Richtungspfeile) sowie die wesentlichen Punkte einer Haltung oder einer Technik darzustellen. Der Autor möchte daher insbesondere den Sensei Nakayama Masatoshi (1913-1987), Nishiyama Hidetaka (1928-2008), Kanazawa Hirokazu, Enoeda Keinozuke (1935-2003), Mochizuki Hirô und Shingo Ôgami danken, die ihm oftmals als Vorbilder für seine Zeichnungen gedient haben und die somit einen wichtigen Beitrag für die pädagogische Effektivität dieses Buches geleistet haben. Die Verwendung der Fotos dieser Sensei stellt auch eine Würdigung ihrer technischen Meisterschaft dar, die bereits ihre Schüler zu schätzen wussten und die sie in ihren jeweiligen Werken zum Ausdruck brachten.

Inhaltsverzeichnis

Vorwort zur deutschen Neuausgabe 2022

Diese Neuauflage eines Buches, mit dem seit seinem Erscheinen im November 2011 bereits eine sehr große Leserschaft erreicht wurde, erfüllt mich mit großer Zufriedenheit. Denn der Erfolg der »Grundtechniken des Karate« ist nicht nur ein Beweis dafür, dass die Praxis des Karate auf dauerhaftes Interesse in allen Altersgruppen stößt. Sie ist zugleich ein Lohn für die Arbeit des Autors, dem es am Herzen liegt, die Attraktivität des Karate zu vermitteln.

Für mich stellt dies auch eine gute Gelegenheit dar, noch auf einige wichtige Aspekte hinzuweisen. Ich habe bereits in den seit der ersten deutschen Auflage vorhandenen Begleittexten am Anfang und Ende dieses Buches (»Zurück zu den Grundlagen« und »Das Dô des Karate, oder von der Verantwortung des ›Schwarzgurts‹«) den Sinn, welcher der Praxis des Karate zugrunde liegen sollte, aufgezeigt. Es erscheint mir jedoch sinnvoll, Sie, bevor Sie mit der eigentlichen Lektüre des Buches beginnen, auf einige weitere Punkte aufmerksam zu machen, gleichgültig, ob Sie diese Kampfkunst bereits praktizieren oder ob Sie erst damit beginnen wollen.

Tatsächlich ist Karate ein ausgezeichnetes Mittel, um durch das Zusammenwirken von äußerer Energie (Muskelkraft, *Chikara*) und innerer Energie (Vitalkraft, *Ki*) den Körper und den Geist zu entwickeln. Wichtig ist dabei aber auch, durch die Praxis zu lernen, diese Energien zu kanalisieren und zu kontrollieren. Genau genommen ist das sogar das Wichtigste überhaupt … Ich möchte das im Folgenden näher erläutern.

In einer Gesellschaft, die unaufhörlich gewalttätiger wird und in der die Menschen zunehmend verunsichert und orientierungslos sind, ohne dass ihnen jemand Lösungen für ihre Probleme aufzeigt, kann die Praxis des Karate ein Weg sein, mit all dem besser zurechtzukommen. Das gilt vor allem dann, wenn man beizeiten damit beginnt, denn die Gewalt auf den Straßen betrifft in erster Linie junge Menschen, die Generation der Heranwachsenden.

Zweifellos kann Karate nicht allein die Lösung für alle Probleme bieten. Aber da Sie nun einmal die Tür eines *Dôjô* (»Ort, an dem man den Weg sucht«) durchschritten haben, können Sie dort Ihre persönliche Bewusstheit entwickeln, was sich auch auf die Menschen in ihrem Umfeld positiv auswirken wird.

Es geht um nichts Geringeres als darum, eine bessere Lebensqualität für alle zu erreichen. Ich will das erklären. – Der beste Kampf ist der, der nicht stattfindet.[1] Gewalt ist für gewöhnlich das Ergebnis eines übersteigerten Egos und des damit verbundenen Strebens nach Überlegenheit anderen gegenüber. Auch das Ringen um Medaillen in Sportwettkämpfen ist letztendlich Ausdruck eines solchen Strebens. Angesichts dessen stellt sich die Frage, ob es wirklich notwendig ist, Karate als Sport zu betreiben und damit als etwas, bei dem es darum geht, sich mit anderen zu vergleichen und sie zu übertrumpfen. Ich selbst habe dies stets vehement verneint. Ich habe auf die Gefahren hingewiesen, die aus dem Glauben erwachsen, dass nur der sportliche Wettkampf ein Vorankommen ermöglicht, wie es vor allem jüngeren Karateka suggeriert wird. Zweifelsohne ist solch eine sportliche Praxis verführerisch, aber sie ist auf keinen Fall notwendig. Karate eine Zeitlang als Sport zu betreiben, ist eine Option, niemals aber eine Pflicht. Ihre eigene Praxis kann von Anfang an einen authentischeren Sinn haben, der über kurzlebige Erfolgserlebnisse weit hinausgeht. Einen Sinn jenseits der simplen Strukturen eines »Kampfsports«.

Eine »Kampfkunst« – der begriffliche Unterschied zum »Kampfsport« scheint gering zu sein, ist aber von grundlegender Bedeutung – ist nicht einfach eine Sammlung von Techniken, die dazu bestimmt sind, sich anderen gegenüber durchzusetzen. Ihr traditioneller Sinn geht weit darüber hinaus: Er zielt auf die Praxis des Weges (*Dô*) ab, das heißt, aus dem Karate-jutsu, der »Technik der leeren Hand«, wird das Karate-dô, der »Weg der leeren Hand«. Diese Dimension zu erreichen, ist letztendlich das Ziel jeder intelligenten Praxis einer Kampf*kunst*, welcher Art auch immer. Eine solche hat einen echten erzieherischen Anspruch, der sich nachhaltig auf Ihr Leben und Ihre Beziehungen zu anderen Menschen auswirkt. Ein altes Sprichwort aus China, der Wiege der Kampfkünste, besagt: »Wenig zählt

---

[1] Anspielung auf das japanische Prinzip des Muto: »ohne Schwert«. Dabei handelt es sich um ein Kampfprinzip, das von Yagyu Muneyoshi Tajima-no-Kami in der zweiten Hälfte des 16. Jahrhunderts entwickelt wurde, auf der Grundlage seines Schwertkampfstils Yagyu Shinkage-ryu. Damit verbunden ist auch die Idee des Mutekatsu (»siegen, ohne zu kämpfen«). – Für alle in diesem Buch erwähnten kulturellen und historischen Aspekte der Kampfkünste sei auf das Werk »Enzyklopädie der Kampfkünste des Fernen Ostens« von Gabrielle und Roland Habersetzer verwiesen, erschienen 2019 im Palisander Verlag.

die Länge seines Schwertes, wenn der Mann nicht um die Tugend weiß.« Die Sorge um die »Länge des Schwertes« entspricht der ersten Ebene, der der Technik (*Jutsu*). Die obsessive Beschäftigung mit den Techniken verhindert bedauerlicherweise die innere Entwicklung der überwiegenden Mehrheit der Karateka, denn es geht ja in erster Linie um Sportveranstaltungen und Wettkämpfe. Die kriegerische »Tugend« hingegen, das sind die grundlegenden menschlichen Werte wie Bescheidenheit, Aufrichtigkeit, Rechtschaffenheit, Wohlwollen, Loyalität, Willenskraft, Durchhaltevermögen, Mut, Geduld, Achtung vor dem Leben und die Bereitschaft, sich anzustrengen.

Diese »Moral der Kampfkünste« gewinnt auf der zweiten Ebene an Bedeutung. Tatsächlich wäre es sinnvoll, sie bereits auf der ersten Ebene in den Vordergrund zu stellen, so wie es erstrebenswert wäre, generell den Stellenwert von Erziehung und Bildung in unserer Gesellschaft wieder zu erhöhen. Die scheinbare Gewalt in den Kampfkünsten, wie sie sich auch in den stets auf das »Sensationelle« fokussierten Medien widerspiegelt, mündet letztendlich in der Nicht-Gewalt. Denn der größte Kampf ist derjenige, den man – in seinem Innern – gegen sich selbst führt, gegen das eigene Ego. Der kriegerische Weg wird so zum Weg des Friedens. Das ist eine Entwicklung, von der ein jeder profitieren kann, denn sie führt zu einem harmonischeren und friedlicheren Miteinander, als wir es heute oft vorfinden.

Ich habe vor nunmehr 60 Jahren begonnen, dieser Überzeugung gemäß Karate und andere Kampfkünste in den *Dôjô* vieler Länder zu lehren. Sie durchzieht ebenso sämtliche Werke, die ich in meinem Leben verfasst habe.[2]

Es gibt noch einen zweiten Punkt von größter Bedeutung, auf die ich Ihr Augenmerk richten möchte. Wenn es auch stimmt, dass kein Buch einen Lehrer im *Dôjô* ersetzen kann, so kann das, welches sie jetzt in den Händen halten, Sie zumindest vorwarnen. Sie sollten sich dessen bewusst sein, dass ein »Trainer«, das heißt, eine Person, die Karate auf eine Weise unterrichtet,

---

[2] R. Habersetzer hat seit 1969 nahezu einhundert Werke über die Kampfkünste verfasst, mit besonderem Schwerpunkt auf Themen im Zusammenhang mit Karate. Einige davon wurden in deutscher Sprache im Palisander Verlag veröffentlicht.

als handele es sich um eine beliebige Sportart, bei der es nur darum geht, Spaß daran zu haben, nichts mit dem traditionellen japanischen Konzept des »Sensei« zu tun hat. Ein Sensei ist eine Person, die »vorangeht«, die »zuerst geboren wurde«, die »den Weg weist« und die verantwortungsbewusst die Mittel wählt, die sie für angemessen hält, damit Sie selbst diesen Weg für sich entdecken können. Ein Sensei ist wie ein älterer Bruder oder wie ein Vater, dem die Entwicklung seiner Schüler am Herzen liegt und der aus ihnen Männer und Frauen formen möchte, die verantwortungsbewusst handeln. Ein Sensei wird eine gefestigte Persönlichkeit aufweisen. Das von ihm vermittelte Wissen zeichnet sich durch Tiefgründigkeit aus. – Treffen Sie die richtige Entscheidung, wem Sie sich oder Ihr Kind anvertrauen, und treffen Sie sie rechtzeitig.

Ich wünsche Ihnen, dass Sie »die Freude auf dem Weg« (*Dô-raku*) entdecken. Wird diese Freude im tiefsten Innen empfunden, wie etwas, das Ihrem Leben im Alltag frischere Farben verleiht, etwas, das weit hinausgeht über trügerische »Belohnungen«, die lediglich ihrem Ego schmeicheln wollen, dann werden Sie wissen, dass Sie sich auf dem »Weg« (*Dô, Michi*) befinden. Vom weißen Gürtel bis hin zu den höchsten Niveaus. Wenn Sie dies wollen. Wenn Sie die Herausforderung verstanden haben, die Sie und uns alle betrifft. Und dann werden Sie Ihrerseits das *Dô-raku* an andere weitergeben.

Welches Niveau Sie letztendlich anstreben, obliegt natürlich allein Ihnen. Diese Seiten vermitteln Ihnen die Grundtechniken, die in jedem Fall erforderlich sind. Wie auch immer Ihre Entscheidung ausfällt und was auch immer Sie für die kommenden Jahre anstreben, ich wünsche Ihnen einen guten und langen Weg. Mögen Sie rechtzeitig alle falschen Fährten erkennen, die sich in den Wirren der modernen Gesellschaft vor Ihnen auftun werden und auf denen sich zu verlieren leichter ist als je zuvor! Ich denke, ich habe in meinem Leben alles getan, um dabei zu helfen. Und es ist genau in diesem Sinne, dass ich diese Zeilen verfasst habe …

Roland Habersetzer
9. Dan Karatedô (Japan), Hanshi
Tengu no michi no Sôke
Saint-Nabor, Herbst 2022

Welcher geheimen Tradition Sie auch angehören mögen, welche Technik Sie auch immer anwenden – solange Ihr Geist Gefangener dieser Technik ist, werden Sie eine Niederlage erleiden.

Yagyû Munenori (1571-1646)
Meister des Yagyû Shinkage-ryû, Schwertmeister am Hofe der Tokugawa-Shôgune

Zurück zu den Grundlagen

Auf den ersten Blick scheint Karate ein großartiger Wettkampfsport zu sein. So gesehen, verfolgt es die gleichen Ziele wie andere Sportarten. Aber es verbirgt sich weit mehr dahinter: Wer Karate übt, wird schon bald in Bereiche vorstoßen, in denen sich andere Ziele offenbaren, die aufgrund ihrer Tiefgründigkeit noch viel großartiger sind. Dies setzt natürlich voraus, man verspürt die Neugierde und den Wunsch, sie zu ergründen, und es wird einem die Möglichkeit dazu geboten. Tatsächlich gibt es keine Grenze für das, was man auf dem Weg des Karate lernen und vervollkommnen kann.

Ein Buch kann niemals einen Lehrer ersetzen. Aber es kann die Ausbildung auf nützliche Weise begleiten, indem es die Aufmerksamkeit lenkt und bei den ersten Schritten Hilfestellung leistet. Darüber hinaus kann es hervorheben, was bei jeder Entwicklungsstufe wesentlich ist.

Das Hauptziel dieses Buches besteht darin, dem Leser die Techniken zu vermitteln, wie sie allgemein in den Schulen des Shôtôkan und des Wadô-ryû[3] geübt werden. Dies geschieht auf die bestmögliche Weise, das heißt durch bildliche Darstellung. Der erläuternde Text ist dabei auf das Wesentliche reduziert, denn eine knappe Skizzierung ist in der Regel klarer als weitschweifige Erklärungen. Die Bilder zeigen deutlich, worauf es ankommt. Sie werden den Leser auf seinem Weg begleiten, bis hin zum schwarzen Gürtel. Und selbst dann wird er gewiss immer wieder darauf zurückgreifen wollen.

Dargestellt werden die grundlegenden Techniken der *Budô*-Kampfkunst Karate, wie sie einst von den Gründern der japanischen Schulen (*Ryû*) gelehrt und seither von Generation zu Generation weitergegeben wurden. Diese Grundtechniken sind auch heute noch auf der ganzen Welt die in den

[3] Shôtôkan und Wadô-ryû sind die in Frankreich, dem Heimatland des Autors, verbreitetsten Karatestile.

Dôjô, den Vereinen und den Verbänden am häufigsten geübten. Ihre Ausführung in den verschiedenen Stilrichtungen unterscheidet sich letztendlich nur geringfügig. Sie entstammen Bewegungsformen für den Kampf, die in China entstanden und die im 19. Jahrhundert auf Okinawa und später in Japan weiterentwickelt wurden. Sie haben sich im Lauf der Jahrhunderte immer wieder bewährt, vor allem in Zeiten des Waffenverbots, als es darum ging, im Kampf auf Leben und Tod mit nichts weiter als den bloßen Händen und Füßen gegen bewaffnete Kämpfer bestehen zu können.

Diese Techniken sind das Gepäck, das jeder Karateka auf seinem Weg der Graduierungen vom weißen bis zum schwarzen Gürtel aufsammeln muss. Sie sind die Grundlage für effektives Training. Mit ihrer Hilfe kann man lernen, den eigenen Körper auf optimale Weise im Kampf einzusetzen. Sie schulen den Gleichgewichtssinn und die Koordination der Muskeln. Der Karateka lernt durch sie auch, die sogenannte Vitalenergie (*Ki*), die jeder in sich trägt, einzusetzen, und er lernt, sowohl die statische als auch die dynamische Kraft auf intelligente Weise zu nutzen. Ihr Training führt dazu, dass der feste Wille, ein bestimmtes Ziel zu erreichen und die entsprechende koordinierte, effektive Aktion des Körpers zu einer Einheit werden. Sie schmieden den Körper zur »Waffe« und formen zugleich den Geist, so dass er diese Waffe kontrollieren kann.

Die Karatetechniken sind das Ergebnis von Erfahrungen aus Kämpfen auf Leben und Tod. Sie waren ursprünglich nicht im mindesten dafür gedacht, je im Rahmen von Sport eingesetzt zu werden, wie dies heute der Fall ist. Sie wurden über viele Generationen hinweg immer weiter durch kämpferische Praxis vervollkommnet.[4] Sie sind bewährt und zuverlässig. Auch das kleinste Detail der Techniken hat einen Sinn.

Eine ausgeführte Technik ist zunächst nichts weiter als eine Bewegung. Worauf es aber ankommt, ist der »Geist der Bewegung«, die Intention hinter der Technik. Man darf nie vergessen, dass eine Technik ohne den ent-

[4] Einzelheiten über die historische Entwicklung und die Grundlagen des Karate finden sich u. a. in den folgenden Werken: Habersetzer, R.: Bubishi. An der Quelle des Karatedô. Chemnitz: Palisander Verlag, 5. Aufl. 2020; Habersetzer, R.: Koshiki Kata. Die klassischen Kata des Karatedô. Chemnitz: Palisander Verlag, 5. Aufl. 2020; Mabuni, K.: Leere Hand. Vom Wesen des Budô-Karate. Chemnitz: Palisander Verlag, 3. Aufl. 2016; Habersetzer, R. und G.: Enzyklopädie der Kampfkünste. Chemnitz: Palisander Verlag 2019.

sprechenden Geist nichts wert ist, selbst wenn ihre Ausführung tadellos ist. Die Bewegung ist dann nur eine spielerische oder ästhetische Vorführung, Ausdruck eines Nichtverstehens des tatsächlichen Gehalts dessen, was sich darin verbirgt. Es ist demzufolge wichtig, nicht zum Sklaven der Technik zu werden. Eine Kampfkunsttechnik ist immer vor allen Dingen eine adäquate Antwort auf ein Problem, das sich stellt. Was zählt, ist demzufolge nicht, dass die ausgeführte Technik besonders gut aussieht, sondern dass sie ihren Zweck erfüllt. Hinter jeder Ausführung einer Technik muss ein Wille, eine Motivation, ein geistiger Hintergrund stehen. Das scheint offensichtlich zu sein, aber dennoch …

Man hüte sich vor einem Training, in dem Techniken auf eine Weise gelehrt werden, dass der Geist von ihrem wahren Inhalt abgelenkt wird. Immer sollte es darum gehen zu lernen, wie man die körperliche Unversehrtheit durch eine effektive, kontrollierte und präzise Reaktion auf eine Bedrohung gewährleisten kann. Jede andere Ausrichtung, wie zum Beispiel ästhetische Vorführungen, Bemühungen, das Ego zu stärken, oder das Training von Techniken mit dem einzigen Ziel, in einem Sportwettkampf anzutreten, können rasch zu einem falschen Gefühl von Sicherheit führen. Dies wiederum kann im wirklichen Leben zur Folge haben, dass man unbesonnen handelt und gefährliche Risiken auf sich nimmt oder gesetzwidrig handelt. Im schlimmsten Fall lässt man sich leichtfertig in eine Spirale der Gewalt hineinziehen, weil man glaubt, dass man aufgrund seines Karatetrainings nichts zu fürchten habe.

Tatsächlich kann schon ein allzu routinehaftes, allzu konventionelles Training in die Katastrophe führen. Das Problem besteht darin, dass solch routinehafte Trainingsgewohnheiten eine gewisse Bequemlichkeit zur Folge haben. Man erreicht ein bestimmtes Niveau und verharrt dort, ohne das Erreichte in Frage zu stellen; schließlich ist es unbequem, Gewohnheiten zu ändern. Aber entstanden sind die Bewegungen des Karate einzig und allein aus Situationen unausweichlicher Gefahr. Sie drücken den Willen aus, dieser Gefahr zu begegnen. Und um dies zu ermöglichen, müssen sie wirklich beherrscht werden. Die Bewegungen im *Kihon* – das heißt die wiederholte Ausführung der Grundtechniken – müssen demzufolge in diesem Sinne realistisch und glaubhaft sein und nicht unnötig ausgefeilt. Jede Bewegung muss die Folge einer geistigen Entscheidung sein. Diese führt dazu, dass das »Muskelgedächtnis« aktiviert wird; Geist und Körper handeln spontan als Einheit. Diese antrainierte Körperreaktion ist alles andere als ein unbeherrschter Reflex. Genau im erforderlichen Moment muss die adäquate Reaktion des Körpers erfolgen, die durch die »richtige« Geisteshaltung ausgelöst wird.

Das *Kihon* verlangt demzufolge eine immerwährende Aufmerksamkeit, gleichgültig, ob jemand Anfänger, Fortgeschrittener oder gar schon Experte ist – Fortschritt ist auf jedem Niveau möglich. Mit jeder Wiederholung prägen sich die Techniken mehr und mehr in Körper und Geist ein, aber sobald die dauernde Aufmerksamkeit nachlässt oder gar vollkommen schwindet, lässt auch die Merkfähigkeit rasch nach.

Das Wesentliche beim *Kihon* lässt sich mit den folgenden Stichpunkten zusammenfassen: Respekt vor der Form der Ausführung, Konzentration, Präzision, Kontrolle, Wille nach Vervollkommnung, andauernde Geduld … Allesamt Konzepte, die nicht unbedingt dem herrschenden Zeitgeist entsprechen. In der heutigen Gesellschaft geht es fast immer nur darum, so rasch wie möglich die gewünschten Ergebnisse zu erreichen, am besten augenblicklich. Dennoch ist alle Mühe gerechtfertigt. Ein Baum, dessen Wurzeln gekappt werden, stirbt. Der erste Windstoß wird ihn umstürzen. Die Wurzeln einer jeden Kampfkunst sind die Grundtechniken. Damit ist alles gesagt.

Der berühmte General Qi Jiguang (1528-1588) schrieb in seiner Abhandlung über die »32 Formen des Boxens des Kaiser Song Taizu«,[5] die als Quelle aller Techniken des Zweikampfes gelten: »Die Effektivität muss in einer einzigen Bewegung liegen. Wer die Körperhaltung nicht richtig begreift, wird auch mit zehn Bewegungen uneffektiv sein.« Des weiteren erklärt er: »Kennt einer die abgebildeten Bewegungen, kann man ihn die acht Methoden lehren. Weiß einer um das Satteln, kann man ihn das Galoppieren lehren.« Dies bedeutet, dass man zuerst die Techniken der 32 Formen kennen und verinnerlichen muss, bevor man zum Verständnis der »acht Methoden« des Kampfes gelangen kann, ähnlich, wie dies beim Reiten der Fall ist. Erst muss man lernen, sein Pferd richtig zu satteln,

---

[5] Siehe Habersetzer, R.: Bubishi. An der Quelle des Karatedô. Chemitz: Palisander Verlag. 5. Aufl. 2020.

dann kann man das Reiten (Galoppieren) lernen. Mit den Techniken des *Karatedô kihon waza*, fernen Nachkommen dieser alten chinesischen Formen, ist es nicht anders. Sie helfen einem dabei, das Pferd zu satteln. Sie sind wie Tonleitern, die man lernen muss, um eines Tages echte Musik spielen zu können. Und eines Tages kann man dann endlich galoppieren, und das Musikspiel wird keine Kakophonie mehr sein. Jetzt wirkt das Karate nicht mehr unbeholfen. Man ist nach außen effektiv – im Kampf – und auch nach innen – hinsichtlich der Arbeit mit der inneren Energie und der Selbsterkenntnis. Ab einer gewissen Stufe des Fortschreitens, der Meisterschaft, gehen die äußere und die innere Effektivität Hand in Hand.

Doch selbst hier sollte Raum für gewisse Zweifel bleiben. Ein altes okinawanisches Sprichwort besagt: »Die *Kata* ist festgelegt, die Technik ist festgelegt, aber wenn man nicht weiß, wie man die Technik verändert, nutzt das alles nichts.« Und der berühmte Meister des Bogenschießens (*Kyûdô*) Anzawa Heijirô (1887-1970) sagte: »Wer sich vollkommen auf die Technik konzentriert, verliert den Weg.« Die Technik ist in der Kunst des *Karatedô* nicht alles. Man muss danach streben, sie perfekt zu beherrschen, aber eines Tages muss man sie dennoch hinter sich lassen. Dies gilt im übrigen für jede Kampfkunst: die höchste Effektivität, die wahre, kompromisslose, beruht auf der Einfachheit der Techniken, ihrer Reduzierung auf das Wesentliche. Ein alter Spruch aus den Kampfkünsten besagt: »Im Geist des Anfängers gibt es noch wenig Möglichkeiten. – Und im Geist des Experten gibt es *nur* noch wenige.« Diese Aussage ist eine wertvolle Entdeckung, zu der man nur auf dem Weg der Erfahrung gelangen kann, das heißt mit der Zeit.

Mit diesem Blick zum Horizont der Praxis des *Karatedô* sind auch die Grenzen dieses Buches erreicht … Der Weg (*Dô* bzw. *Michi*), auf den man sich begibt, wenn man zum ersten Mal einen weißen Gürtel über seinem *Keikogi* verknotet, ist ein langer. Wer unterwegs nicht anhält, dem verheißt dieser Weg unerwartete und großartige Entdeckungen, das ganze Leben lang.

Doch zunächst einmal kommt es darauf an, regelmäßig und bescheiden zu den Grundlagen, dem *Kihon*, zurückzukehren. – Ich wünsche jedem, der dieses Buch aufschlägt, große Beharrlichkeit beim Training und Vertrauen in den Erfolg.

Roland Habersetzer
Saint-Nabor, Herbst 2011

Einleitung

Dieses Buch enthält die folgenden Abschnitte:

1. Die zehn Grundlagen, auf denen die Techniken und der Geist der Technik des Karate beruhen.

2. Alle Grundtechniken (*Kihon waza*), deren korrekte Vorführung bei der Prüfung zum 1. Dan verlangt wird. Korrekt bedeutet hierbei, sie müssen mit Kraft, Schnelligkeit, Präzision und Kontrolle ausgeführt werden. Darüber hinaus muss die Ausführung die Absicht, die hinter der Bewegung steht, erkennen lassen. Diese Techniken werden für die Stile Shôtôkan und Wadô-ryû dargestellt. Für jede Technik werden die wichtigsten Aspekte bei der Ausführung (die Grundsätze) erläutert. Deren (nachweisbare) Beherrschung ist unerlässlich.[6] Die *Kihon waza* werden in diesem Buch in alphabetischer Reihenfolge vorgestellt.[7]

   Darüber hinaus werden einige Beispiele für die Kombination von Techniken dargestellt (*Renzoku waza*), entweder am Ort oder verbunden mit Ortsveränderungen. Die Vielfalt möglicher Kombinationen ist natürlich endlos. An dieser Stelle sei darauf verwiesen, dass eine solche Abfolge von Techniken nur dann ausgeführt werden kann, wenn man all ihre Bestandteile meistert. Eine Häufung selbst kleinerer Fehler wird immer nur zu einer wenig überzeugenden Leistung führen, was im übrigen durch den *Sensei* (Lehrer) oder die Prüfungsjury zu recht beanstandet werden wird.

   Die Bewertung (Gürtelprüfung) berücksichtigt nicht nur die exakte Abfolge der Bewegungen bzw. die Präzision der ausgeführten Techniken, sondern beruht vor allem auch auf dem allgemeinen Eindruck von der freigesetzten Kraft, der Standsicherheit, dem Gleichgewicht, der Schnel-

[6] Die in diesem Buch vorgestellten Techniken entsprechen im übrigen zu 90 Prozent den Grundlagen im Kampf, wie sie im »Weg des Tengu« (*Tengu no michi*) von Sôke Habersetzer gelehrt werden, insbesondere in dessen Komponente *Tengu ryû Karatedô*. Siehe Habersetzer, R.: Tengu, ma voie martiale: pour un art martial aux normes de notre temps. Paris: Editions Amphora 2007.

[7] Welche Techniken für welchen Gürtelgrad bei den Prüfungen verlangt werden, ist aus den jeweiligen Prüfungsordnungen der Verbände ersichtlich, die in der Regel im Internet verfügbar sind.

ligkeit, der Explosivität (*Hakei*), dem *Kime*, der Synchronizität von Atmung und Technik, der Einheit von Wille und Aktion[8] und dem korrekten (realistischen) Rhythmus der ausgeführten Techniken. – Das Urteil hinsichtlich dieser Elemente wird um so strenger ausfallen, je höher der angestrebte Grad des Prüflings ist. Daran ändert auch die Tatsache nichts, dass die konkreten Anforderungen hinsichtlich der Gürtelprüfungen sich in den einzelnen Verbänden und Vereinen unterscheiden.

Der Schlüssel zum Erfolg liegt demzufolge in der Geduld. Es ist von größter Wichtigkeit, regelmäßig zu den Grundlagen zurückzukehren.

3. Eine Einführung in die korrekte Anwendung der Grundtechniken beim Üben mit dem Partner, dem *Kumite*. Hierbei geht es um festgelegte Abfolgen von Angriff, Verteidigung und Gegenangriff.

   Die Bewertung (Gürtelprüfung) beruht zum einen auf der Vielfalt und der Angemessenheit der eingesetzten Techniken, die nicht auf Schläge und Tritte (*Atemi*) beschränkt sind, sondern auch Griffe, Würfe, Hebel oder Würgetechniken umfassen. Zum anderen fließen die Geisteshaltung (*Zanshin*), die Koordinierung der eingesetzten Techniken, der Einsatz des Kampfschreis (*Kiai*), die Beherrschung des Abstands (*Maai*), das Timing und der Sinn für Strategie in die Bewertung ein. Wichtig ist auch, dass Uke auf die Angriffe Toris nicht immer auf ein und dieselbe Weise reagiert.

   Der Krafteinsatz spielt für die Bewertung niemals eine entscheidende Rolle. Wesentlich wichtiger ist die Kontrolle der Techniken, das Stoppen des Stoßes kurz vor dem Auftreffen am Gegner (*Sundome*). In einem *Dôjô*, in dem der »Gegner« vor allem ein Partner ist, der es einem ermöglicht, sich weiterzuentwickeln, ist dies essentiell, und somit ist es auch ein entscheidendes Kriterium bei Gürtelprüfungen.

Der Karateka sollte sich dessen bewusst sein, dass er in der Lage sein muss, seinen Fortschritt sowohl bei der Vervollkommnung der Techniken als auch hinsichtlich des »Geistes der Techniken« deutlich zum Ausdruck zu bringen. Dies gilt für beide Trainings- und Prüfungsformen, *Kihon* und *Kumite*.

[8] Das heißt, die Einheit von Körper und Geist; es soll ein echtes kämpferisches Ki zum Ausdruck gebracht werden. – Anm. d. Autors.

Shôtôkan und Wadô-ryû

Shôtôkan

Shôtôkan ist ein von Funakoshi Gichin (1868-1957) in den 1920er Jahren in Japan eingeführter Karatestil. Shôtôkan-ryû bedeutet »Schule des Hauses von Shôtô«. Shôtô, »sanfte Wellenbewegungen der Pinienbäume im Wind«, war das literarische Pseudonym Funakoshis, der nicht nur Volksschullehrer, sondern auch Dichter und Kalligraph war. Dieser Stil ist in seiner heutigen Form eine der vier großen Hauptströmungen des Karate, neben dem Gôjû-ryû, dem Wadô-ryû und dem Shitô-ryû. Allerdings hat er sich seit Gründung der Japan Karate Association (JKA) im Jahre 1949 durch Nakayama Masatoshi (1913-1987) und vor allem nach dem Tod des Stilgründers stark verändert und eine sportliche Prägung erhalten. Funakoshi, der in den ersten Jahren der Existenz der JKA offiziell an deren Spitze stand, hat sich Zeit seines Lebens einer solchen sportlichen Ausrichtung widersetzt. Doch 1955 übernahm Nakayama die Leitung des Verbandes und arbeitete von nun an unermüdlich an der Verbreitung des Shôtôkan. Er veranlasste, dass die Ausbilder, allesamt exzellente Techniker und gefährliche Kämpfer, in die Welt reisten, um mit großem Erfolg diesen Karatestil in seiner neuen Ausrichtung zu verbreiten.

Das heute praktizierte Shôtôkan hat sich unleugbar vom ursprünglichen Shôtôkan-ryû entfernt, welches dem Okinawa-te (bzw. Tôde) und damit auch den chinesischen Wurzeln noch recht nah war. Funakoshi Yoshitaka (1906-1945), der Sohn Gichins, hat hierbei eine entscheidende Rolle gespielt. Er hatte 1938 die technische Leitung des Shôtôkan-Dôjô in Tokio übernommen und seine eigenen, extremen Konzepte und neue Techniken eingebracht – so zum Beispiel sehr tiefe Stände, lange Angriffe, Blöcke mit großem Kraftaufwand oder das Streben nach Effektivität durch einen einzigen entscheidenden Schlag. Diese Konzepte wurden zur Grundlage für die sportliche und Wettkampfpraxis, wie sie sich in der Folge rasch entwickelt hat. Aus diesem Grund hat der heute weltweit verbreitete Karatestil nur noch wenig mit dem Shôtôkan der 1930er Jahre zu tun, auch wenn man sich bis heute gern auf den Stilgründer beruft.

Im übrigen zerfiel der Stil, vor allem nach dem Tode Nakayamas, in mehrere Schulen, die durch langjährige leitende Mitglieder der JKA gegründet wurden. Machtkämpfe, Streitigkeiten über die sportliche Ausrichtung und die Frage, wie weit man damit gehen kann, ohne dass der Begriff des *Karate-dô*, des kriegerischen »Wegs« des Karate als Gegensatz zum Begriff des Wettkampfkarate, seinen Sinn verliert, haben das Gebäude unterminiert. Während der 1990er Jahre wurde die Zersplitterung des von Funakoshi Gichins begründeten Stils vollendet; die weltweiten Verwaltungsstrukturen sind zerfallen. Das ist das Ergebnis der Versuche der einzelnen Verbände, einander zu übertrumpfen, sowie der Günstlingswirtschaft der angesagtesten Experten. Trotz allem hat aber das technische Profil des Shôtôkan seine Einheit bewahren können.

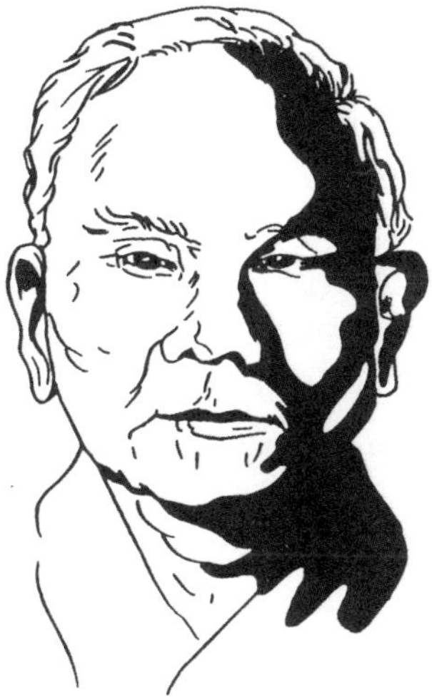

Funakoshi Gichin

Funakoshi Gichin

Der Gründer des Shôtôkan-Stils brachte Anfang der 1920er Jahre das Okinawa-te[9] nach Japan. Damit verlieh er, ohne es zu ahnen, der »Kunst der leeren Hand«[10] einen entscheidenden Impuls, der in der Folge zu einer weltweiten Verbreitung mit endlosen Verzweigungen führen sollte. Kein Karateka, welchen Stil er auch praktizieren möge, kann die grundlegende Rolle, die dieser Okinawaner spielte, leugnen; er hat den Weg gebahnt für andere Experten, die begeistert seinem Beispiel folgten und die japanischen Universitäten mit ihren Künsten in den Bann schlugen. Aus diesem Grund

[9] Die bedeutendsten Schulen des Okinawa-te waren das Shuri-te, das Naha-te und das Tomari-te. Funakoshi war Experte im Shuri-te.

[10] Kara: jpn. leer. Te: jpn. Hand.

nennt man ihn den »Vater des modernen Karate«. Sein Shôtôkan-ryû prägte zahlreiche Experten, die später weltberühmt wurden. Funakoshi war keine auffallende Erscheinung. Er war nur 1,67 Meter groß und wog knapp 65 Kilogramm. Aber in den Augen vieler seiner Zeitgenossen war er ein Mensch, der seinesgleichen suchte. Er verfügte über große Geisteskraft, war äußerst rechtschaffen und zudem freundlich und von tadellosem Auftreten.

Bereits in seiner Schulzeit fand er die große Leidenschaft seines Lebens, die Kampfkunst. Einer seiner Klassenkameraden war der Sohn von Asato Yasutsune (Ankô) (1827-1906), eines der größten Experten des Okinawa-te, Spross einer Familie, die auf ganz Okinawa hoch angesehen war. Durch Meister Asato lernte der junge Gichin eine Urform des Karate kennen, zu einer Zeit, als Unterricht im Kämpfen noch verboten war und man heimlich in der Nacht üben musste und sein Wissen nicht zur Schau stellen durfte. Aber das Training unter solch verschwörerischen Bedingungen schmiedete seinen Willen und seinen von Natur aus schwächlichen Körper. Funakoshi fühlte sich sehr wohl, und jahrelang führte er das nächtliche Training im Hause von Meister Asato fort, dessen einziger Schüler er lange Zeit blieb. In jener Zeit wurde er auch Itosu Yasutsune (Ankô) (1832-1916) vorgestellt, einem sehr guten Freund Azatos, und er wurde auch dessen Schüler.

Funakoshi machte schließlich einen Abschluss als Volksschullehrer und wurde an eine Schule in Naha, der Hauptstadt Okinawas, versetzt. Später wurde er Präsident des »Okinawa Shobu Kai«, einem Verband für die Förderung der okinawanischen Kampfkünste. 1922 reiste der 53jährige Funakoshi nach Tokio, wo er mit einer öffentlichen Karatevorführung für unerwartet großes Aufsehen sorgte. Dieses Ereignis sollte historische Bedeutung erlangen. Kanô Jigorô, der Begründer des Kôdôkan-Jûdô, bat ihn, in Japan zu bleiben und hier seine Kunst zu unterrichten, die er sehr hoch schätzte.

Die Studenten an den japanischen Universitäten waren jedoch eher an moderner sportlicher Praxis interessiert, als daran, eine als überholt angesehene Tradition aufrechtzuerhalten. Damit nahm der langsame Verfall dieser Tradition seinen Lauf. In diesem Zusammenhang ist es auch von Bedeutung, dass die Entwicklung des Karate in jenen Jahren durch das aufstrebende Militär Japans begünstigt und beeinflusst wurde, was einen bedeutenden negativen Einfluss auf die zutiefst humanistische Botschaft hatte, die Funakoshi, dessen Denken durch den chinesischen Konfuzianismus geprägt war, verbreiten wollte. Schon bald stellte sich heraus, dass der »Funakoshi-Stil« nicht das war, was die Mehrheit der jungen Japaner erwartete, die eher auf Wettkampf und Konfrontation aus waren.

Tatsächlich wollte der alternde Meister die Aufmerksamkeit seiner Schüler auf den »Geist der Techniken« richten, das heißt auf das Wesentliche der Botschaft, die er aus Okinawa mitgebracht hatte. Diese Botschaft war eine Philosophie, ein Weg (*Dô*) für das Leben und die Vervollkommnung des Menschen auf der Suche nach sich selbst. Sein eigenes Verhalten, seine Kultur, seine Nüchternheit und die Lebendigkeit seines Geistes gaben das beste Beispiel für diesen Weg.

Wadô-ryû

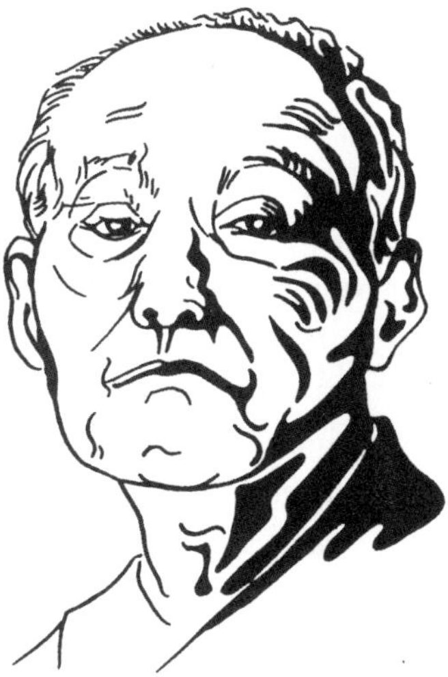

Ôtsuka Hironori

Dieser Karatestil wurde durch Ôtsuka Hironori (1892-1982) gegründet. Wadô-ryû bedeutet »Schule (*Ryû*) des Weges (*Dô*) der Harmonie (*Wa*)«. Der Stil stellt eine Synthese aus Techniken des japanischen Jujutsu und des okinawanischen Karate dar, wie es seit Anfang der 1920er Jahre durch Funakoshi Gichin in Japan eingeführt wurde. Die Bewegungen beruhen auf dem Prinzip der Flexibilität (*Ju*) und stehen in Einklang mit den natürlichen Prinzipien (*Wa*). Das drückt sich im Vergleich zum Shôtôkan in kürzeren Techniken, höheren Stellungen, einer größeren Flexibilität des Körpers und flüssigeren Ortsveränderungen aus. Somit ähnelt das Wadô-ryû in seinen Grundlagen eher dem Jujutsu und dem Aikijutsu. Auch zeichnet sich der Stil durch eine bessere Verknüpfung zwischen Schlägen (*Atemi waza*), Gelenkhebeln (*Kansetsu waza*) und Würfen (*Nage waza*) aus. Großer Wert wird darauf gelegt, die Energie des gegnerischen Angriffs eher durch Ausweichbewegungen (*Tai sabaki*) als durch kraftvolles Blocken abzuleiten.

Ôtsuka Hironori

Der gebürtige Japaner begann im Alter von 6 Jahren bei seinem Vater Jujutsu zu lernen. Mit 13 Jahren begann er den Stil Shindô Yoshin-ryû zu trainieren, in dem er 1921 den Meistertitel (*Menkyô kaiden*) erhielt. Im Jahr darauf lernte er Funakoshi Gichin kennen, den er im Meishojuku von Tokio begegnete. Er war begeistert vom okinawanischen Karate und begann unverzüglich mit dem Training. Schon bald wurde er einer der besten Schüler des Meisters aus Okinawa, und er begleitete ihn auf seinen Rundreisen und bei seinen Vorführungen. Oft unterstützte er ihn auch in seiner Tätigkeit als Trainer. Da Ôtsuka das Training des *Kumite* einführte, während Funakoshi Gichin das ausschließliche Üben der *Kata* bevorzugte, kam es ab 1929 zu Meinungsverschiedenheiten, vor allem aber auch zwischen Ôtsuka und Funakoshis Sohn Yoshitaka. Dies führte dazu, dass Ôtsuka im Jahre 1930 seinen Lehrer verließ und Abstand vom Shôtôkan nahm.

1934 begann er sein eigenes Konzept vom *Karatedô* zu unterrichten, und 1939 verlieh er diesem den Namen *Wadô-ryû karatedô*. Seine Lehren beruhten mehr auf Flexibilität und Ausweichbewegungen als Funakoshis Shôtôkan-ryû, worin sich sehr deutlich der Einfluss des alten japanischen Jujutsu zeigte. In diesem Sinne war das Wadô-ryû das erste Karate »made in Japan«, im Gegensatz zu verschiedenen Stilen, die nach Funakoshi aus Okinawa eingeführt wurden. Ôtsuka Hironori erhielt im Jahre 1966 eine sehr hohe Auszeichnung vom Kaiser für seinen Beitrag zur Entwicklung des Karate in Japan. Er starb im Januar 1982. Er hatte zwei Töchter und zwei Söhne, von denen der jüngere, Ôtsuka Jirô, sein Nachfolger als Oberhaupt des Wadô-ryû wurde und als solcher den Vornamen des Vaters (Ôtsuka Hironori II) übernahm.

I

Die Grundlagen des Karate

Zehn Grundlagen zum richtigen Verständnis von Geist und Technik der »Kunst der leeren Hand«

1. Respekt

Mitunter verwendet man den Begriff *Karatedô* für Karate. Dieser kleine Zusatz »*dô*« bezeichnet auf japanisch den »Weg« oder den »Pfad«, der denjenigen, der sich in etwas übt, eines Tages zur Vollendung führt. Das gilt für die Techniken des Karate, aber auch für andere nicht weniger faszinierende Dinge, die sich dem Praktizierenden auf diesem phantastischen Entwicklungsweg, zu dem Kampfkunst werden kann, offenbaren können. – Es ist sicher schwer zu verstehen, dass die Kunst des Kämpfens letztendlich zu Toleranz und Frieden führt, dass ein echter »Krieger« ein friedfertiger Mensch ist. Aber das ist der wahre »Weg« des *Budô*, der Kampfkünste des alten Japan, wie die Meister der Tradition ihn stets gewissenhaft gelehrt haben.

Viele Bräuche des alten Karate wurden bis zum heutigen Tag beibehalten. Sie werden noch immer gelehrt, weil sie einen Sinn haben. Tatsächlich sind sie es, die den Bewegungen, den Techniken des Karate ihre Bedeutung geben. Darüber hinaus lehren sie den Karateka, Verantwortung für sein Verhalten zu übernehmen. Ohne sie hätte Karate keine Seele, kein Herz mehr. Dank ihrer bleibt die Kampfkunst ein unvergleichlicher Weg der Erziehung des Menschen, ein Weg, der jede Mühe wert ist. Alles beginnt damit, dass man die Ursprünge der Verhaltensregeln *begreift* und dass man *Respekt* vor der Überlieferung zeigt wie auch vor denen, die dieses Wissen bis zum heutigen Tag weitergegeben haben.

1.1 Die Meister des Karate

Karate ist eine Kampftechnik, die auf dem Einsatz der bloßen Hände und Füße beruht. Es ist eine Art Boxen ohne Handschuhe, ein Fechten mit dem Körper als Waffe. Beherrscht man diese Technik auf vollendete Weise, wird sie eine echte Bewegungskunst, vor allem über die Beherrschung der alten *Kata*. Das moderne Karate ist tief in der Vergangenheit verwurzelt:

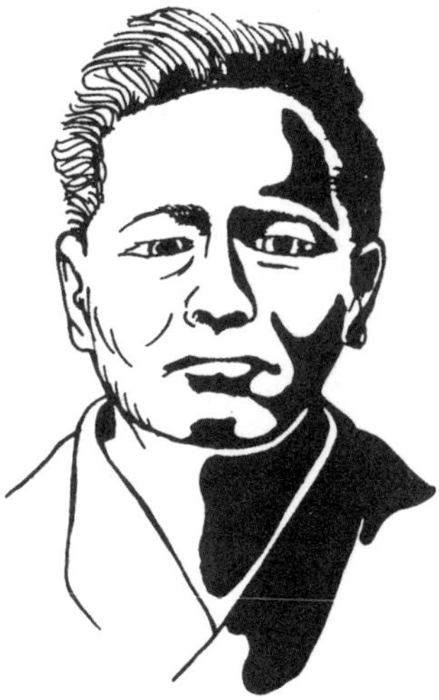

Miyagi Chôjun

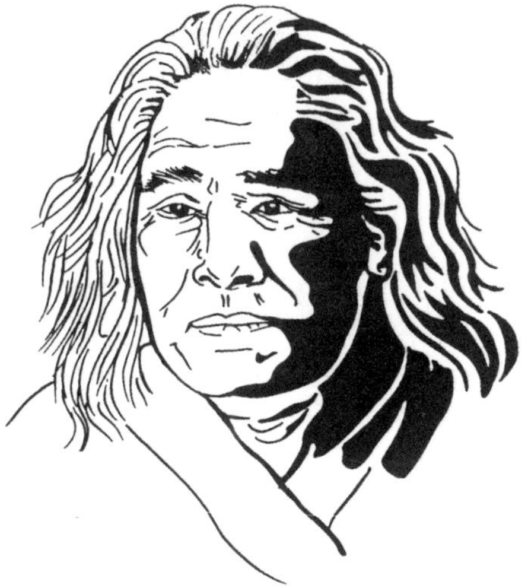

Yamaguchi Gôgen

Die Techniken entstammen dem alten China; das »chinesische Boxen« (Quanfa, Wushu oder Kungfu) entstand vor mehr als tausend Jahren. Vor etwa 300 Jahren gelangten sie nach Okinawa, einer Insel südlich von Japan, und wurden dort weiterentwickelt. In der Zeit nach 1930 wurden sie in Japan eingeführt und weiter vervollkommnet. Das bedeutet, dass die Techniken, die wir heute lernen, tatsächlich sehr alt sind. Von den Meistergründern (Shihan, Sôke) der einzelnen Stilrichtungen wurden sie schließlich »kodifiziert«, das heißt, ihre Ausführung wurde detailliert festgelegt.

Die wichtigsten Stilgründer neben den bereits vorgestellten Meistern Funakoshi Gichin und Ôtsuka Hironori waren die Okinawaner Miyagi Chôjun (1888-1953) und Mabuni Kenwa (1889-1952) sowie der Japaner Yamaguchi Gôgen (1909-1989).

Miyagi Chôjun gründete einen Stil, der auf der Verknüpfung kraftvoller (*Gô*) und geschmeidiger (*Jû*) Techniken beruht. Er benannte ihn aus diesem Grund Gôjû-ryû.

Yamaguchi Gôgen trug den Spitznamen »die Katze«, da seine Bewegungen stark von denen dieses Tieres inspiriert waren. Er gründete den japanischen Zweig des Gôjû-ryû, der sich leicht vom original okinawanischen Gôjû-ryû Meister Miyagis unterscheidet.

Mabuni Kenwa ist der Gründer des Shitô-ryû, ein Stil, in den zwei alte okinawanische Schulen Eingang fanden. Sein Stil ist dem Shôtôkan recht nahe.[11]

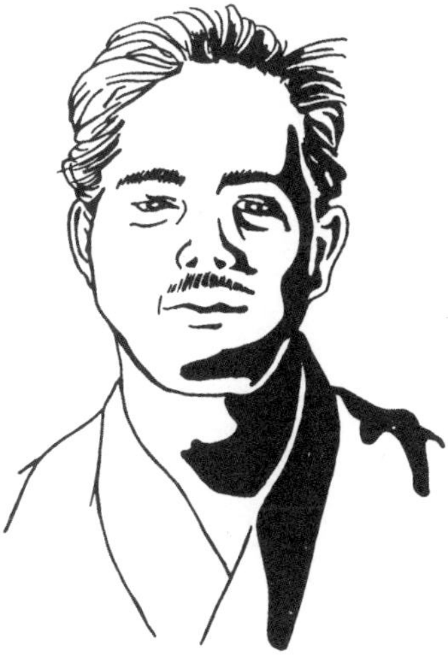

Mabuni Kenwa

Diese Meister sind die Gründer der fünf in Japan und in der ganzen Welt verbreitetsten Stile des Karate. Aber es gibt noch eine Reihe weiterer mehr oder weniger bekannter Schulen, so zum Beispiel das Kyokushinkai von Ôyama Masutatsu (1923-1994) oder das Shôtôkai von Egami Shigeru (1912-1981). All diese Männer haben ihre Stile gegründet und aufgrund ihrer großen Erfahrung in der Welt der Kampfkunst vervollkommnet. Wir sind ihre Erben. Wir verdanken es nicht zuletzt ihnen, dass es uns möglich ist, Karate zu lernen. Es ist nur allzu angemessen, dass wir uns an sie erinnern und ihnen unseren Respekt erweisen. Dies ist der Grund, weshalb heute üblicherweise Fotos dieser Meister an den Wänden der *Dôjô* zu finden sind.

1.2 Das Dôjô

Auf japanisch bedeutet das Wort *Dôjô* »Ort des Weges« (*Jô* – Ort, *Dô* – Weg). Der Raum, in dem das Karatetraining stattfindet, ist nicht einfach eine Sporthalle. Das *Dôjô* hat gewissermaßen eine Seele und will respektiert werden. Ein *Dôjô* darf nur barfuß betreten werden. Man rennt dort nicht umher, man redet nicht laut, man pfeift nicht vor sich hin; generell spricht man an diesem Ort so wenig wie möglich. Während der Vorbereitung für den Gruß (siehe unten) und während Vorführungen von Bewegungen durch den Lehrer verharrt man in konzentrierter Stille.

[11] Siehe Kenei Mabuni: Leere Hand. Vom Wesen des Budô-Karate. Chemnitz: Palisander Verlag, 3. Aufl. 2014.

Ebenso ist es wichtig, auf die Sauberkeit im *Dôjô* zu achten. Es gibt hier eine Umkleidekabine und üblicherweise auch Duschen. Oft – wenn auch nicht zwingend erforderlich – ist es mit Geräten für Aufwärmübungen vor den Trainingseinheiten oder für Kraft- und Härtetraining (zum Beispiel am *Makiwara* oder am Sandsack) nach den Trainingseinheiten ausgestattet.

Das Zusammenlegen des Karategi (Keikogi)

Ein Karateka wird stets bewusst auf seine Sachen achtgeben. Ein *Karategi* wird keinesfalls einfach zusammengeknüllt!

1, 2: Jacke und Hose werden separat gefaltet.
3: Erneutes Falten von Jacke und Hose.
4: Die zusammengelegte Hose wird auf die zusammengelegte Jacke gelegt, und beide werden gemeinsam gerollt und entweder in die Trainingstasche gelegt oder …
5: … mit dem Gürtel umwickelt.

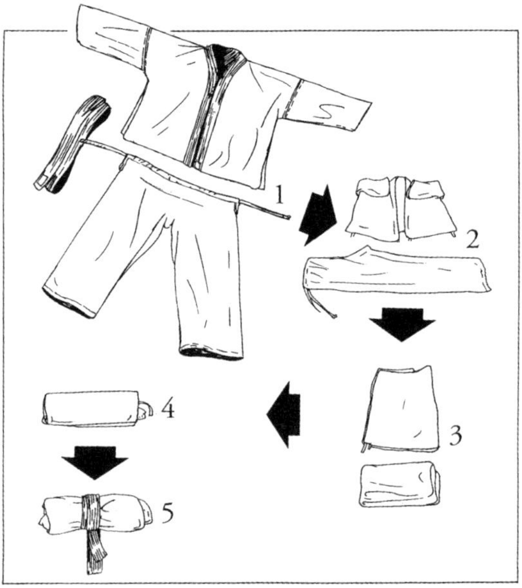

Das Knoten des Gürtels (Obi)

1: Zunächst wird der linke Jackenschoß über den rechten gelegt.
2: Der Gürtel wird horizontal vor den Bauch gebracht; das rechte Ende ist etwas länger als das linke.
3: Die Gürtelenden werden hinter dem Rücken gekreuzt.
4: Man zieht an beiden Enden und bringt sie nach vorn.

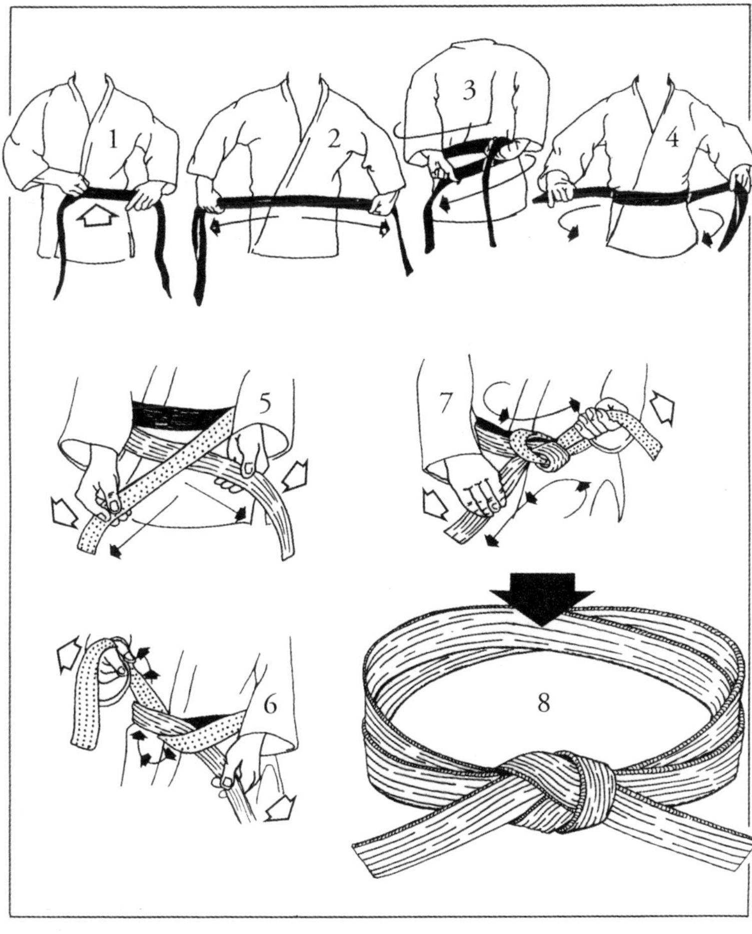

5: Die Gürtelenden werden vor dem Bauch gekreuzt, dabei liegt das linke Ende (gepunktet dargestellt) über dem rechten; die Enden werden dabei schräg nach unten gezogen.
6: Das linke Ende wird unter dem Teil des Gürtels, der am Bauch anliegt, hindurchgezogen und nach oben gezogen.
7. Die Gürtelenden werden nach vorn verknotet und festgezogen. Der Knoten darf sich während des Trainings nicht öffnen. Sollte dies dennoch geschehen, so muss man das Training unterbrechen und den Knoten erneuern.

1.3 Lehrer und Trainingspartner

Ohne Lehrer und ohne Partner im Training könnte man nichts lernen. Nur der Lehrer (*Sensei*) kann dem Lernenden eine Technik beibringen und ihn beim Training korrigieren. Der Partner (*Kohai* – Anfänger, oder *Sempai* – Fortgeschrittener), mit dem man die erlernte Technik erprobt, ermöglicht es einem, zu sehen, ob sie »funktioniert« oder nicht. Ihre Unterstützung, ihre Erfahrung, ihr guter Wille und ihre Freundschaft sind unverzichtbar. Es ist daher wichtig, ihnen gegenüber freundlich, aufmerksam und rücksichtsvoll zu sein. Wer gemeinsam im *Dôjô* trainiert, bildet so etwas wie eine große Familie, die sich zusammenfindet, um gemeinsam voranzukommen. Sich aus dieser Gemeinschaft durch eine egoistische Haltung auszuschließen, schadet einem selbst als ersten. Wer neu in einem *Dôjô* ist, sollte den künftigen Trainingspartnern gegenüber offen sein, wie auch diese den Neuankömmling offenherzig aufnehmen werden. Das gemeinsame Training wird so zu etwas Angenehmen, und man wird gern wiederkommen.

Was den Lehrer angeht, so wird dieser sich nicht für einen großen Meister halten (und er sollte dies auch nicht tun). Auch er kann sich noch immer verbessern, und er wird dies wissen. Der Weg des *Karatedô* dauert das ganze Leben! Doch der Lehrer ist trotzdem nicht »irgendwer«. Er gibt bei der Ausbildung alles, was er vermag. Er wird seine Kraft nicht schonen. Sein ganzes Wollen ist auf den Fortschritt seiner Schüler gerichtet, und er schenkt ihnen seine Zeit. Dies kann man ihm danken, indem man ihm Aufmerksamkeit während der Trainingseinheiten entgegenbringt, höflich zu ihm ist und beim Training vorankommt. Wenn er zu Beginn oder am Ende des Trainings gegrüßt wird, so soll dies voll Respekt geschehen.

Ein solch respektvolles Verhalten seinem Lehrer und seinen Übungspartnern gegenüber ist beispielhaft in unserer modernen Gesellschaft, in der die traditionellen Werte immer mehr an Bedeutung verlieren, so dass viele Menschen heute auf der Suche nach einem Halt sind.

1.4 Die Etikette

In Japan heißt es unter den Praktizierenden der Kampfkünste (Karate, Jûdô, Aikidô, Kendô usw.), dass alles im *Budô* mit Höflichkeit beginnt und endet. Höflichkeit bedeutet zugleich Zuvorkommenheit und Maßhalten in Wort und Tat. Das ist der Grund, weshalb die Tradition verschiedene Verhaltensregeln (*Reishiki*: Ritual, Etikette) kennt, die im *Dôjô* sehr genau eingehalten werden sollten. Im Zentrum der Etikette steht der Gruß (*Rei*). Man grüßt seinen Trainingspartner und seinen Lehrer am Anfang und am Ende jeder Trainingseinheit. Dies stellt keineswegs eine sinnentleerte Geste dar, die gemacht werden muss, weil es Pflicht ist. Das Grüßen drückt den Dank für die Unterweisung und für die Unterstützung beim Training aus; ohne Hintergedanken, mit Würde, Ernst und Bescheidenheit. Der Gruß erfolgt gemäß sehr genauen Regeln und ohne Eile.

Es gibt zwei Formen des Grüßens, den Gruß im Knien (*Zarei*) und den Gruß im Stehen (*Ritsurei*).

Zarei, der zeremonielle Gruß im Knien

Der *Zarei* wird am Anfang und am Ende der Trainingseinheit ausgeführt. Die Schüler stellen sich dem Lehrer gegenüber in einer Reihe oder in mehreren Reihen auf. Die Füße sind geschlossen, und die Arme sind neben dem Körper. Der älteste Schüler mit der höchsten Graduierung steht am rechten Ende der vordersten Reihe. Er leitet den Gruß mit den folgenden Kommandos an:

- *Seiza!* (»Richtig sitzen«): Alle knien nieder, zuerst auf das linke, dann auf das rechte Knie. Die Frauen haben die Knie geschlossen, während die Knie der Männer zwei Handbreit auseinander sind. Man hockt auf den Fersen, mit gestrecktem Spann. Der rechte große Zeh ist über dem linken. Die Haltung des Oberkörpers ist aufrecht, die Schultern sind locker. Die Hände ruhen auf den Oberschenkeln, wobei die Finger nach innen zeigen.

- *Sensei ni rei!* (»Gruß zum Lehrer«): Lehrer und Schüler grüßen einander. Zu diesem Zweck werden die Handflächen nach vorn auf den Boden gebracht, zuerst die rechte, dann die linke. Die Finger sind geschlossen und zeigen nach innen. Anschließend beugt man sich, ohne dass sich das Gesäß von den Fersen hebt, nach vorn, bis die Stirn vor den Händen den Boden berührt. Man richtet sich wieder in die knieende Ausgangsposition auf. – Siehe nebenstehende Bildtafel, Zeichnungen oben und links.
- *Otagai ni rei!* (»Gruß zu den Übenden«): Der Schüler, der das Grüßen anleitet, klatscht in die Hände, und eine Hälfte der Übungsgruppe wendet sich der anderen zu, ohne die knieende Haltung zu verändern. Die Übenden verbeugen sich voreinander. Der anleitende Schüler klatscht erneut in die Hände, und alle Karateka wenden sich, noch immer in knieender Haltung, wieder dem Lehrer zu.

Während die Schüler reglos verharren, erhebt sich der Lehrer. Falls an seiner Seite Assistenten saßen, erheben sich diese gleichzeitig mit ihm. Der kommandogebende Schüler gibt nun das folgende Kommando:

- *Kiritsu!* (»Aufstehen«) : Die Schüler erheben sich und bleiben mit geschlossenen Füßen stehen.

In manchen *Dôjô* wird auch der *Kamiza* (»Ehrenplatz« bzw. »Schrein«) gegrüßt, wo sich die Fotos der alten Meister befinden. Dies erfolgt mit dem Kommando *Shômen ni rei* (»Gruß nach vorn«) oder *Kamiza ni rei*, entweder vor den anderen Grußformeln oder zuletzt.

Ritsurei, der Gruß im Stehen

Der *Ritsurei* erfolgt vor und nach jeder Übung mit einem Partner. Dieser Gruß darf niemals vergessen werden. Er erfolgt rascher als der Gruß im Sitzen, muss aber von der gleichen Würde durchdrungen sein.

Man steht dem Partner gegenüber. Die Fersen werden geschlossen, und die Fußspitzen zeigen leicht nach außen. Die Arme sind locker an den Seiten. Man grüßt, indem der Oberkörper in der Taille um 30° nach vorn gebeugt wird. Der Rücken bleibt gerade, der Kopf wird nicht zusätzlich

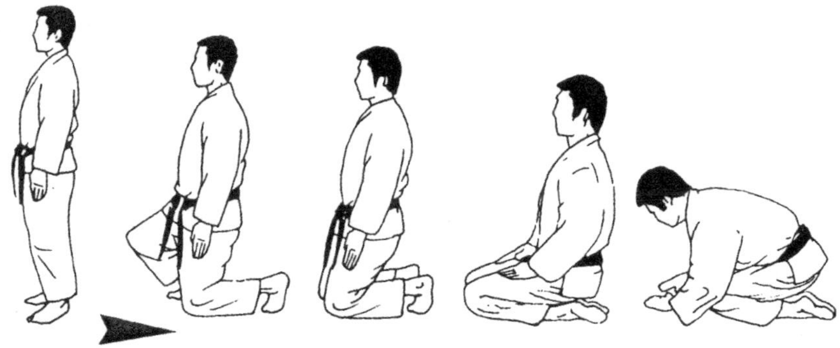

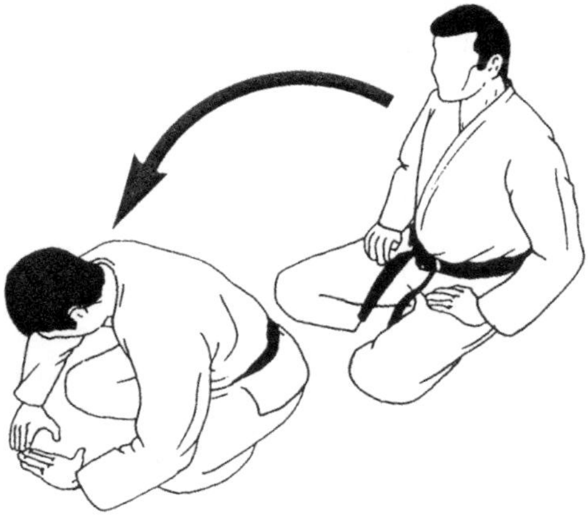

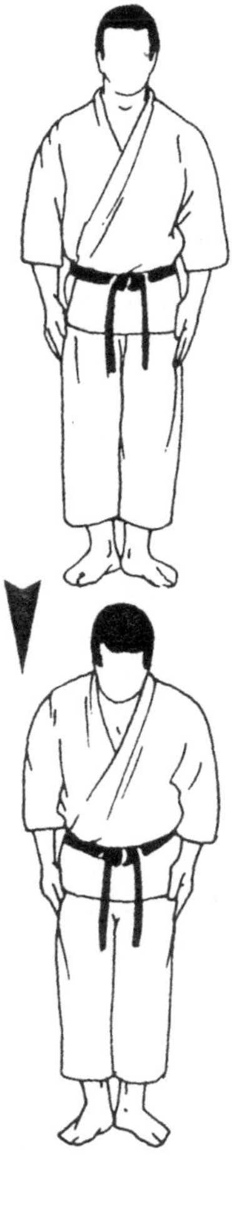

geneigt. Nachdem man eine Sekunde in dieser Stellung verweilt hat, richtet man sich wieder auf. – Siehe nebenstehende Zeichnungen.

Achtung: Ein Gruß, bei dem die Fersen nicht geschlossen sind, wäre ein Ausdruck von Ignoranz und Unhöflichkeit!

Yôi, Yame und Yassme

Werden die Übungen des *Kihon* oder des *Kumite* im *Dôjô* trainiert, gibt der *Sensei* bestimmte Anweisungen. Die drei folgenden Kommandos muss jeder Karateka von Anfang an kennen:

- *Yôi* (Bereitschaft): Man nimmt die Haltung aus der Zeichnung rechts ein. Das ist der Beginn der Übung. Der Karateka ist nun vollkommen konzentriert.
- *Yame* (Beenden): Man nimmt die gleiche Haltung wie bei *Yôi* ein. Dieses Kommando erfolgt am Ende der Übung. Man ist noch immer konzentriert.
- *Yassme* bzw. *Yasume* oder *Naore* (Entspannen, bequemer Stand): Jetzt kann man eine entspannte Haltung einnehmen.

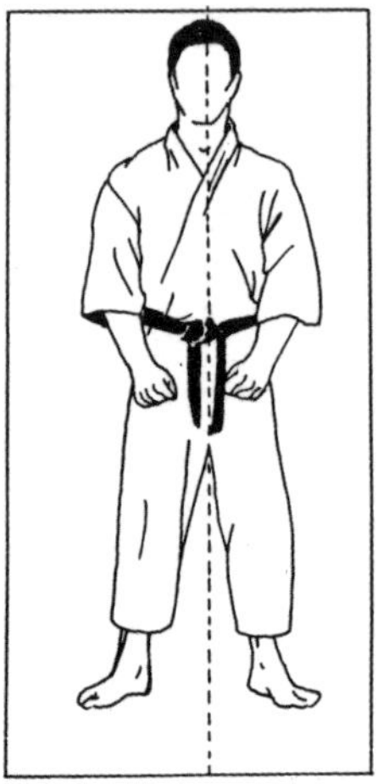

2. Die Stellungen

Um eine Karatetechnik auf korrekte Weise auszuführen, muss man fest auf seinen Beinen stehen. Zu diesem Zweck gibt es eine Reihe von Stellungen (*Tachi*, bzw. *Dachi* in zusammengesetzten Begriffen), die für Angriffe oder für Verteidigungen, manchmal auch für beides, geeignet sind. Ohne Unterstützung der Beine, der Verbindung zwischen Körper und Boden, wäre der obere Teil des Körpers schwach. Von einigen Stellungen, bei denen man auf natürliche Weise steht, abgesehen (diese werden nur in der vorbereitenden Phase einer Technik eingesetzt), sind die Knie oft sehr stark gebeugt. Auf diese Weise wird der Schwerpunkt abgesenkt. Für den Anfänger ist das oft schwer einzusehen und kann zu Beginn als unangenehm empfunden werden. Die Beinmuskeln können schon bald zu schmerzen beginnen. Es kostet Überwindung, diese Anstrengung auf sich zu nehmen; doch ohne das Gleichgewicht und die »Verwurzelung«, die aus diesen Ständen resultieren, nutzen die Karatetechniken nichts.

Auf den folgenden Seiten werden die wichtigsten Stellungen, die es zu lernen gilt, dargestellt. Sie sind der Schlüssel zur Effektivität der eigentlichen Techniken. Für jede Stellung zeigt eine Zeichnung die Position der Füße, und ein senkrechter Pfeil stellt die Projektion des Schwerpunktes am Boden dar.

2.1 Die natürlichen Stellungen (Shôtô-kan und Wadô-ryû)

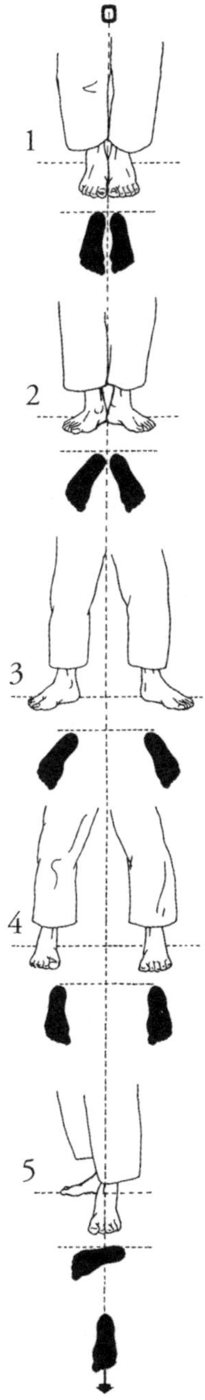

Die natürlichen Stellungen sind abwartende Haltungen.

1. *Heisoku dachi*: Geschlossene Parallelstellung. Die Füße sind von den Fersen bis zu den Zehen geschlossen.

2. *Musubi dachi*: Verbundene Stellung. Die Fersen sind geschlossen, aber die Fußspitzen sind auseinander (zum Grüßen).

3. *Hachiji dachi* (bzw. *Yôi dachi*): Offene Fußstellung (bzw. Bereitschaftsstellung). Die Fersen sind auf einer Höhe und schulterbreit voneinander entfernt. Die Fußspitzen zeigen nach außen. Siehe auch eingerahmte Zeichnung auf S. 36.

4. *Heikô dachi*: Offene Parallelstellung. Die Fersen sind auf einer Höhe, die Füße sind schulterbreit voneinander entfernt und parallel.

5. *Teiji dachi* (Shôtôkan): T-Stellung. Der linke Fuß ist nach vorn gesetzt und der rechte Fuß ist im Winkel von 90° nach rechts gedreht, so dass die etwas voneinander entfernten Füße ein »T« bilden.

Zeichnung auf S. 36: Die Haltung *Yôi* (»bereit«) wird am Anfang und am Ende einer Übung eingenommen, die entweder allein (*Kihon*) oder mit Partner (*Kumite*) ausgeführt wurde. Die entsprechende Stellung ist *Hachiji dachi*. Man ist entspannt, aber dennoch vollkommen konzentriert; die dazugehörige Geisteshaltung ist *Zanshin*[12].

[12] *Zanshin*: (jpn.) Geisteszustand im Budô, der durch innere Ruhe, Wachheit und Bereitschaft gekennzeichnet ist.

2.2 Die wichtigsten Kampfstellungen im Shôtôkan

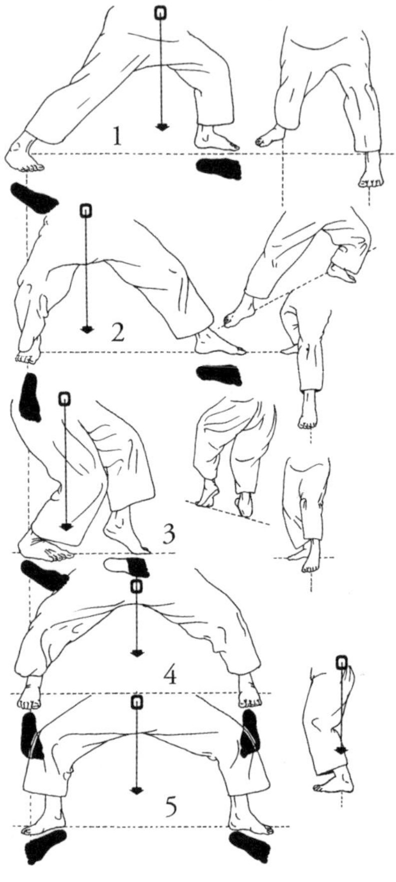

1. *Zenkutsu dachi*: Vorwärtsstellung. Das vordere Knie ist stark gebeugt und befindet sich direkt über den Zehen. Der große Zeh zeigt leicht einwärts. Das hintere Bein ist gestreckt, und der Fuß ist im Winkel von 45° nach rechts gedreht. Die Füße sind, von vorn gesehen, hüftbreit voneinander entfernt. Man steht dem Gegner frontal gegenüber.

2. *Kôkutsu dachi*: Rückwärtsstellung. Der vordere Fuß steht auf einer Linie, die im rechten Winkel zum hinteren Fuß und durch die Ferse des hinteren Fußes verläuft. Das vordere Knie ist leicht, das hintere stark gebeugt. Die vordere Ferse trägt kein Gewicht. Man steht seitlich ausgerichtet.

3. *Nekoashi dachi*: Katzenfußstellung. Stellung nach hinten. Das hintere Knie ist stark gebeugt und wie auch das vordere Knie nach vorn ausgerichtet. Die Füße stehen relativ nah beieinander, und die vordere Ferse ist stark angehoben. Man steht dem Gegner frontal gegenüber.

4. *Kiba dachi*: Reiterstellung. Bei dieser Stellung ist das Gewicht gleichmäßig auf beide Füße verteilt. Die Füße stehen parallel, und die Knie sind stark gebeugt. Der Oberköper ist aufrecht. Man steht seitlich zum Gegner.

5. *Shiko dachi*: Die Stellung ist fast identisch mit dem *Kiba dachi*, jedoch zeigen die Füße nach außen.

2.3 Die wichtigsten Kampfstellungen im Wadô-ryû

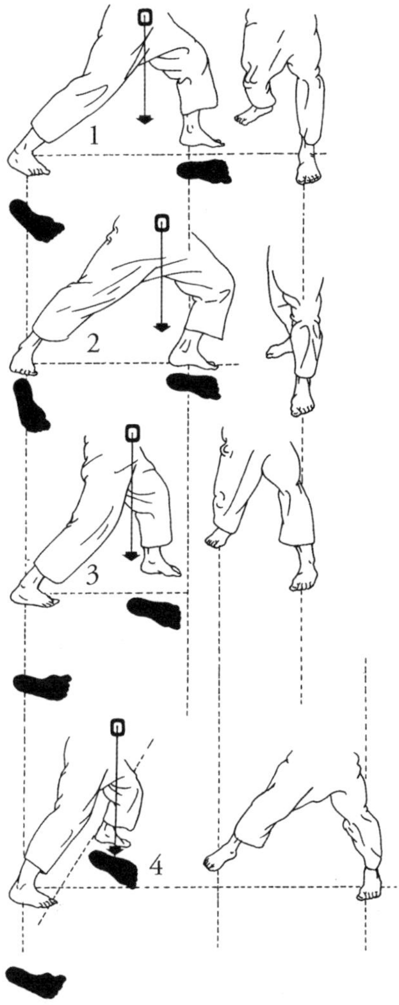

1. *Jun zuki no ashi*: Stellung nach vorn. Das vordere Knie ist gebeugt, das hintere Bein gestreckt. Der vordere Fuß zeigt direkt nach vorn, der hintere ist 45° zur Seite gedreht. Die Füße sind, von vorn gesehen, hüftbreit voneinander entfernt. Das Becken zeigt nach vorn. Der Oberkörper ist aufrecht.

2. *Jun zuki tsukomi no ashi*: Stellung nach vorn. Die Stellung ist länger als die zuvor beschriebene. Das vordere Knie ist stärker gebeugt. Die hintere Ferse ist auf einer Linie mit dem vorderen Fuß. Man steht im Profil und ist nach vorn geneigt.

3. *Gyaku zuki no ashi*: Stellung nach vorn. Die Füße sind weiter auseinander als in der Stellung *Jun zuki*. Der vordere Fuß ist leicht nach innen gedreht, damit die hintere Hüftseite nach vorn gedreht werden kann. Das hintere Bein ist leicht gebeugt. Man steht dem Gegner frontal gegenüber.

4. *Gyaku zuki tsukomi no ashi*: Stellung nach vorn. Die Füße stehen noch weiter auseinander als in der zuvor beschriebenen Stellung. Die Ferse des vorderen Fußes ist auf einer Linie mit den Zehen des hinteren Fußes. Der vordere Fuß ist leicht nach innen gedreht, so dass die Füße etwa parallel stehen; das vordere Knie befindet sich senkrecht über dem großen Zeh. Man steht leicht nach vorn geneigt dem Gegner frontal gegenüber.

5. *Mahanmi no nekoashi dachi*: Stellung nach hinten. Der vordere Fuß befindet sich auf einer Linie, die senkrecht zum hinteren Fuß und durch die Ferse des hinteren Fußes verläuft. Das vordere Knie ist leicht, das hintere stark gebeugt. Nur der Ballen des vorderen Fußes berührt den Boden. Der hintere Fuß ist leicht nach außen gedreht. Man steht im Profil zum Gegner.

6. *Hanmi no nekoashi dachi*: Stellung nach hinten. Füße und Knie haben die gleiche Position wie in der zuvor beschriebenen Stellung, aber die Stellung ist kürzer. Der hintere Fuß steht im rechten Winkel zum vorderen. Man steht im Halbprofil zum Gegner.

7. *Nekoashi dachi* (im *Wadô-ryû* oft als *Mashômen no nekoashi dachi* oder *Manmae no nekoashi dachi* bezeichnet): Katzenstand, nach vorn ausgerichtet. Die Stellung ist noch kürzer als die zuvor beschriebene, aber die Füße sind auf der gleichen Linie. Die vordere Ferse ist stark angehoben. Der hintere Fuß und das hintere Knie zeigen nach vorn. Man steht dem Gegner frontal gegenüber.

8. *Hidari shizentai*: Der vordere Fuß zeigt gerade nach vorn, der hintere zeigt schräg nach rechts. Man steht aufrecht, die Beine sind entspannt.

9. *Naihanchi dachi*: Reiterstellung. Bei dieser Stellung ist das Gewicht gleich-

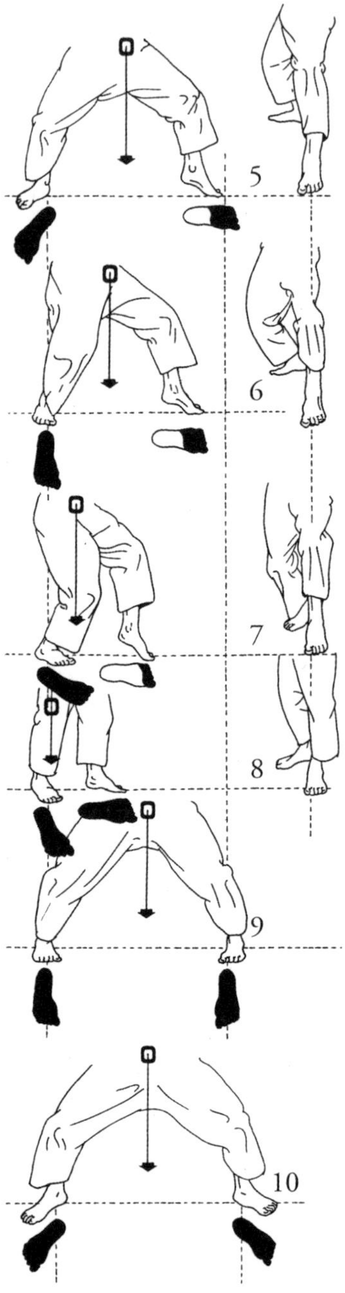

mäßig auf beide Füße verteilt. Die Beine sind stark gebeugt. Die Füße zeigen nach vorn. Man steht im Profil zum Gegner.

10. *Shiko dachi*: Die Stellung ist fast identisch mit dem *Naihanchi dachi*, jedoch zeigen die Füße nach außen.

3. Schritttechniken

3.1 Gründe für Ortsveränderungen

Karate bedeutet zuallererst zu lernen, standfest zu sein, um die Angriffs- oder Verteidigungstechnik mit der ganzen Körperkraft, wie aus *einem* Block, unterstützen zu können. Doch es bedeutet auch, sich relativ zum Gegner zu bewegen, um ihn aus einer Richtung, aus der er es nicht erwartet, überraschen zu können, oder um seinem Angriff auszuweichen. Man muss lernen, vor- und zurückzugehen und sich zu drehen. Die entsprechende Art zu gehen unterscheidet sich vom alltäglichen Gang. Man muss stabil auf seinen Beinen und gleichzeitig flexibel bleiben, um rasch die Richtung wechseln zu können. Die Hüften müssen dabei tief gehalten werden, ohne dass die Schultern angehoben werden oder dass man sich nach vorn beugt.

Zu beachten

- Es ist von grundlegender Bedeutung, das Gleichgewicht zu bewahren.
- Niemals zu lange unbeweglich verharren, sich aber auch nicht zuviel bewegen; wenn man sich bewegt, muss dafür ein klarer Grund vorliegen.
- Nicht umherhüpfen, nicht am Ort tänzeln (wie man es oft sieht), sondern die Hüften tief halten, die Knie gebeugt, die Füße fest am Boden.
- Man sollte sich vorstellen, dass eine mit Blei beschwerte Schnur am Knoten des Gürtels hängt und einen unaufhörlich nach unten zieht. Man sollte sich so bewegen, als lastete ein schweres Gewicht auf den Schultern.
- Man beugt sich nicht nach vorn; der Oberkörper ist aufrecht, und die ganze Kraft wird im Bauch konzentriert.

3.2 Die wichtigsten Schritttechniken

Auf den folgenden Seiten werden die wichtigsten Schritttechniken, die im *Kihon*, im *Kumite* und auch in den *Kata* verwendet werden, vorgestellt.

- Die Zahlen zeigen die Abfolge der Zeichnungen.
- Schwarze Vierecke zeigen die Ausgangs- und Endposition.

Vorgehen im Zenkutsu dachi (Shôtôkan) und im Jun zuki no ashi (Wadô)

A) Darstellung von vorn. – Der linke Fuß beschreibt einen nach innen gerichteten Kreisbogen von hinten nach vorn. Er wird unmittelbar am rechten vorbeigeführt und nach vorn gebracht. Man achte darauf, dass am Ende die Füße wieder soweit auseinander stehen wie am Anfang.

B) Darstellung von der Seite. – Das Knie des Standbeins (rechts) bleibt während der Bewegung des linken Fußes stark gebeugt.

Ohne Abbildung: Im *Jun zuki no ashi* (Wadô) geht man auf ähnliche Weise voran, allerdings wird der hintere Fuß geradlinig und nicht im Halbkreis nach vorn gesetzt. Man kann auf diese Weise auch rückwärts gehen.

(*Fortsetzung auf S. 44/45*).

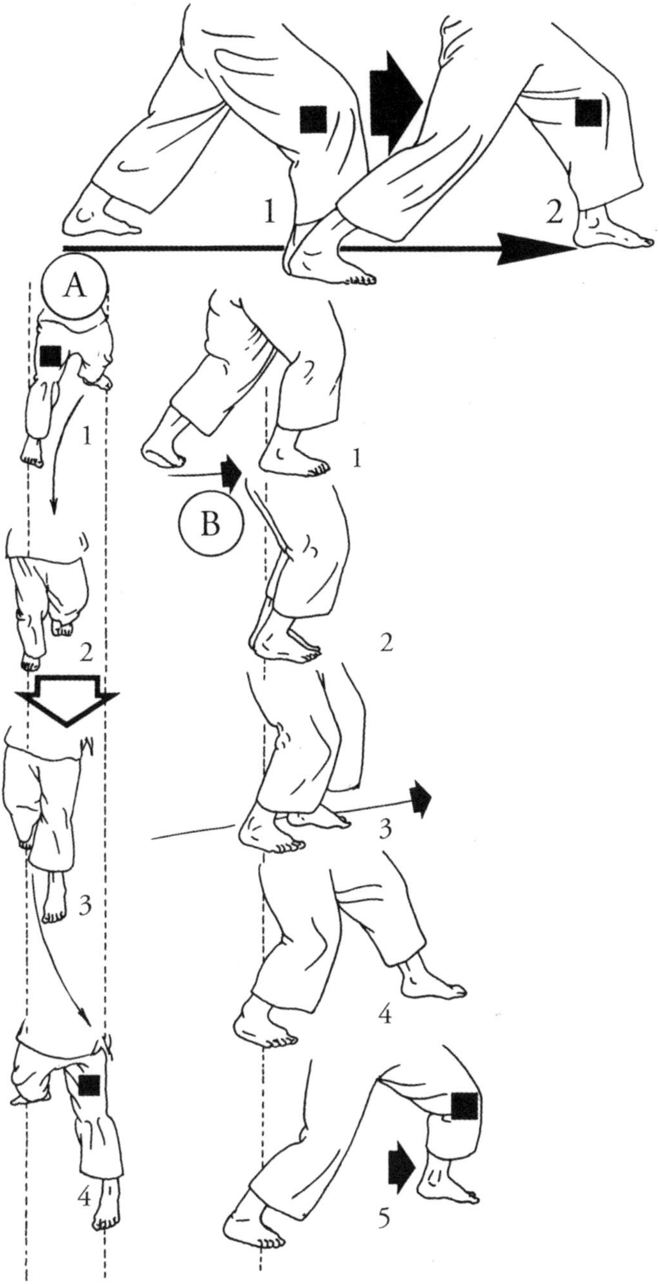
A
B
1
2
3
4
5

Rückwärts- und Vorwärtsgehen im Kôkutsu dachi (Shôtôkan) bzw. im Mahanmi no nekoashi dachi (Wadô)

C) Rückwärtsgehen: Darstellung von der Seite. – Der vordere (rechte) Fuß wird direkt nach hinten versetzt, indem er nah am Standbein vorbeigeführt wird. Der linke Fuß dreht sich zwischen den Phasen 2 und 3 nach vorn. Die Knie sind ständig gebeugt.

D) Vorwärtsgehen: Darstellung im Halbprofil.

E) Rückwärtsgehen: Darstellung im Halbprofil.

Ohne Abbildung: Das Vor- und Rückwärtsgehen im *Mahanmi no nekoashi dachi* (Wadô) erfolgt auf gleiche Weise.

(*Fortsetzung auf S. 46/47*).

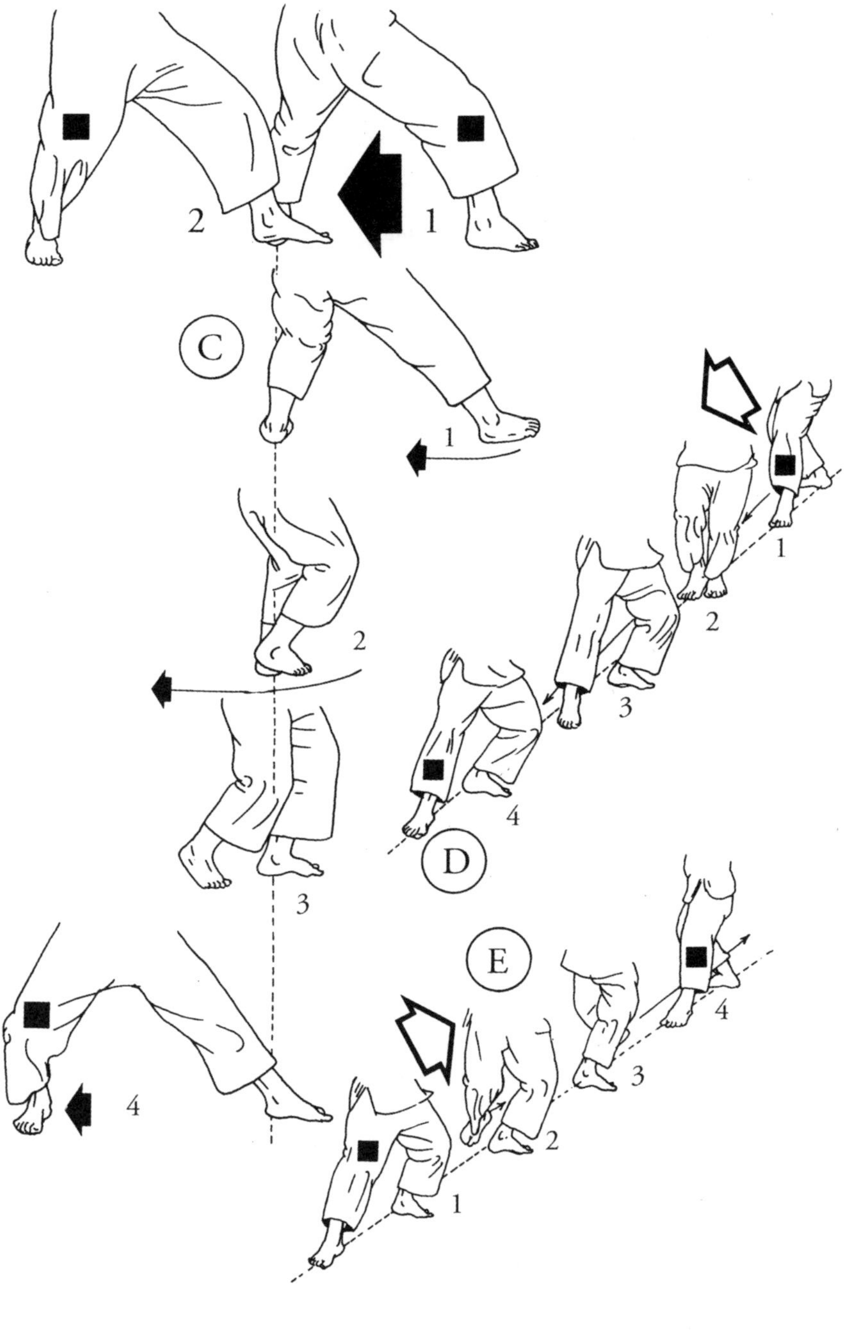

2
1
C
1
2
3
4
D
1
2
3
4
E
4
1
2
3
4

Vorgehen im Kiba dachi (Shôtôkan) bzw. im Naihanchi dachi (Wadô)

F) Ein Fuß wird vor dem anderen über Kreuz gesetzt, zum Beispiel, um mit einem seitlichen Fußtritt anzugreifen wie in J.

G) Man macht einen Gleitschritt in die gewünschte Richtung.

H) Man dreht sich um 180°, zum Beispiel um mit der Faust anzugreifen, verbunden mit einer Drehung des Körpers wie in I.

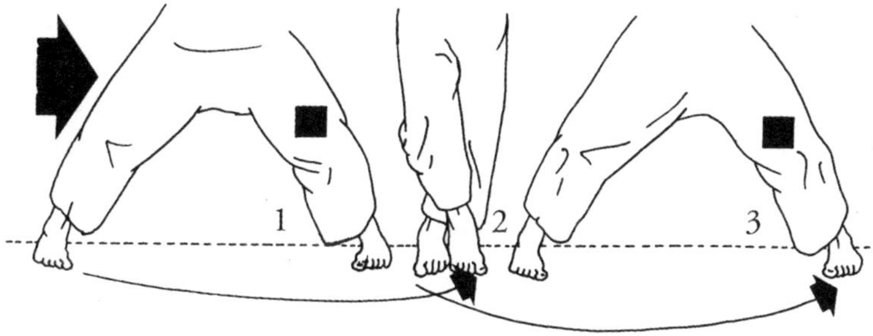

F

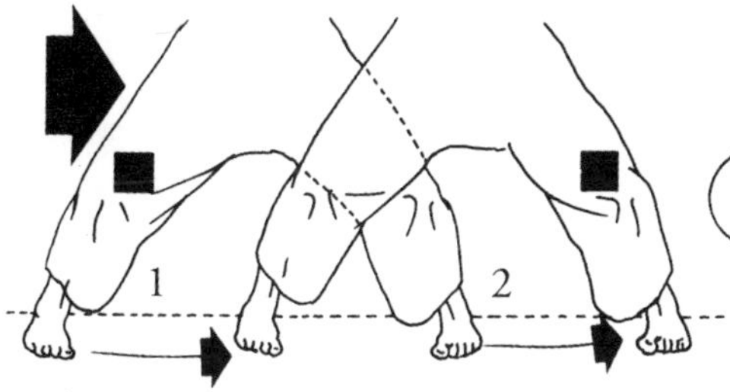

G

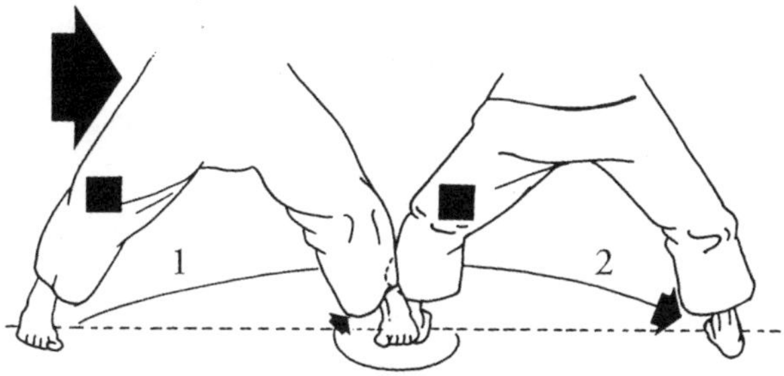

H

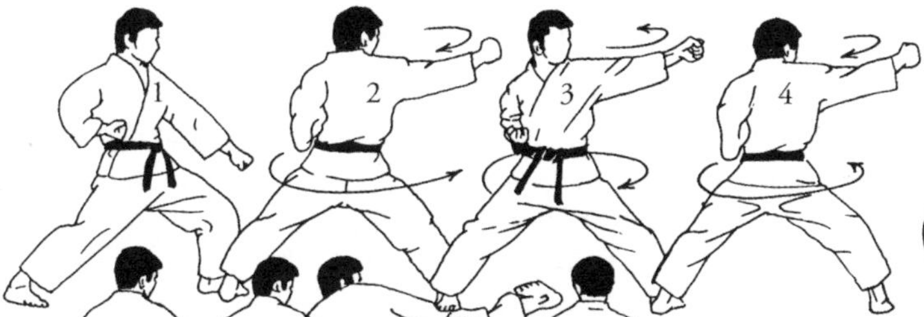

I

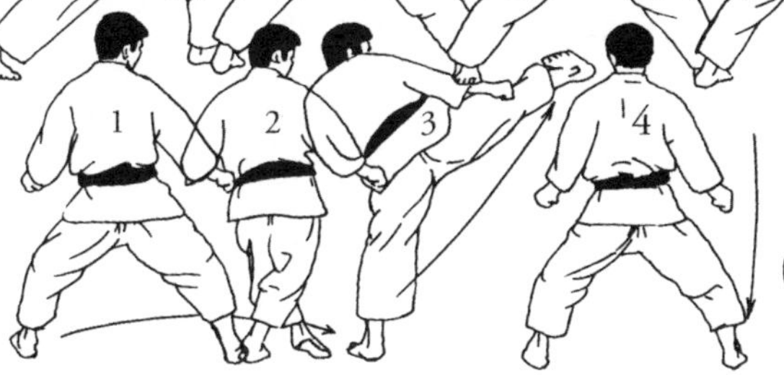

J

Die Karatetechniken werden zunächst am Ort trainiert, das heißt, man bleibt in einer bestimmten Stellung, oder sie werden zusammen mit einer Schritttechnik geübt, das heißt, man geht vor und zurück in bestimmten Stellungen. Dieses keineswegs einfache Training ist das *Kihon*. In einem vom Lehrer vorgegebenen Rhythmus wird ein und dieselbe Technik im Wechsel von Links und Rechts unermüdlich wiederholt. Zunächst langsam, und in der Folge immer schneller, mit maximaler Kraft und Schnelligkeit.

Genauso, wie jemand, der musizieren lernen will, endlos Tonleitern üben muss, muss sich der Karateka zunächst dem *Kihon* unterziehen, um eines Tages ein guter Kämpfer zu werden. Viel *Kihon* ist erforderlich, die Grundübungen müssen immer und immer wieder ausgeführt werden, ebenso beharrlich wie geduldig. Aber während man dies tut, muss man vollkommen bei der Sache sein. Die Übungen mechanisch zu wiederholen würde bedeuten, dass sich Routine einschleicht. Und Routine führt schon bald dazu, dass der Sinn der Techniken verlorengeht. Es ist wichtig, dass man sich jederzeit deutlich vorstellt, dass die Angriffs- oder Verteidigungstechnik, die man gerade ausführt, sich gegen einen realen Gegner richtet. Die Hunderte Mal wiederholte Technik muss in das »Muskelgedächtnis« eingehen, aber das Einprägen muss von ununterbrochener geistiger Präsenz begleitet sein – das Bewusstsein bestimmt, und der Körper führt das aus, was wirklich gewollt wird. Nur so kann man lernen, im Kampf effektiv zu werden. Wenn der Schüler auf diese Weise trainiert, kann der *Sensei* gut seine Fehler korrigieren und seinen Fortschritt einschätzen.

Im Folgenden (Bildtafeln auf S. 49 und 50) werden einige Beispiele für *Kihon* während des Vorgehens auf einer Linie vorgestellt. – Die entsprechenden Techniken werden hier aus Gründen der Übersichtlichkeit nur stilisiert dargestellt. Für die präzisen Abläufe siehe die Einzeltechniken in Teil III.

Mae geri: Vorwärtsfußtritt.

Yoko geri: Seitwärtsfußtritt.

Mawashi geri: Halbkreisfußtritt.

Oi zuki: Gleichseitiger Fauststoß beim Vorwärtsgehen (S. 50).

Gyaku zuki: Gegenseitiger Fauststoß beim Vorwärtsgehen (S. 50).

Shutô uke: Abwehr mit der Schwerthand. Vorgehen, wenden, zurückgehen (S. 50).

Diese Beispiele zeigen Techniken, die in einer bestimmten Anzahl wiederholt werden. Auf einem fortgeschritteneren Niveau trainiert man auch Abfolgen von zwei, drei oder vier verschiedenen Techniken. Man kann auch Abfolgen am Ort trainieren, das heißt, ohne sie mit Schritttechniken zu kombinieren.

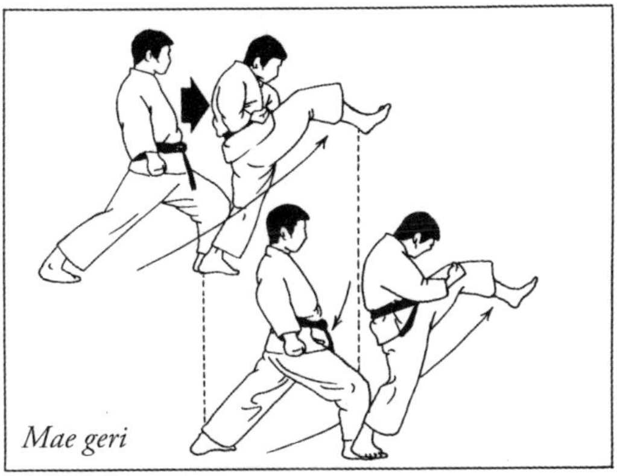

Mae geri

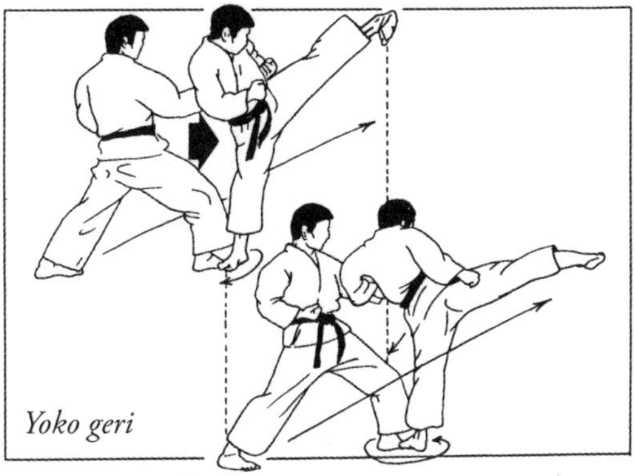

Yoko geri

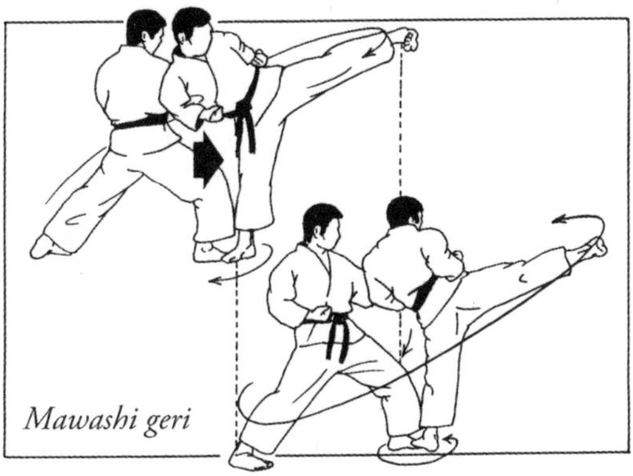

Mawashi geri

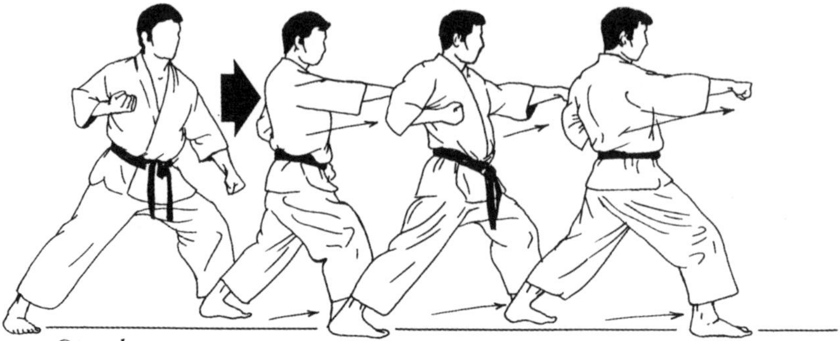

Oi zuki

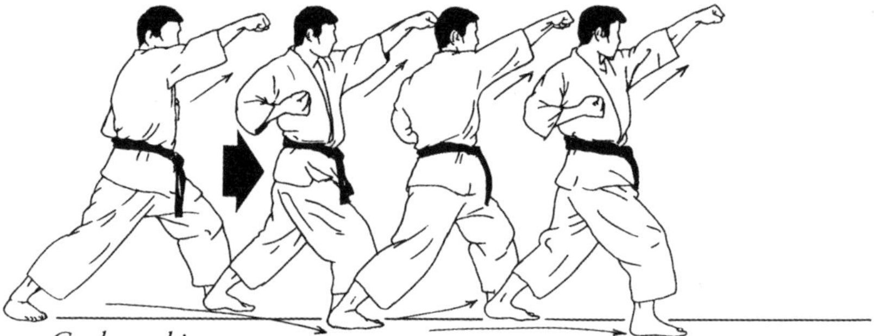

Gyaku zuki

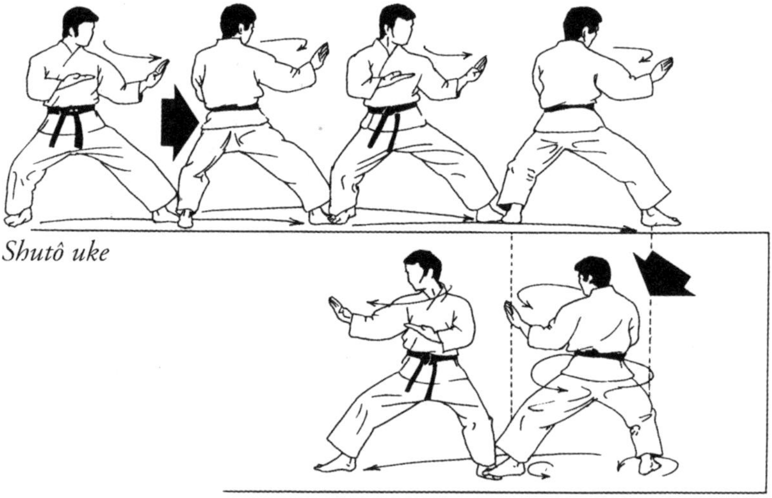

Shutô uke

4. Fauststöße

Karate ist eine Art des Boxens mit bloßen Händen und Füßen. Historisch wird es als »die Kunst der leeren Hand« bezeichnet. Dies ist darauf zurückzuführen, dass insbesondere das Repertoire an Techniken, die mit offener Hand oder mit der Faust ausgeführt werden, sehr beeindruckend ist.

Die Meister vergangener Zeiten haben auf die Techniken mit Hand und Faust (*Te waza*) besonderes Augenmerk gelegt. Sie zogen sie den Fußtechniken (*Keri waza*) bei weitem vor. Die *Te waza* umfassen nicht allein den Schlag mit der Hand, sondern auch die Stellungen, Haltungen und Fußtechniken, die mit ihnen verbunden sind, vor allem auch in Hinblick auf zahlreiche andere Karatetechniken, die aufgrund dieser speziellen Kombinationen im Anschluss daran leicht ausgeführt werden können.

Der Begriff der »natürlichen Waffen« des menschlichen Körpers (*Karada no buki*) ist im Karate allgegenwärtig. Der gesamte Körper – als ein Ganzes bzw. einzelne Teile davon – ist die einzige Waffe des Karateka.

Die fest geschlossene Faust mit einwärts gebogenem Daumen ist eine der wirksamsten dieser »natürlichen Waffen«. Generell ist die bloße Hand die wichtigste »Waffe« – sie kann bedeutende Schäden anrichten, wenn sie den Körper des Gegners mit einem Stoß oder Schlag (*Atemi*) trifft.

Die Hand wird auf unterschiedliche Weise eingesetzt:

- Der direkte, geradlinige Stoß, wie mit der Spitze eines Dolches. Diese Techniken bilden die Gruppe der *Tsuki waza* (*Waza*: jpn. Technik). Im Fechten entspricht das den »Stößen«.
- Der indirekte, nicht geradlinige Schlag, wie mit einem Schwert. Diese Techniken werden als *Uchi waza* bezeichnet. Im Fechten entspricht dies den »Schneidenhieben«. Diese Schläge ähneln den im westlichen Boxen eingesetzten, während die *Tsuki* karatespezifischer sind. Die *Uchi waza* werden nicht nur mit der Faust, sondern auch mit den verschiedenen Teilen der offenen Hand ausgeführt.

4.1 Prinzipien

Um wirklich effektiv zu sein, muss ein Schlag den japanischen Prinzipien des *Atemi* (»Schlag gegen den Körper«) entsprechen, wie sie für das traditionelle Karate gelten, während sie im Sportkarate nicht immer richtig verstanden werden. Dies gilt immer dann, wenn die Hand (oder ein beliebiger anderer Körperteil) im Sinne einer Waffe eingesetzt wird.

Diese Prinzipien sind die folgenden:

- Der Schlag muss mit der geringstmöglichen Fläche angebracht werden, so dass die Kraft am Ort des Auftreffens maximal konzentriert ist.
- Die Schlagbewegung erfolgt nicht unter ständigem Krafteinsatz, sondern die Faust bzw. die Hand wird mit großer Schnelligkeit ins Ziel gebracht. Der Schlag muss schnell und hart sein.
- In jedem Fall muss man versuchen, den ganzen Körper für den Schlag mit der Faust oder der Hand zum Einsatz zu bringen. Das bedeutet, dass der Schlag mit der gesamten Körperkraft erfolgt. Die Faust, die zustößt, ist der Endpunkt eines Energieflusses, der den ganzen Körper durchläuft. Sie überträgt die Energie und zugleich die hinter dem Schlag stehende Absicht (das heißt die geistige Unterstützung).

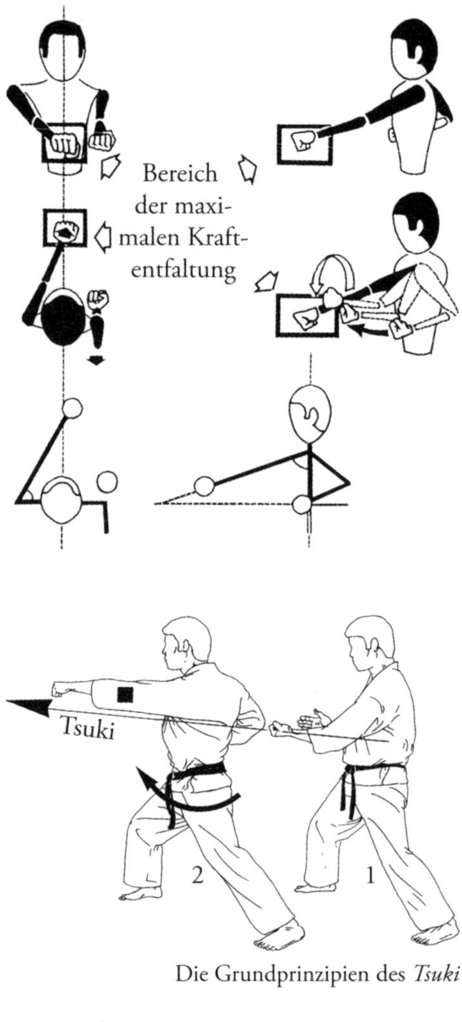

Die Grundprinzipien des *Tsuki*

- Die Kraft darf erst am Ende zum Einsatz kommen, während des Auftreffens auf den Körper des Gegners. Beim Training wird dieser Aufschlag simuliert, wobei es besonders wichtig ist, den Körper unter Kontrolle zu haben (*Sundome*, siehe S. 72 ff.). Genau in dem Augenblick, in dem die Faust im Kontakt mit dem Ziel zum Stillstand kommt, muss man fühlen, wie die gesamte Kraft im Aufschlagpunkt angelangt. Alle Muskeln des Körpers werden so kurz wie möglich, aber auch so stark wie möglich angespannt. Diese totale Freisetzung der Energie führt zu einer wahrhaftigen Explosion derselben (*Hakei*), gefolgt von einem *Kime*, jener »durchdringenden Wirksamkeit«, die das Ergebnis eines sehr kurzen, aber dafür intensiven Kontakts ist, der für den Bruchteil einer Sekunde am Auftreffort aufrechterhalten wird. Unterstützt wird die Wirkung durch den »Geist der Technik«, das heißt dem Willen, das zu erreichen, was man durch den Schlag erreichen will. Das ist das ganze Geheimnis der Effektivität des Karate. Die gesamte Kraft und der ganze Wille werden für den Schlag eingesetzt. Unmittelbar darauf folgt eine vollkommene Entspannung: Die übertragene Energie wird freigelassen. Jeder Schlag muss mit *Kime* erfolgen, selbst beim Training ohne Partner (*Kihon*). Ohne *Kime* gibt es kein Karate.[13]
- Die eingesetzte »natürliche Waffe« muss mit Präzision bewegt werden, so dass auf dem Weg zum Ziel keine Energie vergeudet wird, und sie muss ihr Ziel präzise treffen. Die Zeichnungen auf S. 52 zeigen die korrekte Bahn für einen direkten Fauststoß (*Tsuki*), der auf ein Ziel, das sich direkt vor einem befindet, gerichtet ist. Der Ellbogen wird dabei sehr nah am Körper entlang geführt. Dies stellt die schematische Darstellung der nachstehend erläuterten Technik *Choku zuki* dar.

[13] *Kime*: (jpn.) Kurzzeitige Fokussierung der geistigen und körperlichen Energie im *Hara* (Bauchregion als energetisches Zentrum des Menschen) oder am Auftreffpunkt eines Schlages. *Kime* ist eine explosionsartige, perfekt aufs Ziel ausgerichtete Projektion der inneren Energie (*Ki*). Oft wird das *Kime* von einem *Kiai* begleitet. – Habersetzer, R. u. G.: Enzyklopädie der Kampfkünste. Chemnitz: Palisander Verlag 2019.

4.2 Der grundlegende Mechanismus des Fauststoßes

Der *Choku zuki* (Shôtôkan) bzw. *Kara zuki* (Wadô-ryû) ist der Schlüssel für etliche andere daraus abgeleitete Techniken. Die Ausführung ist für Shôtôkan und Wadô-ryû identisch, so dass die folgende Beschreibung für beide gilt. Das kleine schwarze Viereck zeigt die Stelle im Ablauf, an der das *Kime* zu erfolgen hat, an.

Man steht in natürlicher Stellung, die Füße sind auseinander. Eine Faust ist gestreckt vor dem Körper, die andere befindet sich auf Höhe des Ellbogens neben der Hüfte. Die Technik besteht darin, mit der hinteren Faust nach vorn zu stoßen, während die vordere synchron dazu zurückgezogen wird.

Auf die folgenden, in den Zeichnungen 1 bis 6 auf der gegenüberliegenden Seite dargestellten Punkte ist besonders zu achten: Der Stoß mit der (in diesem Fall der rechten) Faust erfolgt entlang einer geraden Linie von hinten nach vorn, wie die Bewegung eines Kolbens. Während dieser Bewegung vollführt die Faust eine Drehung von außen nach innen. Zu Beginn, wenn die Faust bei der Hüfte ist, zeigt die Faustinnenseite nach oben. Am Ende der Bewegung zeigt sie nach unten. Während die Faust nach vorn gebracht wird, vollführt die andere Faust die entgegengesetzte Bewegung von vorn nach hinten. Dabei wird sie auswärts gedreht, so dass die Faustinnenseite nach oben zeigt, wenn die Endposition neben der Hüfte erreicht ist. Man beachte, dass der in den Zeichnungen A und B dargestellte Karateka die linke Hand offen nach vorn gestreckt hält, bevor er mit der rechten Faust zustößt. Beim Zurückziehen wird die linke Hand geschlossen, so dass die linke Faust nun für einen weiteren Fauststoß bereit ist. Die doppelte »Kolbenbewegung« der Arme muss simultan erfolgen. Das Zurückziehen der einen Faust während des Stoßes der anderen wird als *Hikite* (»Faust nach hinten«) bezeichnet. Das Prinzip, eine Aktion durch eine entgegengesetzte Aktion der anderen Hand auszugleichen (Aktion-Reaktion) findet sich in allen Karatetechniken wieder. Es wirkt stabilisierend auf die Bahn der stoßenden Faust und verleiht ihr maximale Energie.

Dieses grundlegende Training des Fauststoßes kann auch in der Stellung *Kiba dachi* oder *Shiko dachi* (Zeichnungen 7 bis 10) ausgeführt werden. Auf diese Weise können gleichzeitig auch die Beine, die Hüften und die Bauchmuskeln trainiert werden.

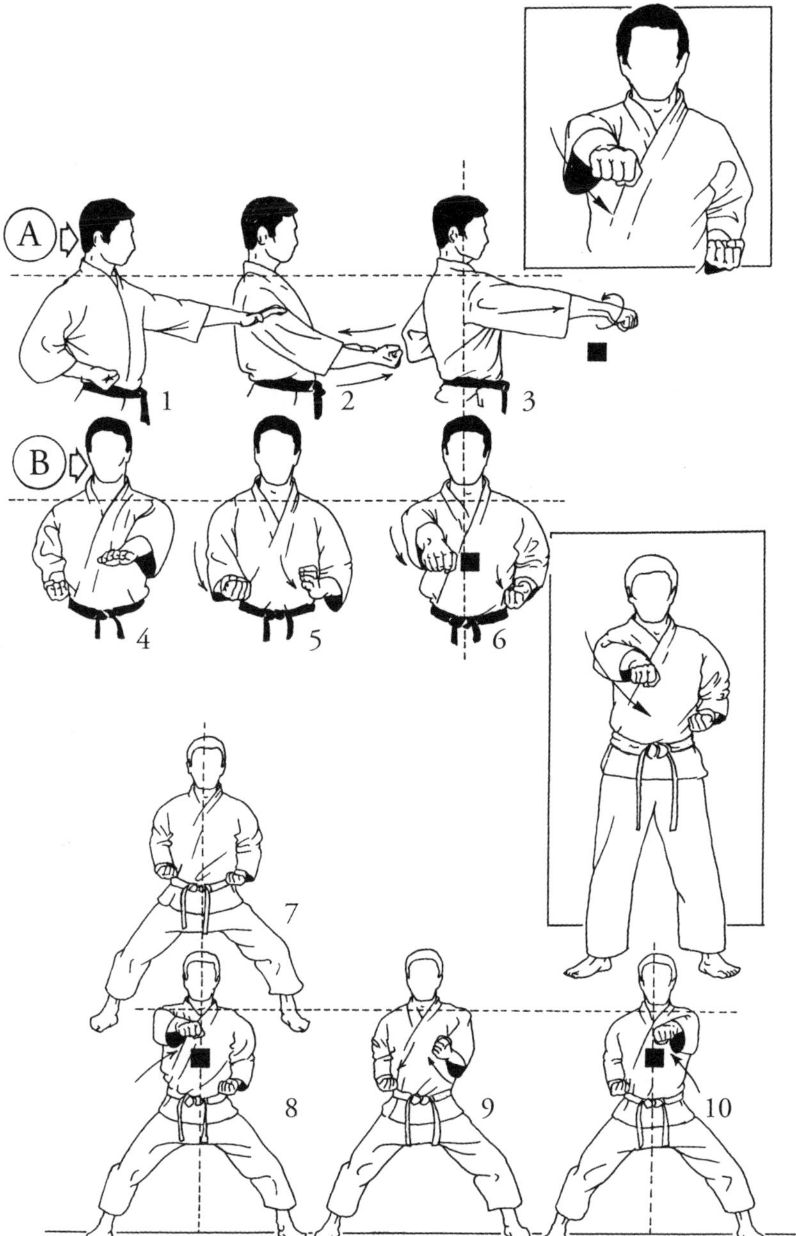

Choku tsuki (oben, 1-6) und *Kara zuki* (unten, 7-8)

Zu beachten bei Tsuki

- Die Schultern bleiben immer auf einer Höhe. – Vor allem die Schulter des Arms, mit dem ein Schlag ausgeführt wird, hat die Tendenz, sich aufgrund der Muskelkontraktion zu heben.
- Außer im Fall einer präzisen anderslautenden Anweisung des Lehrers muss die Brust während der Bewegung immer nach vorn zeigen. Weder dreht man sich, noch beugt man sich während des Schlages vor.
- Die Ellbogen streifen während der Bewegung den Oberkörper leicht.
- Die andere Faust muss unter Einsatz von ebensoviel Energie in *Hikite*-Position gezogen werden, wie für den Stoß eingesetzt wird.
- Der Schlag erreicht seine größte Wirksamkeit, wenn er den Gegener direkt von vorn trifft (dieses Auftreffen wird im *Kihon* nur simuliert), das heißt auf einer Ebene, die senkrecht durch die eigene Körpermitte verläuft (siehe Zeichnungen »*Tsuki*« auf S. 52).
- Niemals darf das *Kime* exakt im Moment des Auftreffens vergessen werden, das heißt, vor allem die Bauchmuskeln werden angespannt und im nächsten Augenblick wieder entspannt.
- Die Atmung muss synchron zum Schlag erfolgen (siehe Abschnitt »Atmung« auf S. 68).

Das alles bedeutet, dass mehrere Dinge gleichzeitig unter Kontrolle zu halten sind. Man muss beharrlich daran arbeiten, bis dieser »Mechanismus« zur Gewohnheit geworden ist. Hat man dies erreicht, dann wird man auch rasch Fortschritte in den anderen Fausttechniken und darüber hinaus in allen Karatetechniken erreichen.

4.3 Die Hand – die erste der »natürlichen Waffen«

Die Zeichnungen auf S. 58 zeigen, wie die Faust oder die offene Hand eingesetzt werden kann, um sie in eine gefährliche Waffe zu verwandeln.

- *Seiken*: die »normale«, fest geschlossene Faust. Sie wird eingesetzt für *Tsuki* (mit den *Kento*, das heißt den Basisknöcheln von Zeige- und Mittelfinger) oder für *Uchi* (mit *Uraken*, dem Handrücken, oder *Tettsui*, dem »Eisenhammer«, das heißt mit der Kleinfingerseite der Faust).
- *Ippon ken* und *Nakadaka ken* sind zwei Varianten der »Einfingerknöchelfaust«. Der Stoß wird wie beim *Choku zuki* ausgeführt.
- *Hiraken*: Der Schlag erfolgt mit den Fingerknöcheln. Die Finger sind in den Knöcheln einwärts gebeugt, und die Fingerspitzen sind gegen die Fingerbasen gepresst. Der Stoß wird wie beim *Choku zuki* ausgeführt.
- *Shutô*: Die offene Hand. Die Finger sind gestreckt und aneinander gepresst, der Daumen ist einwärts gebogen. Man schlägt mit der Handkante, der »Schwerthand«, oder mit …
- *Haitô*, der Innenhandkante (»Schwertrücken«), oder mit …
- *Haishu*, dem Handrücken, oder mit …
- *Nukite*, der Speerhand, das heißt mit den Fingerspitzen.
- *Teishô*: Die Handfläche.
- *Seiryûtô*: Die Handwurzel.
- *Kakutô*: Die Außenseite des eingebeugten Handgelenks.

Die Hand kann noch auf weitere Arten als Waffe eingesetzt werden. Diese Methoden werden durch die alten *Kata* (*Koshiki kata*) vermittelt.

Zu den »natürlichen Waffen« des Arms zählen der Unterarm (*Wan*) und der Ellbogen (*Empi* bzw. *Hiji*). All diese Teile der Hand und des Arms können ebenso gut zum Schlagen wie auch zur Abwehr eines gegnerischen Schlags eingesetzt werden, das heißt, sie werden zum Angriff und zur Verteidigung verwendet.

Der *Sensei* wird den Karateka in Abhängigkeit vom erreichten Niveau und vom Alter instruieren, wie er für sich entweder am Sandsack oder am

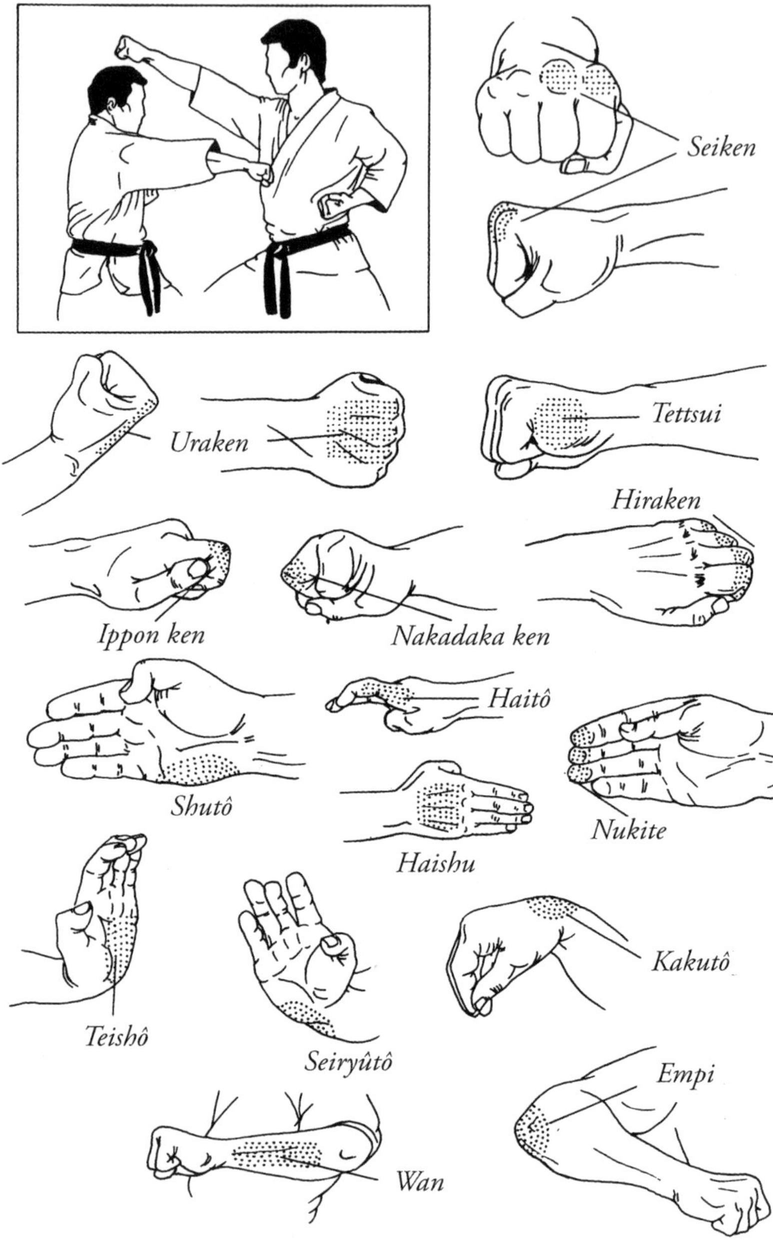

Die Hand als natürliche Waffe

Makiwara (um einen flexiblen Holzpflock gewickeltes Strohbündel) die Faust oder die Hand trainieren soll. Sandsäcke und *Makiwara* gehören üblicherweise zur Ausstattung eines *Dôjô*. Die untenstehende Zeichnung zeigt das Training eines *Gyaku zuki* am *Makiwara*. Der Schlag erfolgt in Verbindung mit einer kräftigen Drehung der Hüften und wird vom hinteren Bein, dessen Ferse am Boden ist, unterstützt.

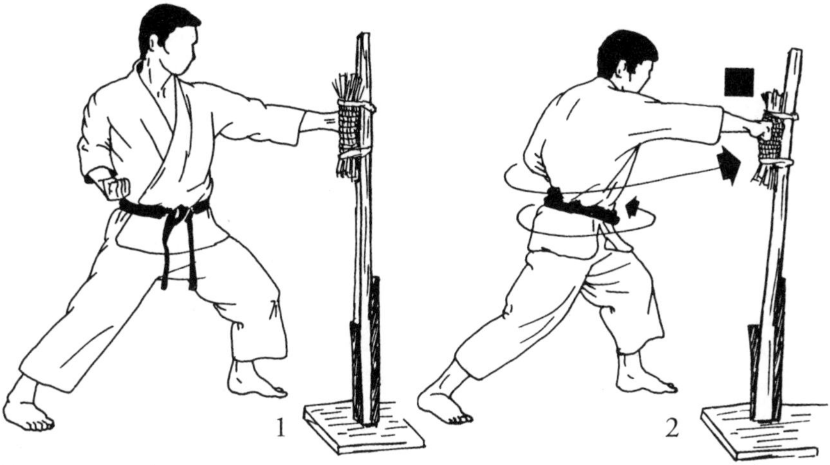

Training am Makiwara

5. Angriffe mit dem Fuß

Der Fuß ist eine weitere »natürliche Waffe« des Karate mit zahlreichen Einsatzmöglichkeiten. Die Techniken des Fußes (*Keri waza*) sind noch kraftvoller als die Fauststöße und haben zudem eine größere Reichweite. Man muss aber bei der Ausführung sehr schnell sein und während des Tritts das Gleichgewicht wahren. Andernfalls liefert man sich damit einem geübten, entschlossenen Gegner aus. Wie auch bei den Armen bzw. den Händen können alle Fußtechniken sowohl zum Angriff als auch zur Verteidigung eingesetzt werden.

5.1 Prinzipien für Angriffe mit dem Fuß

Es gelten die gleichen *Atemi*-Prinzipien wie für die Faust (siehe S. 52 f.):

- Man muss gemäß dem *Atemi*-Prinzip all seine Kraft in den Tritt legen; das heißt, der Tritt erfolgt mit maximaler Kraft und Schnelligkeit, und die Energie wird über die kleinstmögliche Fläche übertragen. Der Tritt muss schnell und hart erfolgen. Beim tatsächlichen oder simulierten Auftreffen erfolgt *Kime*.
- Der Atem muss synchron zur Technik sein (siehe Abschnitt »Atmung« auf S. 68).

Hinzu kommen einige besondere Prinzipien für die Arbeit mit Beinen und Füßen:

- Das Bein, mit dem der Tritt ausgeführt wird, darf niemals »in der Schwebe« bleiben. Sobald das Ziel getroffen wurde, muss der Fuß zurückgezogen und in eine stabile Position gebracht werden. Dies kann ein Absetzen auf dem Boden bedeuten, aber der Fuß kann auch angehoben bleiben, um erneut einen Tritt auszuführen. In jedem Fall muss man nach dem Tritt unverzüglich bereit sein, eine Anschlusstechnik auszuführen.
- Für Fußtritte ist die *Vorbereitungsphase* sehr wichtig, das heißt das Heben des Fußes, bevor die Spannung im Tritt freigesetzt wird:
  - Das Knie wird so hoch wie möglich gehoben, selbst wenn ein tiefer Tritt ausgeführt werden soll. Auf diese Weise wird mehr Kraft in die Technik gelegt (Zeichnung A: Vorbereitung für einen *Mae geri*; Zeichnung B: Vorbereitung für einen *Mawashi geri*).
  - Die Körperhaltung ist aufrecht; man beugt sich nicht nach vorn, und die Ferse des Standbeins ist fest am Boden. Das Standbein ist gebeugt.
  - Der Bauch wird nicht eingezogen, sondern ein wenig nach vorn gedrückt. In der Endphase der Tritttechnik werden die Hüften kraftvoll in Richtung des Tritts geschoben (Zeichnung C: *Mae geri*, der direkte Fußtritt). Die Ferse des Standbeins bleibt ununterbrochen am Boden.

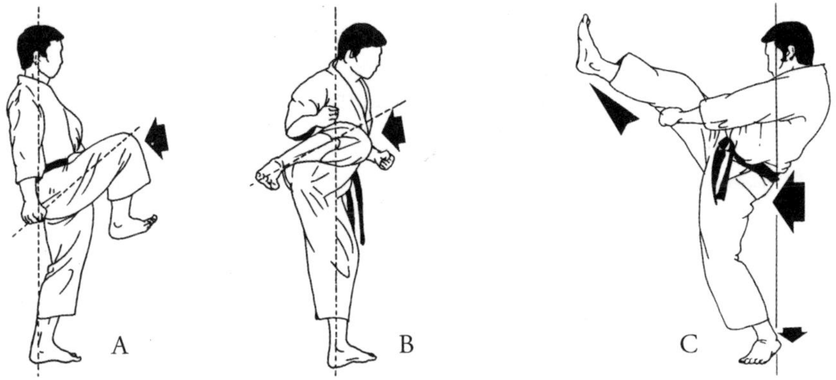

Vorbereitung eines Fußtritts (A: *Mae geri*, B: *Mawashi geri*); Endstellung eines *Mae geri* (C)

- Es gibt zwei grundlegende Formen des Fußtritts:
  - *Keage* (der geschnappte Fußtritt): Dies ist der »peitschende« Tritt, bei dem schnell und hart zugetreten wird. Der Fuß wird sofort nach dem Auftreffen wieder zurückgezogen, als würde er am Ziel abprallen. Er wird unverzüglich zum Endpunkt seiner Bewegungsbahn zurückgeführt. – Beispiel: *Mawashi geri*.
  - *Kekomi* (der gestoßene Fußtritt): Dies ist der »einschlagende« Tritt. Auch dieser Tritt wird schnell ausgeführt, aber am Ort des Auftreffens wird er verstärkt, indem ein bis zwei Sekunden lang die Hüften nach vorn geschoben werden und der gesamte Körper in Richtung des Ziels gespannt ist. Das heißt, die Zeit des *Kime* ist länger als beim *Keage*. Für den *Kekomi* benötigt man ein perfektes Gleichgewicht. – Beispiel: *Yoko geri* (Shôtôkan), *Sokutô* (Wadô-ryû).

5.2 Der Fuß als natürliche Waffe

Die Zeichnungen auf S. 62 zeigen verschiedene Möglichkeiten, den Fuß als Waffe einzusetzen.

- *Koshi*: Der Fußballen, das heißt der Bereich unterhalb der Zehen, die man während des Tritts anheben muss. Man bezeichnet diesen Bereich auch als »Tigerzahn«.

- *Tsumasaki*: Die Spitze des Fußes mit fest geschlossenen Zehen (nicht ratsam, da Verletzungsgefahr besteht!)
- *Sokutô*: Die Fußaußenkante, der sogenannte »Schwertfuß«.
- *Kakato*: Die Ferse.
- *Haisoku*: Der Spann, das heißt der obere Teil des Fußes, vom Knöchel bis zu den Zehen.
- *Teisoku*: Die Fußsohle.
- *Hiza gashira*: Die Kniescheibe.

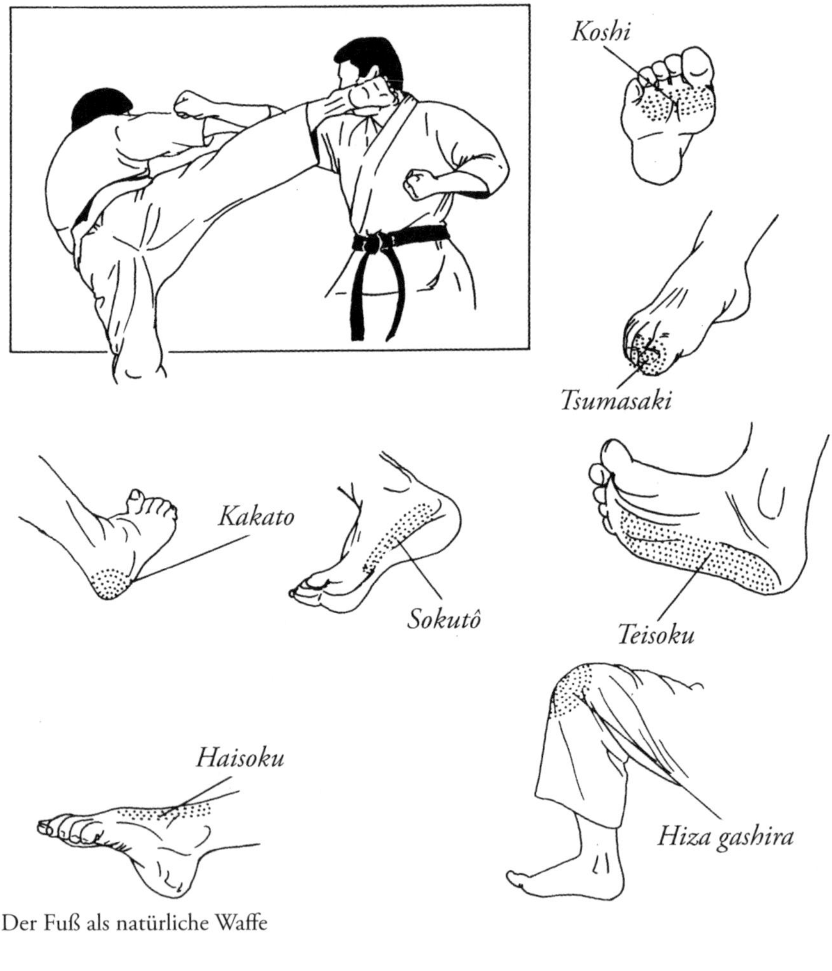

Der Fuß als natürliche Waffe

Genau wie die Arme bzw. die Hände müssen auch die Beine trainiert werden. Dabei geht es nicht nur um den Muskelaufbau, sondern auch um die Kräftigung der Knöchel und die Schulung des Gleichgewichts. Die Knöchel sind von ihrer natürlichen Konstitution her nicht in der Lage, starke Stöße unbeschadet auszuhalten. – Im Ergebnis des Beintrainings werden auch die Grundstellungen immer stärker werden.

Der *Sensei* wird die Karateka im *Dôjô* zahlreiche Übungen zu diesem Zweck ausführen lassen. Dies können Übungen mit Hilfsgeräten sein (siehe Zeichnungen), wie zum Beispiel der Sandsack, oder Partnerübungen. Beispielsweise kann die Dehnung des Beins trainiert werden, indem man es am Partner anlegt und so einen direkten Stoß im *Kekomi* simuliert, oder man übt den Spagat nach vorn.

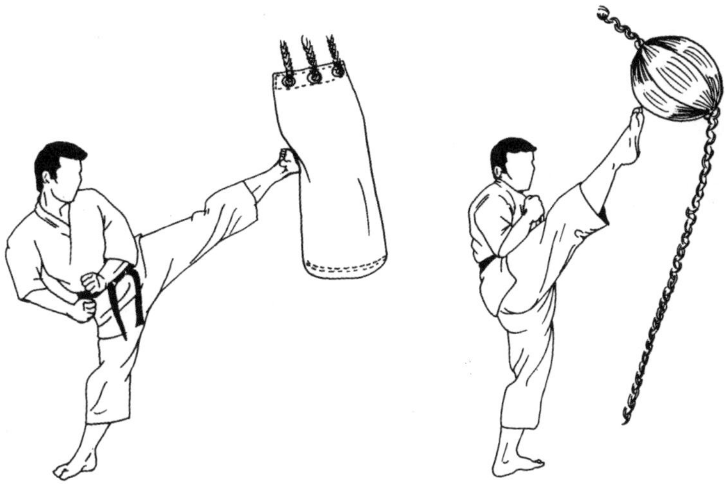

Fußtraining an Übungsgeräten

6. Blöcke

Meister Funakoshi erklärte einst: »Im Karate gibt es keinen ersten Angriff«. Ein Karateka wird nicht von sich aus angreifen. Selbst wenn es den Anschein hat, dass er als erster angreift, weil er zum Beispiel in einem Kampf die Initiative ergreift und den ersten Schlag führt, so geschieht dies nur aus Gründen der Selbstverteidigung. Karate ist eine Kunst der Selbstverteidigung und nicht des Angriffs. Das ist im übrigen der Grund, aus dem die *Kata*, jene kodifizierten Kombinationen von Karatetechniken, allesamt mit einer Verteidigungstechnik beginnen. Auf diese Weise soll der Karateka daran erinnert werden, dass er nur deswegen kämpft, weil er keine andere Wahl hat. Dieses moralische Prinzip des Karate gerät heute zunehmend in Vergessenheit, aber die Meister der Vergangenheit haben größten Wert darauf gelegt, es als Kern ihrer Lehren zu vermitteln.

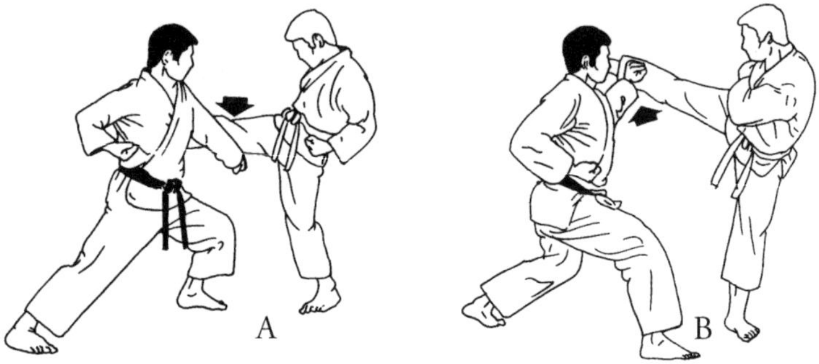

A: Block eines direkten Fußtritts (*Mae geri*) mit *Gedan barai* (Shôtôkan)
B: Block eines kreisförmigen Fußtritts (*Mawashi geri*) mit *Jôdan barai* (Shôtôkan)

Die erste und natürlichste Art sich zu verteidigen besteht darin, den Schlag oder Tritt des Gegners abzuwehren, indem man den eigenen Arm oder den eigenen Fuß als Schutzschild einsetzt. Das ist das Prinzip des Blocks mit Krafteinsatz, und die entsprechenden Blocktechniken (*Uke waza*) sind das erste, was der Anfänger im *Dôjô* lernt. Ihr Vorteil besteht darin, dass sie leicht erlernbar sind und dass sie schnell ihre Wirksamkeit entfalten.

Dennoch muss man bei dieser Art des Blockens selbst die Kraft des Stoßes beim Kontakt aufnehmen. Das Ziel ist jedoch, dass der Angreifer durch seinen eigenen Schlag Schmerz empfindet und dadurch entmutigt wird, so dass er, wenn der Schmerz nur stark genug ist, von sich aus den Kampf beenden will. Aus diesem Grund muss man stets aus einer starken Stellung heraus mit *Kime* blocken. Der ganze Wille muss in den Block gelegt werden, und man sollte nicht daran denken, dass es einem auch selbst weh tun könnte.

Wie in allen Techniken gilt es bei den Blöcken, mit Kraft und Entschlossenheit in die Aktion hinein zu »explodieren«. Das ist das Prinzip der explosiven Reaktion.

7. Ausweichen

Das Ausweichen ist die höhere Form der Verteidigung. Man errichtet kein Abwehrschild zwischen sich und den Angreifer, das den Stoß aufnehmen soll, sondern nimmt eine Haltung ein, durch die der gegnerische Angriff ins Leere geht, ohne einen zu berühren. Allerdings sind die Ausweichtechniken (*Kawashi waza*) auch schwieriger zu meistern als die Blocktechniken.

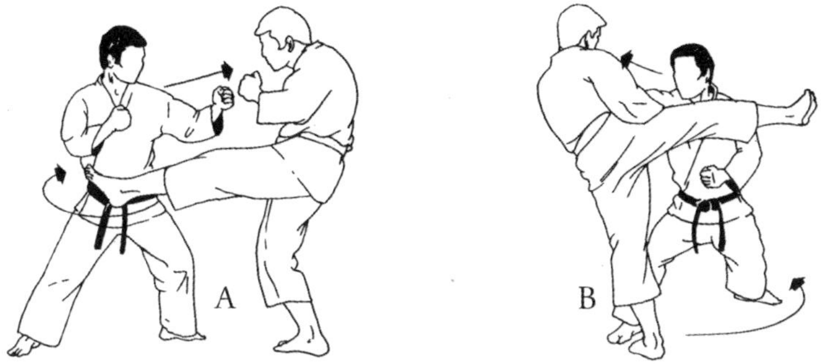

A: Ausweichen nach innen bei einem direkten Fußtritt (*Mae geri*)
B: Ausweichen nach innen bei einem kreisförmigen Fußtritt (*Mawashi geri*)

Die Zeichnungen zeigen Ausweichtechniken gegen die gleichen Angriffe, die als Beispiel für die Blocktechniken gewählt wurden. Man beachte die Drehung der Hüften und die Möglichkeit für einen sofortigen Gegenangriff.

Man muss mit großer Schnelligkeit und erst im letzten Moment handeln, so dass der Gegner nicht die Möglichkeit hat, neu zu »zielen«. Er muss die Gewissheit haben, einen Treffer landen zu können, aber in dem Moment, in dem der Schlag den Körper treffen würde, ist man ihm ausgewichen. Es ist aber wichtig zu beachten, dass Ausweichen nicht Flucht vor dem Gegner bedeutet. Man darf sich nur so wenig wie nötig bewegen. Der Idealfall ist der, dass der Angriff einen gerade noch streift und nicht beispielsweise einen Meter an einem vorbeigeht. Um das zu erreichen, bedarf es eines guten Augenmaßes, Schnelligkeit und Präzision in der Bewegung, Geschmeidigkeit – und Mut!

Ist man auf diese Weise ausgewichen, ist man bereit, einen effektiven Gegenangriff auszuführen. Da das Ausweichen mit weniger Anstrengung verbunden ist als ein Block, verfügt man noch über die volle Kraft für den Gegenschlag, der zudem den Gegner mitten in seiner Aktion trifft. Das ist besonders interessant für leichtgewichtige Kämpfer, die schwergewichtigen Angreifern gegenüberstehen, oder kleinen gegenüber großen Kämpfern. Beim Ausweichen muss man sich seiner sicher sein können. Der kleinste Fehler kann dazu führen, dass man völlig ohne Deckung dem gegnerischen Angriff ausgesetzt ist. Dennoch ist die Kunst des Ausweichens die höhere Stufe der Abwehr, die es zu erreichen gilt, sobald man die Grundlagen des Karate beherrscht.

8. Der Gegenangriff

Sobald der gegnerische Angriff neutralisiert wurde, wird der Karateka einen Gegenschlag führen, um den Gegner endgültig außer Gefecht zu setzen. Die klassische Form ist der Gegenangriff mittels *Atemi*. Das Ziel dieses Gegenangriffs besteht darin, den Kampf mit einem einzigen Schlag zu beenden. Diese Grundidee bzw. Geisteshaltung ist außerordentlich bedeutsam. Durch sie unterscheidet sich Karate von anderen Kampfsportarten wie dem Boxen. Die alten Meister pflegten zu sagen, dass man es ablehnen sollte zu kämpfen, aber wenn ein Kampf unumgänglich sei, muss jeder Schlag, den ein trainierter Karateka ausführt, ein entscheidender bzw. tödlicher (*Chimei*, *Todome waza*) sein. Das, worauf es ankommt, sind demzufolge die Kraft und der Wille, die man in diesen Gegenangriff legt und die daraus erwachsen, dass man beabsichtigt, den Kampf damit zu entscheiden.

Für das Training im *Dôjô* gilt jedoch, dass man den Partner auf keinen Fall wirklich treffen darf. Der Schlag muss so kontrolliert werden, dass er einige Zentimeter vor dem Auftreffpunkt abgestoppt wird (*Sundome*; siehe Teil 1, Abschnitt 10: Die Vitalpunkte und die Kontrolle, S. 72).

Der Karateka kann auch mit einem Wurf kontern wie im Jûdô, oder er kann den Arm oder das Bein des Gegners verdrehen wie im Aikidô. Auf der gegenüberliegenden Seite werden einige Varianten für Gegenangriffe, die auf ein und dieselbe Angriffsart folgen, dargestellt. Es ist ebenfalls möglich – wenn auch schwieriger –, auf gleiche Weise zu kontern, nachdem man dem Angriff zuvor ausgewichen ist.

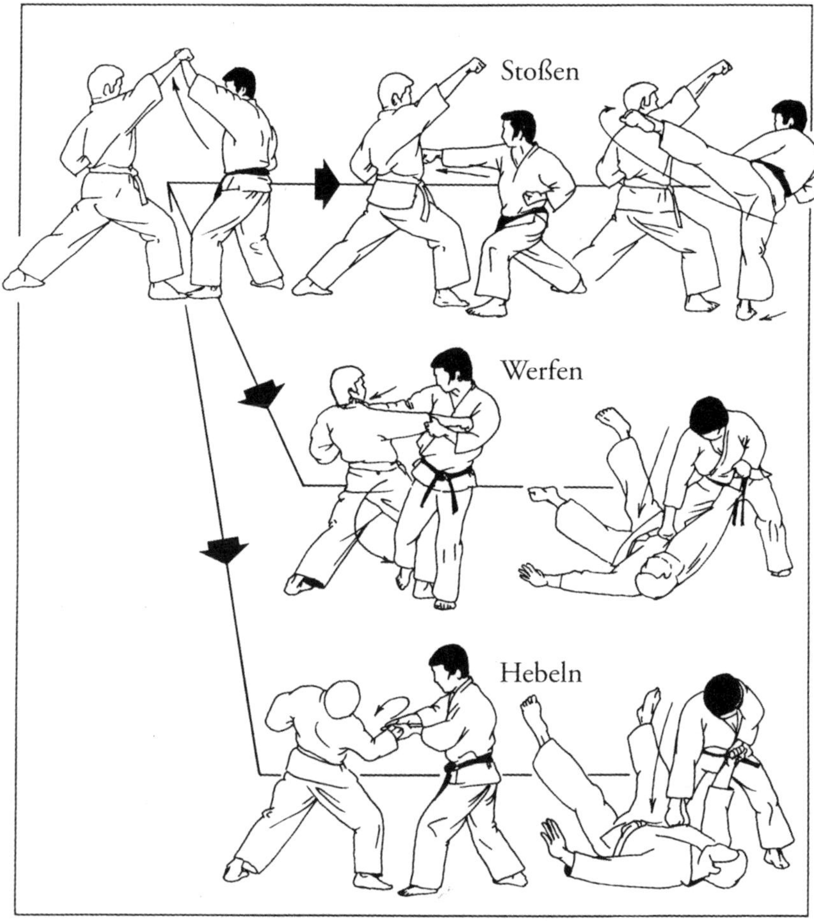

Möglichkeiten für einen Gegenangriff auf ein und dieselbe Angriffsform

Grundsätzlich sind beim Aufeinandertreffen mit einem Gegner drei verschiedene Reaktionen möglich:

1. Man übernimmt die Initiative (*Sen*), indem man angreift, bevor dies der Gegner tut. Weiter oben wurde gezeigt, dass auch dies als eine Art Verteidigung aufgefasst werden kann.
2. Man wartet den Angriff des Gegners ab, um nach einem Block oder einem Ausweichen zu kontern. In diesem Fall begegnet man der Initiative des Gegners (*Go no sen*).

3. Man greift in exakt dem Moment an, in dem der Gegner sich für den Angriff entscheidet, ohne dass aber dessen Attacke bereits vollständig ausgeführt wurde. Die eigene Aktion kann sogar erfolgen, bevor der Angriff tatsächlich begonnen wurde. Dies stellt eine Initiative auf einen Angriff dar (*Sen no sen*). Dieses Niveau kann man jedoch erst nach mehreren Jahren des Trainings vollständig begreifen.[14]

Karate ist auch eine Art »geistiges Duell« zwischen der eigenen Intelligenz und der des Gegners. Der Kampf gleicht einem Schachspiel, bei dem man die Absichten des Gegenübers richtig erraten und versuchen muss, ihn durch Schnelligkeit und die geeignete Strategie zu übertrumpfen.

9. Die Atmung

9.1 Die Bauchatmung

Die Atmung im Karate erfolgt »mit dem Bauch« (*Kokyû*). Eine Karatetechnik kann nur dann wirklich effektiv sein, wenn man während der Aktion richtig atmet. Eine mit der ausgeführten Bewegung synchrone Atmung trägt dazu bei, die Tätigkeit aller Muskeln zu koordinieren. Sie verbindet gewissermaßen die einzelnen Körperteile, die für die Technik eingesetzt werden. Des weiteren vermeidet man auf diese Weise, außer Atem zu kommen, was im Kampf zu einer Niederlage führen könnte.

Atmung und Bewegung lassen sich auf folgende Weise synchronisieren (siehe Zeichnungen auf der gegenüberliegenden Seite):

- Man atmet entspannt ein, vor der Bewegung (A1 und B1).
- Während der Schlag ausgeführt wird, atmet man kurz aus (A2 und A3, B3 und B4). Niemals vollständig ausatmen!
- Der Atem wird kurz angehalten, während der Aufschlag erfolgt, das heißt während des *Kime* (A4 und B5).

[14] Für eine detaillierte Darstellung dieser Prinzipien siehe Mabuni, K.: Leere Hand. Vom Wesen des Budô-Karate. Chemnitz: Palisander Verlag 2010.

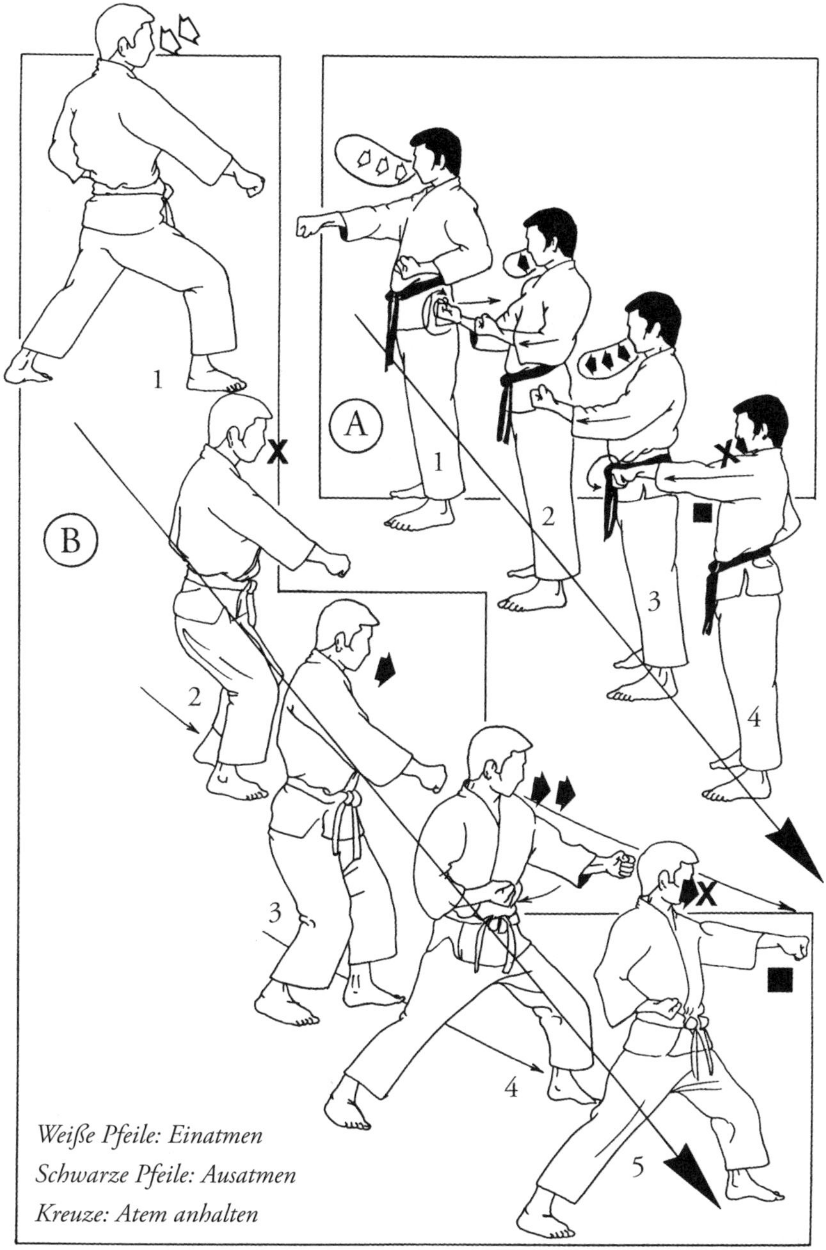

Das richtige Atmen

- Erst jetzt atmet man vollständig aus, während man sich vollkommen entspannt.
- Man atmet erneut tief ein, um die folgende Technik vorzubereiten. Die Zeichnungsserie A zeigt, wie man in natürlichem Stand bei der Ausführung eines *Choku zuki* atmet. Serie B zeigt, wie man einen *Oi zuki* (oder *Jun zuki*) ausführt, während man nach vorn geht. Man beachte, dass man im Fall des *Oi zuki* mit dem Ausatmen erst beginnt, wenn der hintere Fuß am Standbein vorbeigeführt worden ist.

Man muss lernen, die Atmung zu beherrschen, indem man durch die Nase einatmet und durch den nur leicht geöffneten Mund ausatmet. Allgemein atmet man ein, wenn man eine Technik vorbereitet (schwach) und atmet aus, wenn man sie ausführt (stark). Die richtige Atmung ist eines der Geheimnisse des Karate. Wie in allen japanischen Kampfkünsten muss man »mit dem Bauch atmen« (*Hara*; die Kunst des *Haragei*), aber diese Atmung exakt verbal zu beschreiben ist unmöglich. Nur soviel sei gesagt: Beim Einatmen hebt man nicht die Schultern, und während man ausatmet, drückt man den Bauch heraus, als ob er eine Kugel wäre. Der *Sensei* wird dem Schüler mehr darüber erzählen, sobald er das Gefühl hat, dass dieser weit genug fortgeschritten ist, die richtige Atmung zu begreifen.

Es ist der Bauch, in dem die alten Meister das *Tanden* lokalisierten, welches nach westlicher Auffassung dem Schwerpunkt des Menschen, seinem Kraftzentrum, entspricht. Tatsächlich ist das *Tanden* kein realer Punkt, sondern eher eine Empfindung, die jedoch immer stärker werden muss, je weiter man auf dem Weg des Karate fortschreitet.

9.2 Der Rhythmus

Ohne Rhythmus (*Hyôshi*) gibt es kein Karate. Ohne Gefühl für den rechten Zeitpunkt für eine Technik, das »Timing«, wird sie zu früh oder zu spät ausgeführt und kann somit nicht effektiv wirken. Dieses Gefühl kann man nur beim Partnertraining im *Dôjô* gewinnen. Die Zeichnungen auf der gegenüberliegenden Seite zeigen, dass das Zeitfenster für die Anwendung einer Technik sehr klein ist. Ein kurzes Zögern, eine zu hastige oder auch

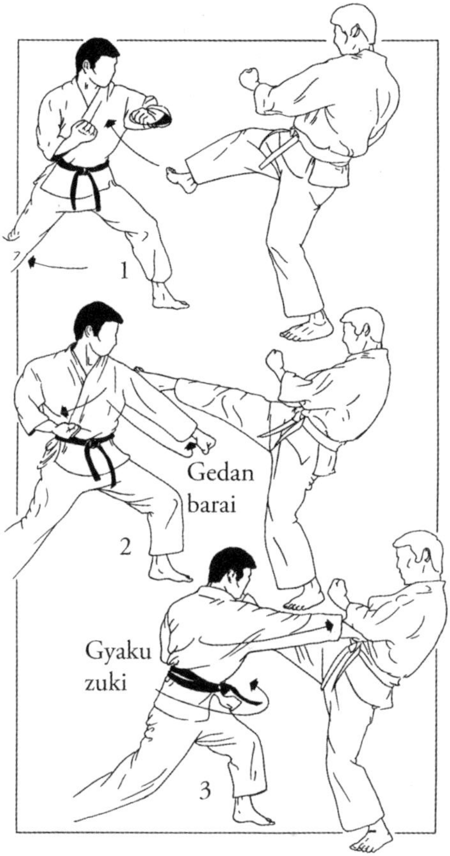

eine zu langsame Bewegung – und schon kann der Gegner die Verteidigung durchbrechen. Im dargestellten Beispiel blockt der Karateka mit dem schwarzen Gürtel einen direkten Fußtritt. Sein Block muss genau in dem Moment wirken, wenn das Bein des Gegners gestreckt ist (2), und sein Gegenangriff (3) muss unverzüglich erfolgen, bevor der Gegner Zeit hat, den Fuß wieder abzusetzen. Die Abfolge 2 und 3 muss ohne die geringste Unterbrechung erfolgen. Der angestrebte Idealfall ist, dass Verteidigung und Gegenangriff nahezu gleichzeitig erfolgen (*Kobo ichi*).

9.3 Der Kiai und der Geist des Karate

Dies ist der am schwierigsten zu erklärende Aspekt des Karate. Mehrmals wurde bereits auf einige Geisteshaltungen, die dem Karateka zu eigen sind, verwiesen: *Kime*, Entschlossenheit, der Begriff des entscheidenden Schlags, Arten der Initiative, aber auch der Wille, den Kampf zu vermeiden. Dies und etliche andere Dinge bilden den sogenannten »Geist des Karate«. Dieser umfasst sowohl Gewalt und den Willen zum Angriff, aber zugleich und im gleichen Maße auch Sanftmut und Friedfertigkeit. Dieses scheinbare Paradoxon erschließt sich einem erst mit der Zeit. Schreitet man weiter auf dem Weg des Karate voran, kann man jene Einheit von Körper und Geist erreichen, die in der Beherrschung des Selbst gipfelt. Hat man dies vollbracht, kann man allen Dingen, mit denen einen das Leben konfrontiert, gelassen entgegentreten. Der *Kiai*[15] ist ein Ausdruck dieser Einheit. Das ist der Grund, weshalb man sagt, jemand habe *Ki* (Vitalenergie, innere Kraft) oder *Kiai*, wenn er sich durch Widerstandsfähigkeit in jeder Hinsicht auszeichnet.

Karate zu trainieren bedeutet sein *Ki* zu entwickeln. Alle Techniken müssen »vom *Ki* durchtränkt« sein. Ob jemand über *Ki* verfügt, erkennt man an seiner Haltung (gute Stellungen), am Blick (fester, nach vorn gerichteter Blick; die Augen werden nicht gesenkt) und am Gesichtsausdruck (Wille, Entschlossenheit). Man muss das *Ki* des Karateka fühlen können, wenn er die Bereitschaftshaltung (*Yôi*) am Anfang oder am Ende einer Übung einnimmt.

Der *Kiai* ist auch ein Schrei. Stößt der Karateka den *Kiai* aus, so bedeutet das, dass die innere Kraft durch einen kurzen, kehligen und kraftvollen Schrei zum Ausdruck gebracht wird, der aus den Tiefen des Selbst kommt. Der *Kiai* erfolgt an einer ganz bestimmten Stelle einer Handlung. Man darf nicht zögern (oder gar Angst davor haben), zu schreien, während man schlägt, pariert, springt oder eine *Kata* ausführt. Dieser Schrei akzentuiert die Handlung. Der *Kiai* repräsentiert den Willen zum Sieg und die Einheit der geistigen und körperlichen Kräfte in der jeweiligen Technik.

10. Die Vitalpunkte und die Kontrolle

Karate ist eine Kampfkunst, die in ferner Vergangenheit entstanden ist. Damals wurden *Atemi* ausschließlich gegen bestimmte Stellen am Körper

[15] *Kiai*: (jpn.) Kampfschrei, der in der entscheidenden Phase einer Technik ausgestoßen wird und der die Einheit von Willen und Handlung zum Ausdruck bringt. Mit dem *Kiai* richtet man seine Energie (*Ki*) gegen den Gegner. Ein *Kiai* kann auch lautlos sein (*Kensei*). In der Regel handelt es sich jedoch um einen im Bauch (*Hara*) gebildeten Laut. Der *Kiai* ist sowohl eine Geisteshaltung (*Shin*) als auch eine Technik (*Gi*) der Stimme. Er ist die Kunst, all seine physische und mentale Energie mit unerschütterlicher Entschlossenheit auf ein Objekt zu fokussieren. – Habersetzer, R. u. G.: Enzyklopädie der Kampfkünste. Chemnitz: Palisander Verlag 2019.

des Gegners geführt, die besonders empfindlich waren und an denen man demzufolge mit dem Schlag ein sicheres Ergebnis erzielen konnte – einen Knochenbruch, eine schwere Verletzung, eine Ohnmacht oder den Tod. Man nennt diese Stellen Vitalpunkte (*Kyûsho*).[16] Das hat sich erst geändert, als Karate im wesentlichen zu einem Sport wurde.

Beim Training im *Dôjô* lernt man den Angriff auf drei Höhenstufen (*Dan*):

- *Jôdan*: obere Höhenstufe (Hals, Kopf).
- *Chûdan*: mittlere Höhenstufe (Brust, Bauch, Arme).
- *Gedan*: untere Höhenstufe (Unterleib, Beine).

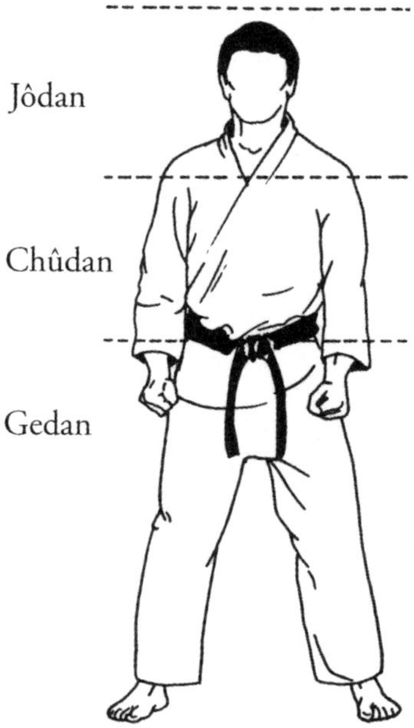

Es kann sein, dass der Karateka sich eines Tages für die echten Vitalpunkte zu interessieren beginnt. Aber Karate kann auch trainiert werden, ohne diese besonderen Stellen am Körper zu kennen, indem man mit seinen Schlägen und Tritten einfach auf den Kopf, die Brust oder die Beine des Gegners zielt.

Dabei ist aber in jedem Fall Vorsicht angeraten: Die erste Regel des Karateka ist die *Ernsthaftigkeit* seiner Angriffe, das heißt, sie müssen durch Kraft und Schnelligkeit geprägt sein. Die zweite Regel ist jedoch die *Kontrolle*; das heißt, man stoppt den Angriff abrupt einige Zentimeter vor dem Auftreffen am Ziel. Alle Angriffe und Gegenangriffe müssen gestoppt werden, bevor der Partner berührt wird. Das ist das Prinzip des *Sundome*. Man berührt einander nur im Fall von Blöcken, dann jedoch mit voller Kraft. Ohne den Willen zur Kontrolle gibt es keinen Trainingsfortschritt. Es geht dabei nicht nur darum, Unfälle zu vermei-

[16] Für Einzelheiten zu den Vitalpunkten siehe Habersetzer, R.: Bubishi. An der Quelle des Karatedô. Chemnitz: Palisander Verlag, 5. Aufl. 2020, S. 210 ff.

den (ein Schlag mit der bloßen Faust, selbst wenn er nicht allzu heftig ist, kann sehr weh tun), sondern auch darum, den Körper zu einer Art »Mechanismus« werden zu lassen, der genau das tut, was man von ihm will. Nichts darf dabei dem Zufall überlassen bleiben. Keine Technik darf einem »entgleiten«. Eine Berührung, selbst wenn sie unabsichtlich erfolgt, ist ein schwerer Fehler, der eines echten Kampfkünstlers unwürdig ist. Man darf nie vergessen, dass der Trainingspartner einem vertraut und dass seine Hilfe unverzichtbar ist für den eigenen Trainingsfortschritt. Dieses Vertrauen darf nicht enttäuscht werden. *Kontrolle* ist der erste Schritt auf dem Weg zur *Beherrschung des Selbst.*

Das Verständnis für diesen etwas theorielastigen Abschnitt ergibt sich mit der Zeit. Es ist aber wichtig, dass bereits der Anfänger zumindest eine Idee von den Grundkonzepten und den entsprechenden Begriffen bekommt.

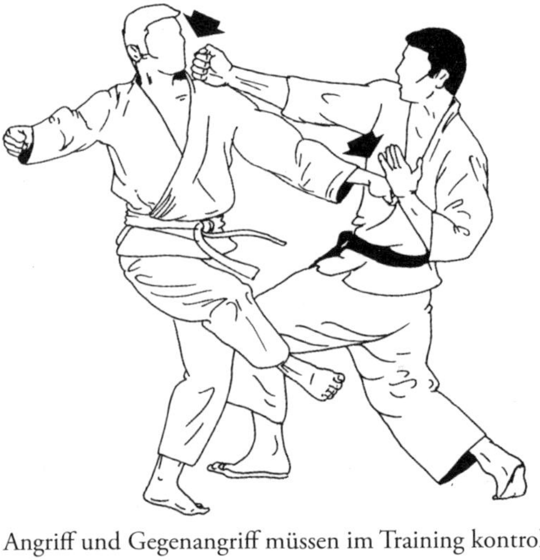

Angriff und Gegenangriff müssen im Training kontrolliert erfolgen

II

Die Techniken des Kihon

Vorbemerkung

Zu jeder Technik gibt es eine oder mehrere Zeichnungen sowie eine knapp gehaltene Beschreibung, die jedoch ausreichend für das Verständnis sein sollte. Darüber hinaus wird auf besonders wichtige Punkte hingewiesen, auf die bei der Ausführung geachtet werden muss, und es werden Varianten angegeben.

Die Techniken des *Kihon* werden in alphabetischer Reihenfolge vorgestellt. In Klammern wird jeweils vermerkt, ob es sich um eine Technik aus dem Shôtôkan (»Shôtôkan«) oder dem Wadô-ryû (»Wadô«) handelt, oder ob es bei der Ausführung keinen Unterschied zwischen beiden Stilen gibt (»Shôtôkan/Wadô«).

Für die Zeichnungen gilt das Folgende:

- Die Techniken des **Shôtôkan** werden durch einen Karateka mit **schwarzem Gürtel und schwarzem Haar** dargestellt.
- Die Techniken des **Wadô-ryû** werden durch einen Karateka mit **weißem Gürtel und weißem Haar** dargestellt.
- Schwarze Vierecke symbolisieren den Teil der Sequenz, in dem das *Kime* erfolgt.
- Achsen für die Ortsveränderung, gepunktete Linien und Pfeile verdeutlichen Aspekte, auf die besonders zu achten ist (Richtung der Ortsveränderung, Bewegung der Hüften usw.).
- Eingerahmte Zeichnungen stellen entweder die Technik aus einem anderen Blickwinkel dar oder verdeutlichen ihre Anwendung.

Die Techniken in alphabetischer Reihenfolge

Age uke (Shôtôkan/Wadô)

Age uke ist der aufsteigende Block bzw. die steigende Abwehr. – Ein Angriff, der auf das Gesicht zielt, wird nach oben abgewehrt. Dies geschieht mit dem Unterarm, dessen Außenseite nach oben zeigt.

Zu beachten

- In der Anfangsposition (unten) zeigt die Faustinnenseite nach oben, und am Ende zeigt der angelegte Daumen nach vorn (oben).
- Der Unterarm wird ständig leicht schräg gehalten, das heißt die Faust ist höher als der Ellbogen.
- Die Schulter wird nicht angehoben, und der Ellbogen wird nicht zur Seite gestreckt.
- Die Faust muss am Ende höher als der Kopf sein.
- Um der Bewegung Kraft zu verleihen, hebt man zunächst die andere Faust bzw. die andere Hand (A1 und A5), bevor sie in entgegengesetzte Richtung gezogen wird (*Hikite*). Die Fäuste kreuzen sich demzufolge vor dem Gesicht (A3 und B6).

Varianten

- Im Wadô-ryû zeigt die Brust ständig nach vorn (C), während sie im Shôtôkan so gedreht wird, dass sie im Halbprofil (B8) oder im Profil (B9) ist.
- Im Wadô-ryû stoppt die Faust oberhalb des Kopfes, während im Shôtôkan der Arm weiter nach vorn geführt wird.
- Im Wadô-ryû wandert der Ellbogen von außen zur Mitte der Brust und wieder zurück, so dass in der Zwischenphase Faust und Ellbogen direkt übereinander stehen.
- Die Serie D zeigt einen Block, ausgehend von *Yôi*. Während man die Blocktechnik ausführt, geht man zurück. Diese Variante ist sinnvoll im Kampf (siehe Teil 3 – *Kumite*).
- Man kann mit *Age uke* aus allen Stellungen heraus blocken.

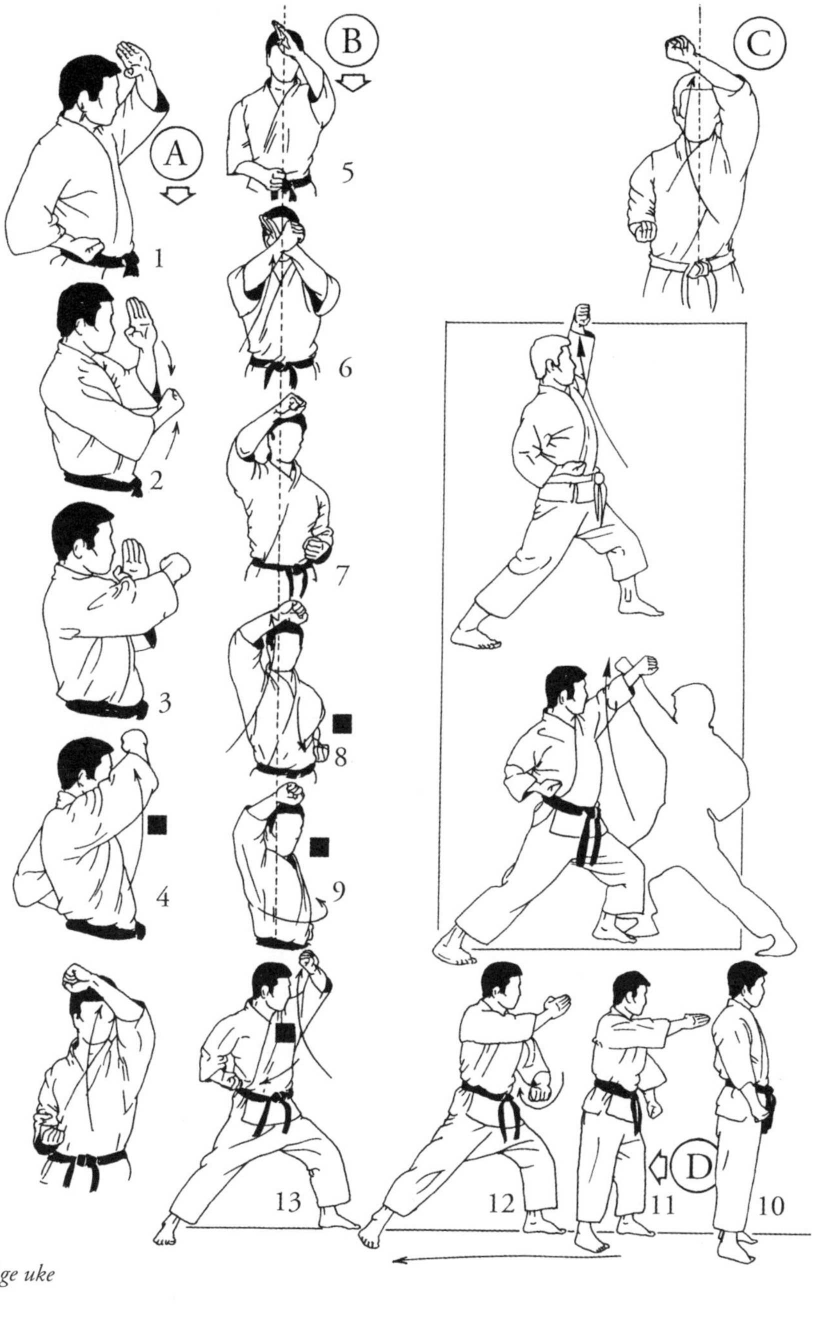

Age uke

Ashibo kake uke (Shôtôkan/Wadô)

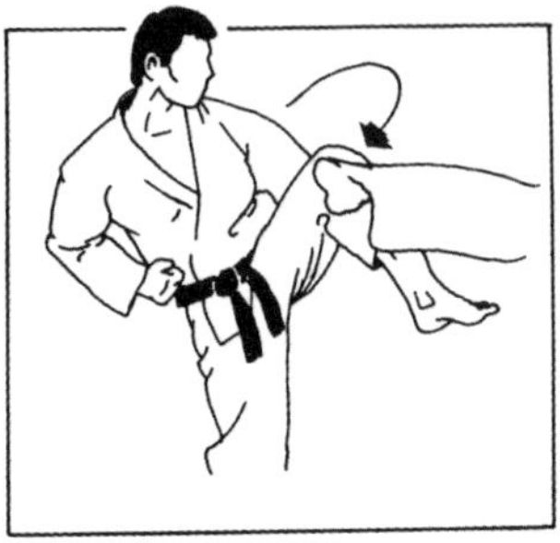

Ashibo kake uke

Ashibo kake uke ist der Block mit dem Schienbein. – Man fegt mit einer kreisbogenförmigen Bewegung von außen nach innen. Das Knie ist so weit wie möglich angehoben, so dass man den Angriff mit dem Schienbein ablenkt. – Die Technik ist Teil der Gruppe der *Ashi uke waza.*

Ashikubi kake uke (Shôtôkan/Wadô)

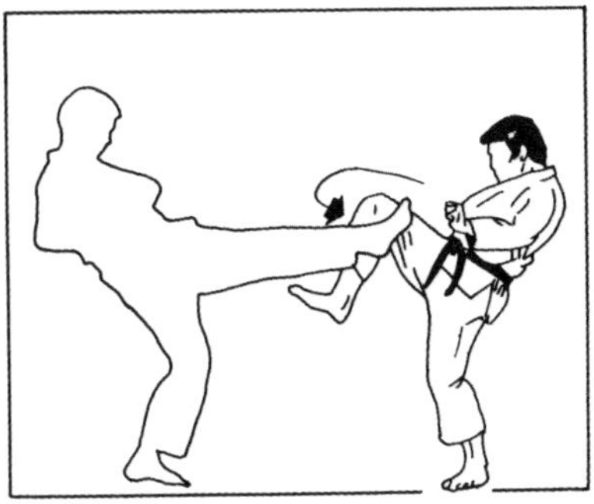

Ashikubi kake uke

Ashikubi kake uke ist die Abwehr mit dem Fußgelenk. – Man fegt von außen nach innen. Das Knie ist stark angehoben. um den Angriff mit dem Fußgelenk abzulenken oder gar zu verhaken (*kake*). – Die Technik ist Teil der Gruppe der *Ashi uke waza.*

Ashi uke waza (Shôtôkan/Wadô)

Die *Ashi uke waza* sind eine Gruppe von Techniken der Abwehr mit dem Fuß. Der Fuß wird hierbei genutzt, um den angreifenden Körperteil (Bein oder Arm) zu treffen und auf diese Weise zu blocken. Man muss dabei sehr schnell sein, sich im richtigen Abstand zum Gegner befinden und ein sehr gutes Gleichgewicht haben (die Ferse des Standbeins wird aus diesem Grund nicht angehoben).

Für die einzelnen Techniken, siehe unter:

- *Ashibo kake uke*

- *Ashikubi kake uke*
- *Mikazuki geri uke*
- *Nami ashi uke*
- *Sokutei mawashi uke*
- *Sokutei osae uke*
- *Sokutô osae uke*

Awase zuki (Shôtôkan)

Awase zuki ist ein beidhändiger Fauststoß in U-Form. – Beim *Awase zuki* handelt es sich um einen *Choku zuki* (bzw. *Kara zuki*), der gleichzeitig mit beiden Fäusten ausgeführt wird. Die Fauststöße erfolgen allerdings auf zwei verschiedenen Höhen, wobei die Fäuste übereinander in einer senkrechten Ebene sind. Eine Faust wird auf *Chûdan*-Höhe gestoßen, mit der Faustinnenseite nach oben, die andere auf *Jôdan*-Höhe, mit der Faustinnenseite nach unten. Die Brust zeigt nach vorn.

Es sind die gleichen Aspekte zu beachten wie beim *Morote zuki*.

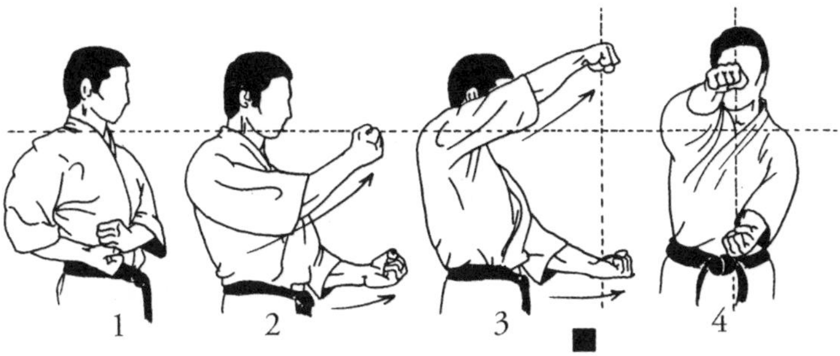

Awase zuki

Choku zuki (Shôtôkan)

Choku zuki ist der direkte gerade Fauststoß. Diese fundamentale Technik und die zu beachtenden Punkte wurden auf S. 54 ff. ausführlich erläutert.

Chûdan barai (Shôtôkan/Wadô)

Chûdan barai ist die Fegeabwehr mit dem Unterarm auf mittlerer Höhe. – Siehe *Gedan barai*, wovon diese Technik eine Variante ist.

Chûdan jûji uke (Shôtôkan/Wadô)

Chûdan jûji uke ist die Kreuzabwehr auf mittlerer Höhe. – Siehe *Gedan jûji uke*, wovon diese Technik eine Variante ist.

Empi uchi (Shôtôkan/Wadô)

Empi uchi ist der Ellbogenschlag. – Siehe unter:
- *Mae empi uchi*
- *Mawashi empi uchi*
- *Otoshi empi uchi*
- *Tate empi uchi*
- *Ushiro empi uchi*
- *Yoko empi uchi*

Empi uke (Shôtôkan/Wadô)

Empi uke ist die Ellbogenabwehr. – Der Ellbogen wird auf unterschiedliche Weise zum Blocken eingesetzt:
- *Jôdan* (Variante 1): Von unten nach oben oder von außen nach innen (A). Die Faust bleibt vorn, der Ellbogen ist stark angehoben.
- *Jôdan* (Variante 2): Von innen nach außen (B). Die Faust befindet sich am Ende der Technik hinter dem Kopf.
- *Chûdan*: Von außen nach innen, verbunden mit einer starken Drehung der Hüften (C); im allgemeinen aus einem *Shiko dachi*. Die Fäuste bleiben an den Hüften, mit der Faustinnenseite nach hinten.

Zu beachten

- Die Schulter des Arms, mit dem der *Empi uke* ausgeführt wird, wird nicht angehoben.
- Man bleibt aufrecht stehen und beugt sich nicht in Richtung der Bewegung.
- Die Kraft kommt aus der Wirbelsäule (Lendenwirbel).

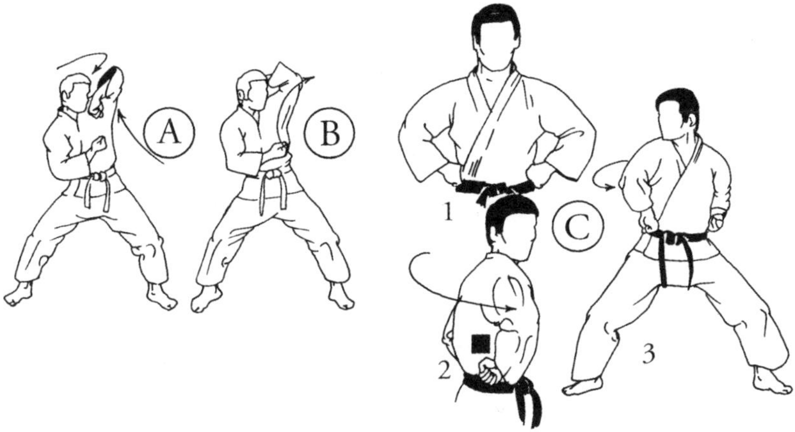

Empi uke

Fumikiri (Shôtôkan/Wadô)

Fumikiri ist der Schneidetritt. – Siehe *Fumikomi*, wovon diese Technik eine Variante ist, und *Yoko geri* (Shôtôkan).

Fumikomi (Shôtôkan/Wadô)

Fumikomi ist der Stampftritt. Siehe auch *Kakato geri* (Fersentritt). – Man tritt mit der Ferse, um das Fußgelenk des Gegners zu zerschmettern. Es gibt vier Formen dieser Technik:

- A: Nach vorn, von oben nach unten.
- B: Nach hinten, von oben nach unten.
- C: Seitlich nach außen.
- D: Seitlich nach innen.

Zu beachten

- Die vorbereitende Phase (den Fuß in Bereitschaft bringen) ist sehr wichtig. Selbst für einen sehr tiefen Tritt wird das Knie sehr hoch angehoben, im Wadô-ryû allerdings maximal auf *Chûdan*-Höhe.
- Für den Tritt kommt der ganze Körper zum Einsatz, als wolle man ein Objekt, das sich auf dem Boden befindet, zerstampfen.
- Das Knie des Standbeins wird leicht gebeugt. Der Körper wird gestreckt.
- Die Form C ist eine Anwendung des *Yoko geri* (Shôtôkan) bzw. des *Sokutô* (Wadô).
- Das Bein wird für das *Kime* voll gestreckt. Die Ferse darf sich am Ende nur noch wenige Zentimeter vom Boden entfernt befinden.

Varianten

Setzt man in der Form B oder C den Schwertfuß (Fußaußenkante) ein, heißt die Technik *Fumikiri*.

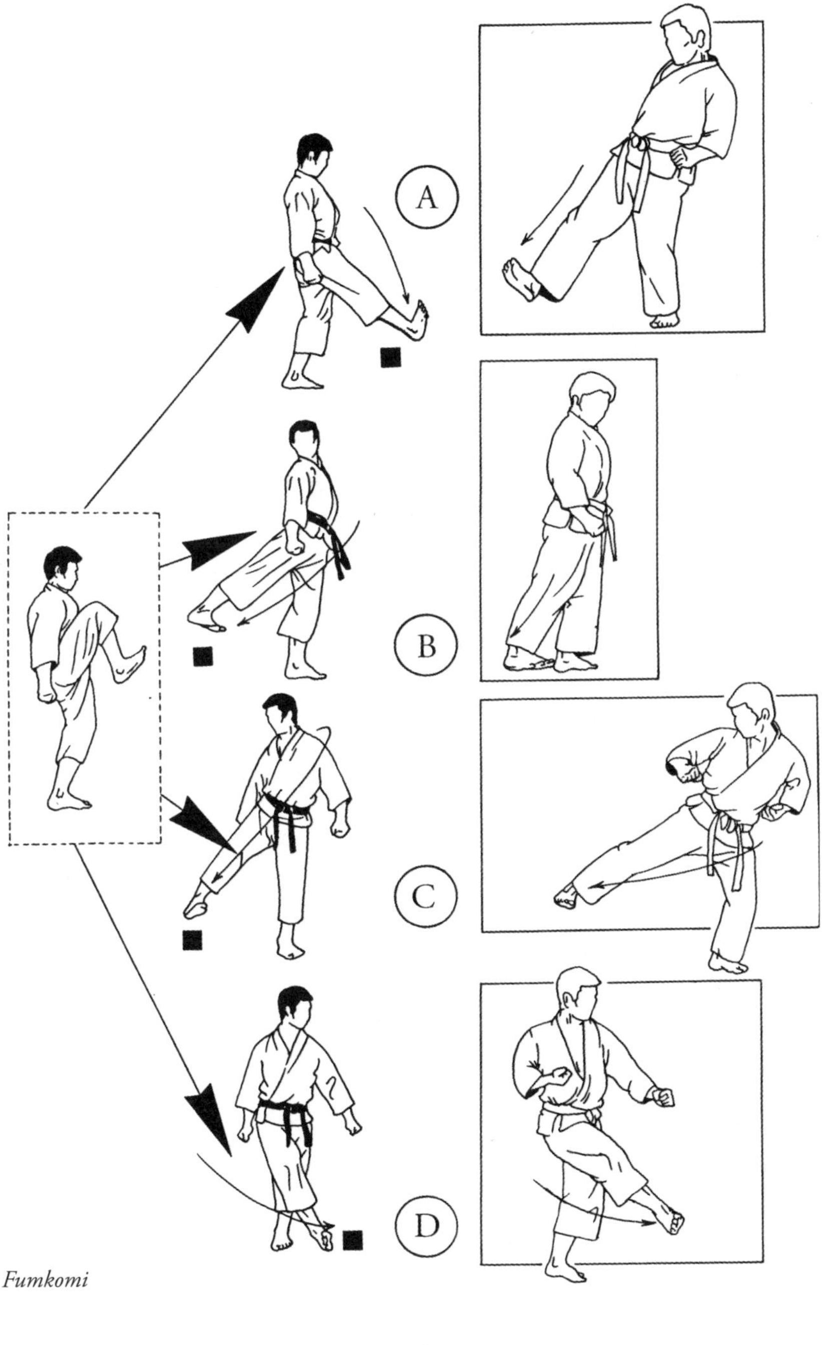

Fumkomi

Gedan barai (Shôtôkan/Wadô)

Gedan barai ist die Fegeabwehr unten mit dem Unterarm. – Man blockt die Faust oder den Fuß des Gegners, indem man den bedrohten Bereich vom Ohr bis zum Gürtel mit der Außenseite des Unterarms »entlangfegt«. Der Daumen zeigt dabei zum Körper.

Zu beachten

- Zeichnung D zeigt die Bewegungsbahn und die korrekte Drehung der Faust auf dem Weg von oben nach unten.
- Die Bewegung ist abgeschlossen, wenn der Arm vollständig gestreckt wird (eine leichte Restbeugung bleibt erhalten).
- Die andere Faust wird kraftvoll in *Hikite*-Position gezogen.
- Die Schulter des Arms, mit dem die Technik ausgeführt wird, wird nicht angehoben.
- Die Faust darf nicht zu weit nach außen geführt werden.
- Wird die Technik in einer Vorwärtsstellung (*Zenkutsu dachi*) ausgeführt, endet die Bewegung der Faust 10 cm oberhalb des Knies (siehe auch Foto 1 auf S. 88).

Varianten

- Man blockt im allgemeinen im *Zenkutsu dachi* oder im *Jun zuki no ashi*. Die Brust ist folglich im Shôtôkan im Profil (die Hüfte wird mit dem *Hikite* abgedreht) und im Wadô-ryû nach vorn ausgerichtet.
- Man kann die gleiche Technik auch in anderen Stellungen, wie zum Beispiel *Kôkutsu dachi* oder *Kiba dachi* ausführen.
- Man kann damit auch einen Angriff, der direkt gegen die Brust gerichtet ist, blocken, indem man höher fegt: In diesem Fall handelt es sich um *Chûdan barai*.
- Siehe auch *Mawate gedan barai*. Das ist eine Ausführung der Technik, verbunden mit einer Körperdrehung.
- Siehe auch *Morote gedan barai*, eine verstärkte Abwehr.

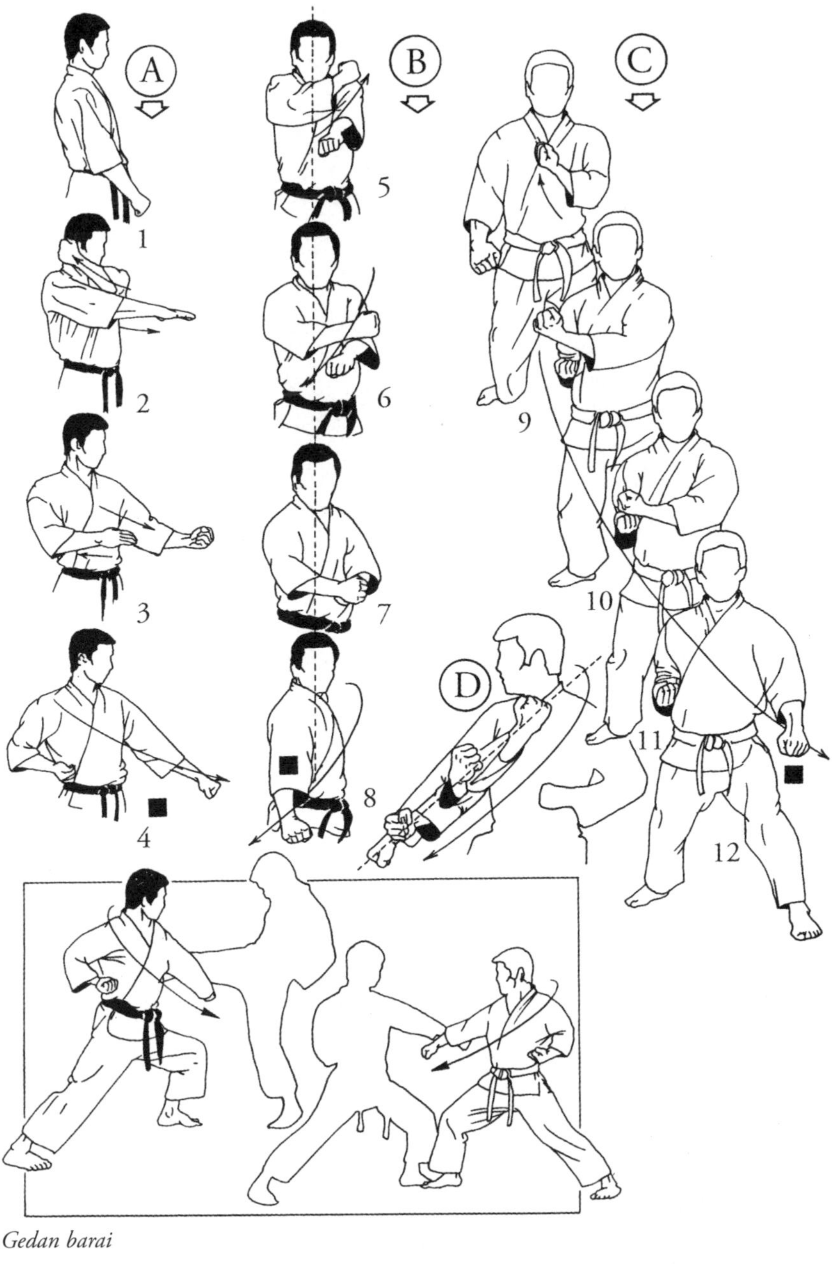

Gedan barai

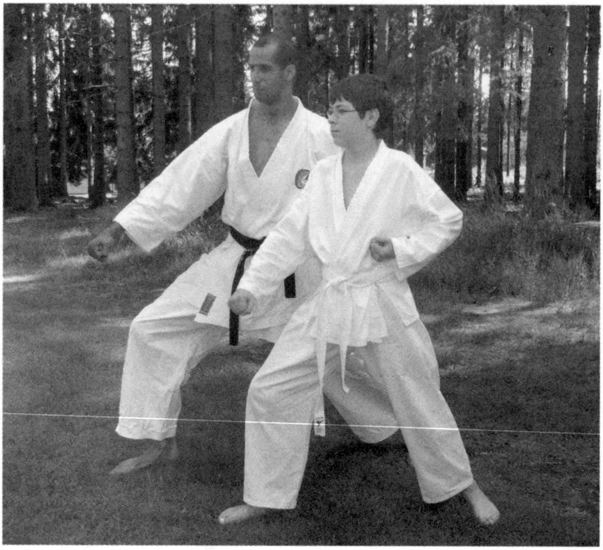

Foto 1: *Gedan barai* im *Zenkutsu dachi* (Shôtôkan)

Gedan jûji uke (Shôtôkan/Wadô)

Gedan jûji uke ist die Kreuzabwehr auf unterer Stufe. – Man blockt mit dem Winkel, der durch die gekreuzten Handgelenke gebildet wird, indem man diese gleichzeitig nach unten stößt.

Zu beachten

- Man stößt beide Fäuste aus ihrer Position an den Hüften (*Hikite*) direkt nach vorn und nach unten, wie einen doppelten *Choku zuki*, wobei die Fäuste sich am Ende kreuzen (Serie A: Wadô).
- Die Ellbogen bleiben eng am Körper; geblockt wird mit den Armen.
- Die Fäuste werden fest geschlossen.
- Man stößt die Hüften nach vorn (im allgemeinen in einer nach vorn gerichteten Stellung).

Varianten

- Die Serie B (Shôtôkan) zeigt eine andere Art, wie die Fäuste an einer Hüftseite in Ausgangsstellung gebracht werden (4), bevor die bereits gekreuzten Fäuste nach vorn gestoßen werden (5).

- Blockt man auf gleiche Weise, aber etwas höher, so handelt es sich um einen *Chûdan jûji uke*.
- Man kann auch mit offenen Händen blocken.

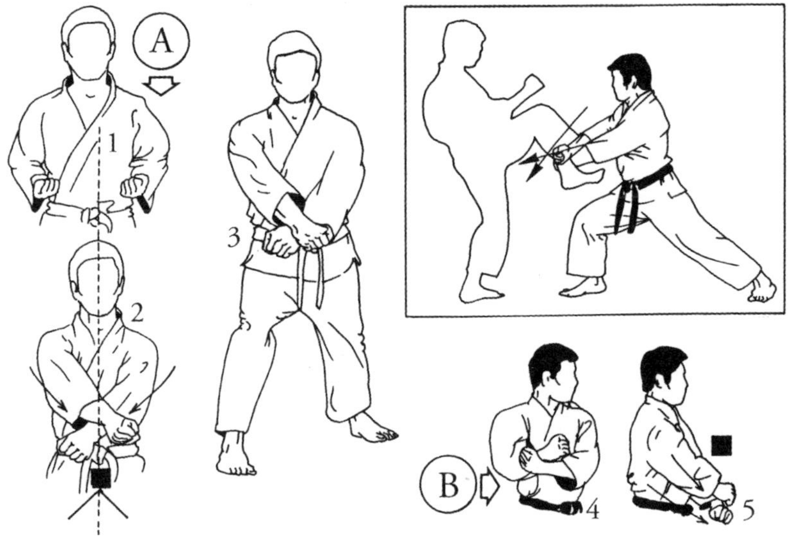

Gedan juji uke

Gedan kake uke (Shôtôkan/Wadô)

Gedan kake uke ist die Hakenabwehr auf unterer Höhenstufe. – Man wehrt den Angriff ab, indem man ihn im eigenen Ellbogen verhakt. Von dieser Technik gibt es zwei Formen:

- Nach innen (A): Dies ist die Weiterführung eines *Ude barai*. Es reicht aus, am Ende jener Technik den Arm im Ellbogengelenk zu beugen und das angreifende Körperglied mit der Ellenbeuge wegzuziehen, während man den Oberkörper nach innen dreht.
- Nach außen (B): Dies ist die Weiterführung eines *Gedan nagashi uke*. Man führt den Arm erst zur Seite und beugt ihn dann im Ellbogengelenk, wobei die Faust nach oben gebracht und der Oberkörper nach außen gedreht wird.

In beiden Fällen wird das angreifende Körperglied in der Ellenbeuge verhakt, nach hinten gezogen und angehoben, um auf diese Weise das Gleichgewicht des Gegners zu brechen. Diese Techniken sind gut zur Abwehr von Fußtritten geeignet.

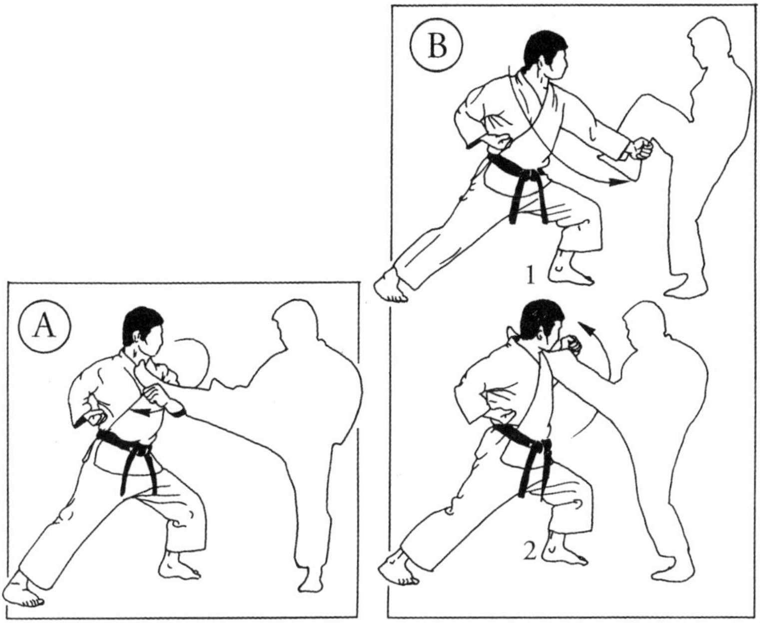

Gedan kake uke

Gedan nagashi uke (Shôtôkan/Wadô)

Gedan nagashi uke ist die untere Fegesperre. – Hierbei handelt es sich um einen *Gedan barai*, bei dem der Arm nicht beim Auftreffen gestoppt wird. Man führt die Fegebewegung bis hinter den eigenen Körper fort. Diese Technik wird im allgemeinen mit offener Hand ausgeführt und kann auch auf *Chûdan*-Höhe eingesetzt werden. Sie ist zur Abwehr von Fußtritten geeignet.

Gyaku mikazuki geri (Shôtôkan/Wadô)

*Gyaku mikazuki ger*i ist der umgekehrte Halbmondtritt. – Hierbei handelt es sich um einen Tritt, der im Vergleich zum *Mikazuki geri* im entgegengesetzten Sinn ausgeführt wird. Man tritt mit der Fußaußenkante, mit einer kreisbogenförmigen Bewegung von innen nach außen.

Zu beachten
- Alle Hinweise, die für den *Mikazuki geri* gelten.
- Man beachte, dass man mit dem leicht gebeugten Bein auf der gegenüberliegenden Seite Schwung holt (1 bis 3), bevor man zutritt (4).

Varianten
- Man kann den Tritt auf *Chûdan-* oder *Jôdan*-Höhe ausführen.
- Die gleiche Technik kann verwendet werden, um einen Angriff zu blocken. In diesem Fall handelt es sich um einen *Gyaku mikazuki geri uke*.

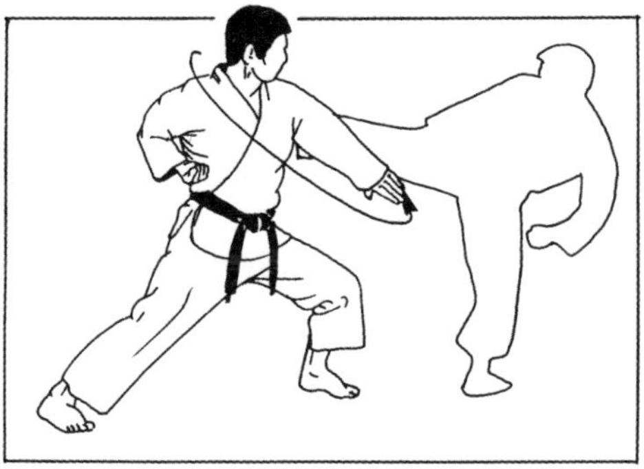

Gedan nagashi uke

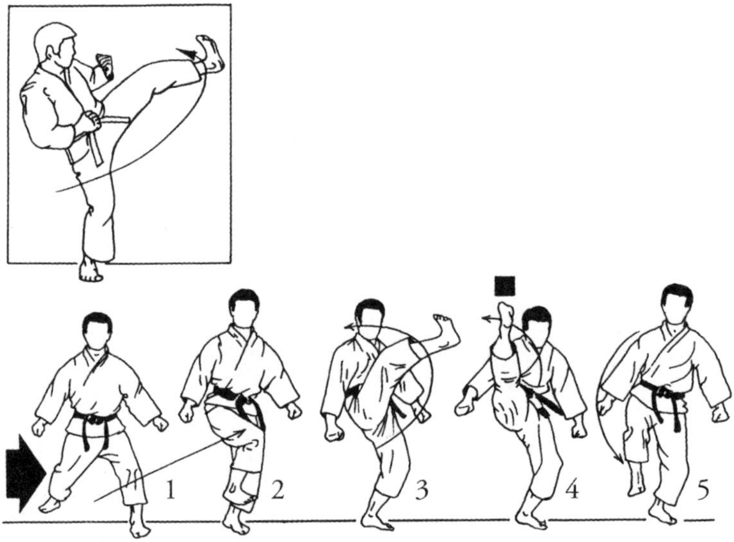

Gyaku mikazuki geri

Gyaku zuki (Shôtôkan/Wadô)

Gyaku zuki ist der gegenseitige Fauststoß mit Schritt nach vorn. – Der Stoß wird mit der hinteren Faust ausgeführt, während man einen Schritt mit dem entgegengesetzten Fuß macht. Beispielsweise erfolgt ein Stoß mit der rechten Faust, während der linke Fuß nach vorn gesetzt wird. Die Fausttechnik ist die des *Ippon tote gyaku zuki*, verbunden mit einem Schritt.

Zu beachten

- Alle Hinweise für den *Ippon tote gyaku zuki.*
- Der hintere Fuß wird im Kreisbogen nach vorn gesetzt. Er wird dabei dicht am Standbein vorbeigeführt, bevor er schulterbreit in *Zenkutsu dachi* abgesetzt wird. Setzt man den Fuß nicht weit genug nach außen ab, verliert man durch den Fauststoß das Gleichgewicht.
- Die Technik besteht aus zwei Abschnitten: Zunächst wird der Fuß versetzt, dann folgt der Stoß mit der Faust. Der Stoß wird erst ausgeführt, wenn der Fuß nach vorn gesetzt ist, allerdings bevor die Stellung des Fußes sich vollständig »verfestigt« hat.

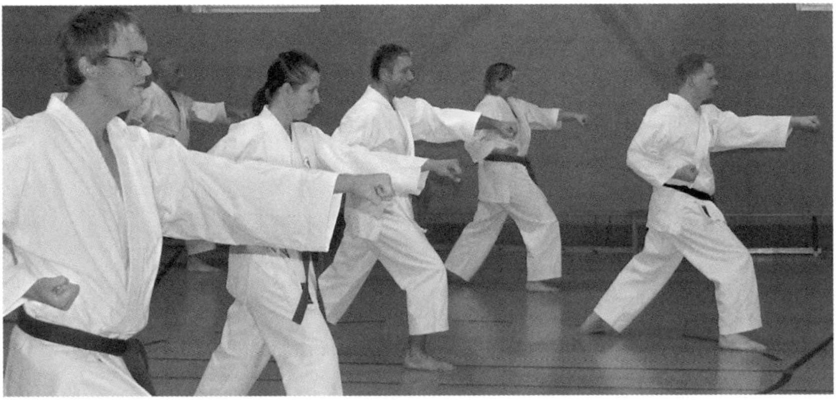

Foto 2: *Gyaku zuki* (Shôtôkan)

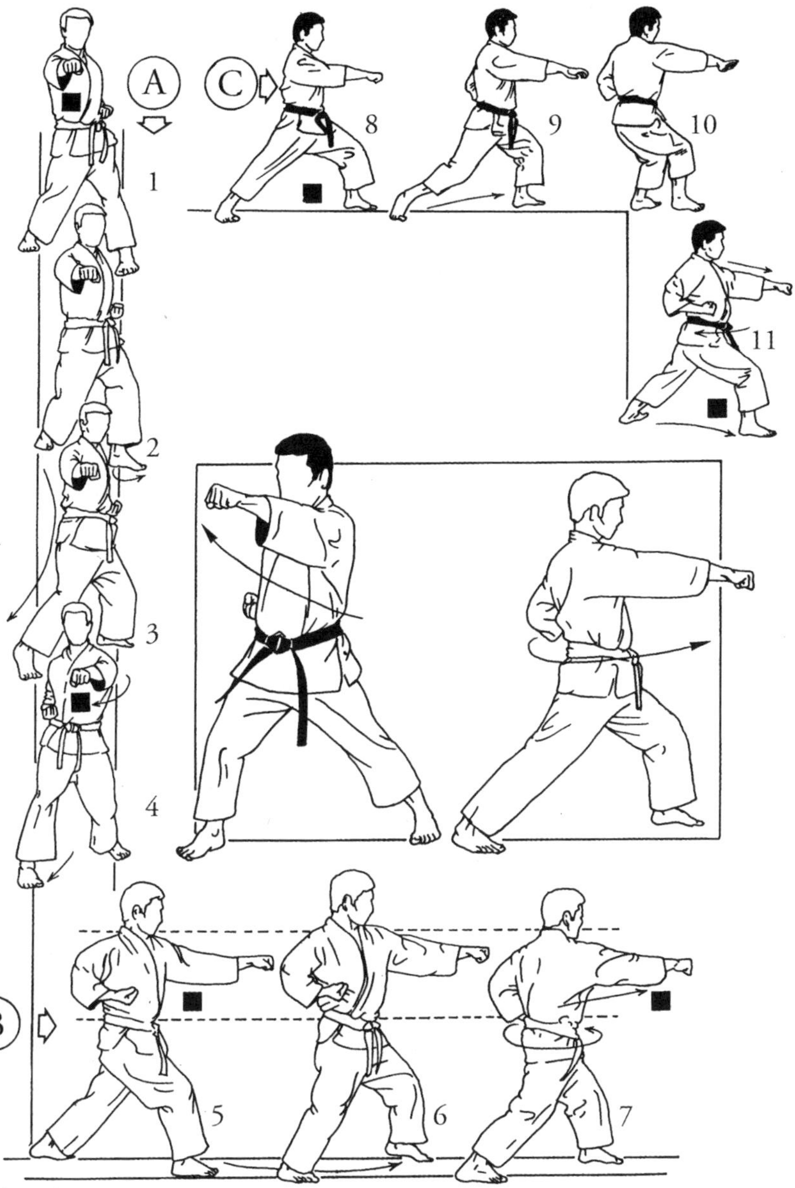

Gyaku zuki

Gyaku zuki no tsukomi (Wadô)

Gyaku zuki no tsukomi ist der gegenseitige Fauststoß mit Körperunterstützung. – Man führt den Stoß mit der hinteren Faust aus, während der entgegengesetzte Fuß vorn steht. Um den Stoß zu unterstützen, wird der Oberkörper nach vorn geneigt.

Zu beachten

- Es handelt sich um einen *Gyaku zuki*, der aus einer sehr weiten Stellung heraus geführt wird (*Gyaku zuki tsukomi no ashi*). Die vordere Ferse ist dabei auf Höhe der Zehen des hinteren Fußes.
- Wenn man den Stoß ausführt, neigt man sich ein wenig nach vorn, bleibt aber frontal ausgerichtet.
- Der Stoß wird durch ein seitliches Schwingen der Hüfte verstärkt.

Varianten

- Ebenso wie der *Gyaku zuki* kann diese Technik am Ort ausgeführt werden (in diesem Fall handelt es sich um einen *Ippon tote gyaku zuki no tsukomi*), so zum Beispiel nach einer Abwehr, oder auf einen Schritt nach vorn (Zeichnungen 1 bis 4).
- In dem Fall, dass die Technik in Verbindung mit einem Schritt ausgeführt wird, wird der hintere Fuß im Kreisbogen nach vorn gesetzt. Man führt ihn direkt neben den anderen Fuß (oder alternativ etwa im Abstand von 1/3 der Breite der Ausgangsstellung) und stellt ihn dann weit zur Seite und etwas nach vorn. Das Ziel beim Erlernen der Technik darf nicht darin bestehen, weit nach vorn zu gelangen. Die Technik erfolgt in diesem Fall in zwei Abschnitten. Der erste besteht darin, den Fuß zu versetzen, der zweite ist der Stoß mit der Faust. Der Fauststoß wird erst ausgeführt, wenn der Fuß, der nach vorn gesetzt wird, einen festen Stand hat.
- Man stößt entweder auf *Chûdan-* (Zeichnungen) oder auf *Gedan*-Höhe (Foto 3).

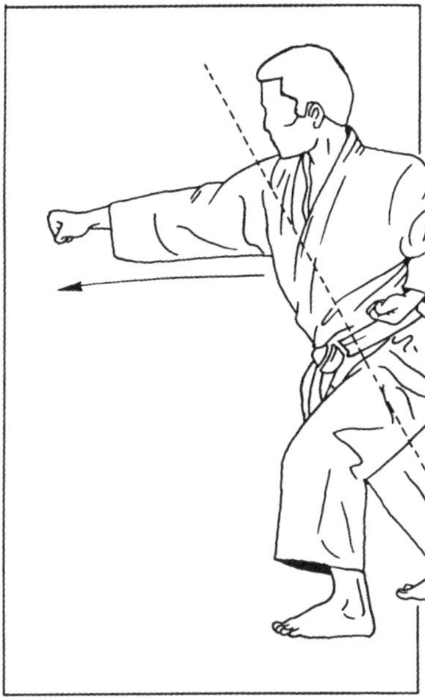

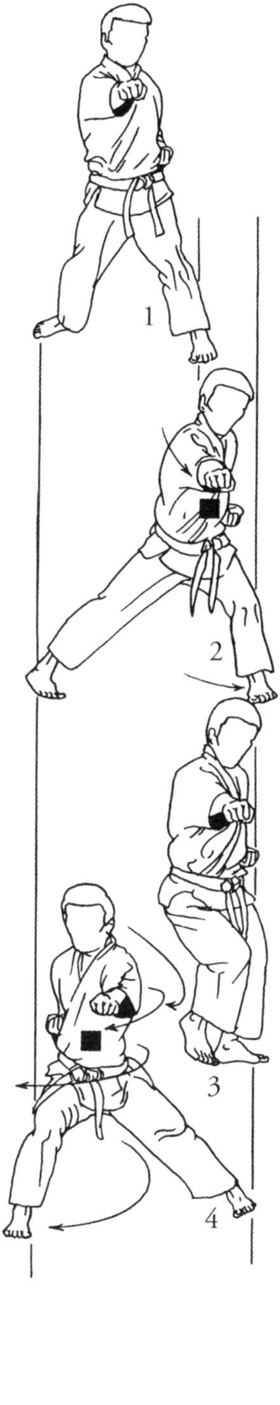

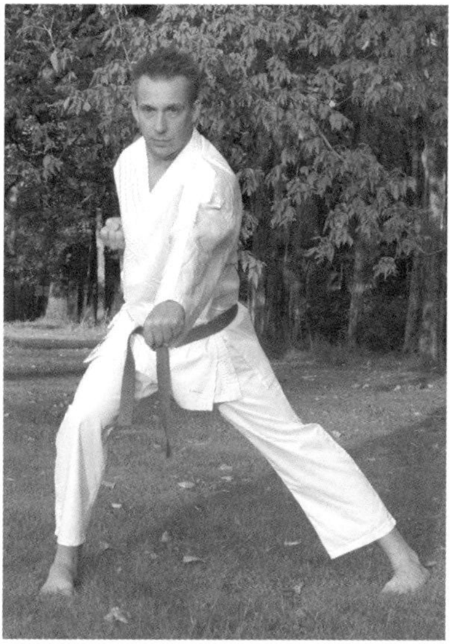

Foto 3 und Zeichnungen: *Gyaku zuki no tsukomi*

Haishu uke (Shôtôkan/Wadô)

Haishu uke ist die Handrückenabwehr. – Man blockt wie beim *Shutô uke* oder beim *Tate shutô uke*, aber mit dem Rücken der offenen Hand. Der Daumen zeigt nach oben.

Varianten

- Block auf *Chûdan*- (A) oder *Jôdan*-Höhe (4).
- Zeichnung B zeigt die Technik mit gleichzeitig zum Schutz vor die Stirn erhobener anderer Hand.

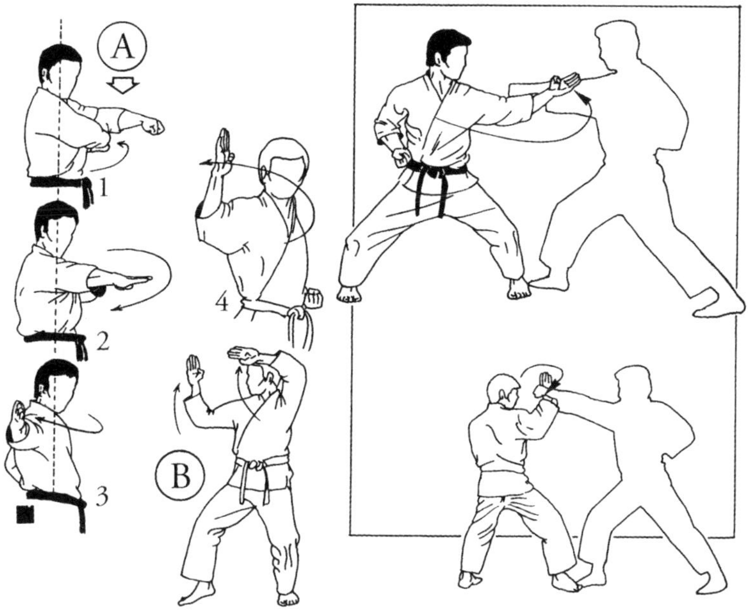

Haishu uke

Haitô uchi (Shôtôkan/Wadô)

Haitô uchi ist der Innenhandkantenschlag. – Man schlägt mit der inneren Handkante, die von der Spitze des Zeigefingers bis zum stark eingebogenen Daumen geht. Von dieser Technik gibt es zwei Formen. In beiden Formen schlägt man den Gegner von der Seite.

- Bewegung von außen nach innen (Serie A): Man schwingt die Hand direkt nach vorn. Beim Auftreffen zeigt der Daumen nach unten.
- Bewegung von innen nach außen (Serie B): Man schlägt wie beim *Uchi uke* (oder *Ude uke*), aber der Arm wird weiter ausgestreckt, nachdem man mit der Hand bei der gegenüberliegenden Hüfte Schwung geholt hat. Die Handfläche ist beim Aufschlag nach oben gedreht.

Zu beachten
- In der Sequenz A ist der Arm gestreckt, und in der Sequenz B ist er leicht gebeugt.
- Ellbogengelenk und Handgelenk bleiben sehr locker; man spannt die Muskeln erst am Ende an (*Kime*).
- Die Schulter des Arms, mit dem geschlagen wird, wird nicht angehoben.
- Die Bewegung wird durch die Kraft der Hüften unterstützt (Hüftdrehung).
- Die Finger sind geschlossen und der Daumen eingebogen.

Varianten
Die Technik kann auf allen drei Höhenstufen ausgeführt werden.

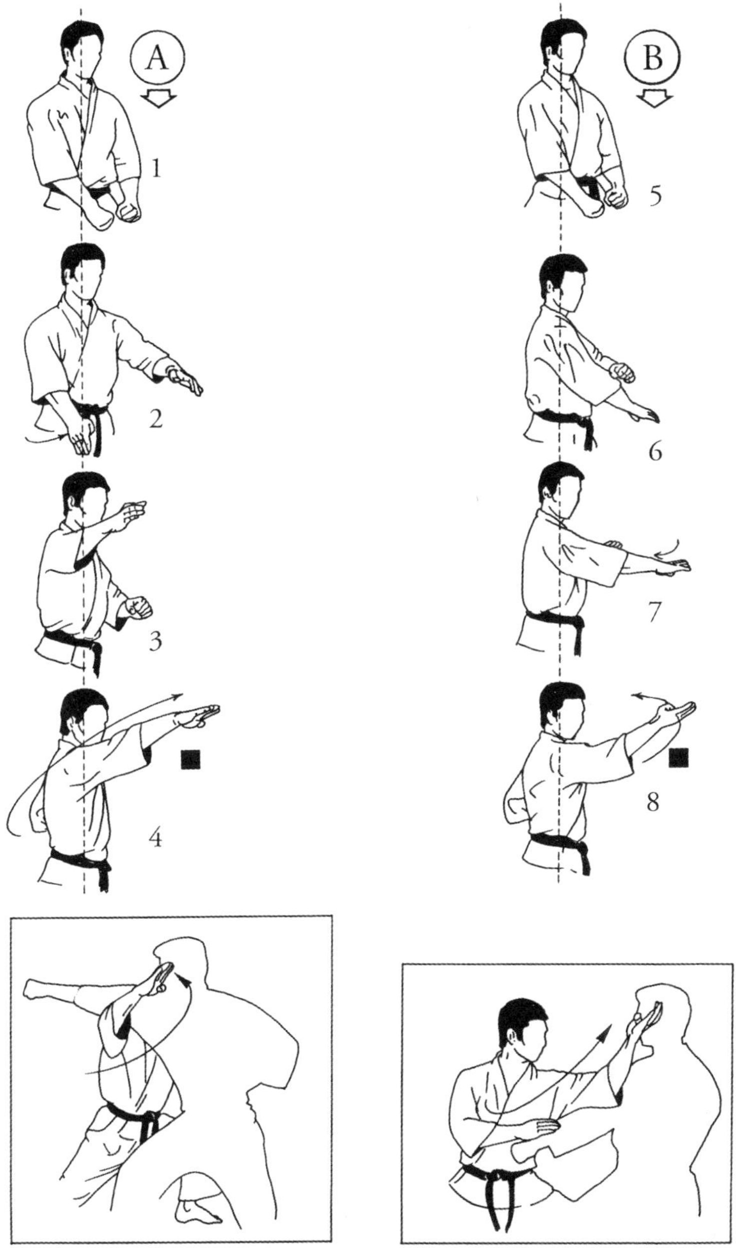

Haitô uchi

Haiwan nagashi uke (Shôtôkan)

Haiwan nagashi uke ist die Fegeabwehr mit dem Rücken des Unterarms. – Wie beim *Uchi uke* erfolgt der Block mit dem flachen Rücken des Unterarms, zwischen Handgelenk und Ellbogen. Diese Technik wird auf *Jôdan*-Höhe ausgeführt.

Heikô zuki (Shôtôkan/Wadô)

Heikô zuki ist der Parallelstoß mit den Fäusten. – Hierbei handelt es sich um einen *Choku zuki* bzw. *Kara zuki*, der gleichzeitig mit beiden Fäusten auf gleicher Höhe ausgeführt wird. Beim Auftreffen sind die Fäuste einige Zentimeter voneinander entfernt. Die Brust zeigt nach vorn. Die Technik kann auf allen drei Höhenstufen ausgeführt werden.

Zu beachten
- Alle Punkte, die für die *Morote zuki* gelten.

Hidari gamae (Wadô)

Hidari gamae ist eine Bereitschaftsstellung in Verbindung mit direktem Angriff. – Aus dem *Yôi* wird ein direkter Stoß mit der linken Faust ausgeführt, während der linke Fuß in *Jun zuki no ashi* vorgesetzt wird.

Zu beachten
- Alle Punkte, die für *Jun zuki* gelten.
- Die linke Faust wird nicht erst zur Hüfte gebracht, sondern der Fauststoß erfolgt unmittelbar aus dem *Yôi* heraus.

Varianten
- Auf gleiche Weise kann mit rechts angegriffen werden. In diesem Fall handelt es sich um *Migi gamae.*
- Man kann diese Haltung generell am Beginn von *Kihon* einnehmen.

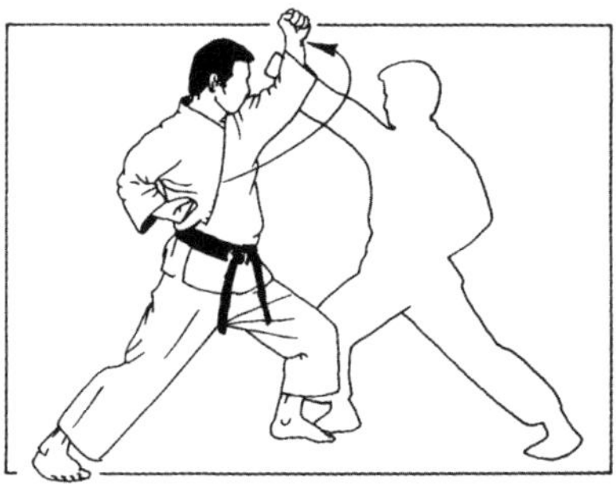

Haiwan nagashi uke

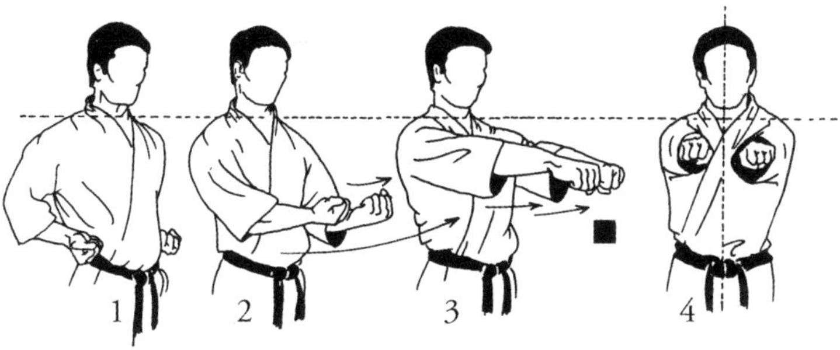

Heikô zuki

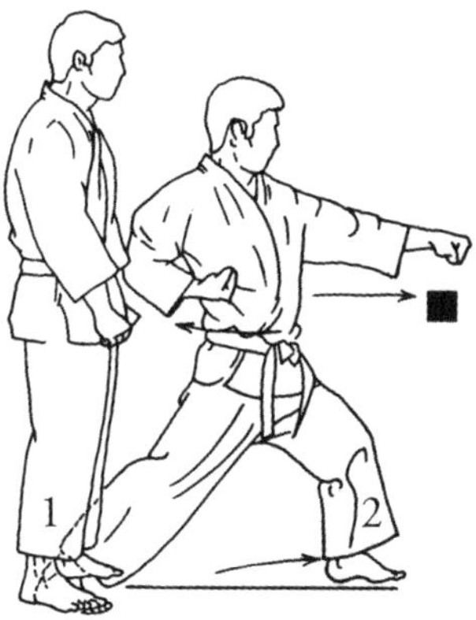

Hidari gamae

Hidari hanmi gamae (Wadô)

Hidari hanmi gamae ist die Bereitschaftsstellung nach links. – Siehe *Kamae*, wovon diese Technik eine Variante ist.

Hiji uchi (Shôtôkan/Wadô)

Siehe *Empi uchi*.

Hiji uke (Shôtôkan/Wadô)

Siehe *Empi uke*.

Hiki uke (Wadô)

Hiki uke ist die Abwehr nach hinten. – Dies ist eine Technik aus der Gruppe der Ausweichtechniken (*Kawashi waza*).

- Man steht in Bereitschaft (der linke Fuß ist vorn), direkt dem Gegner gegenüber.
- Sobald der Gegner nach vorn geht um anzugreifen, wird der rechte Fuß rasch zurückgesetzt, ohne dass die Haltung des Oberkörpers verändert wird (1).
- Unverzüglich wird nun auch der linke Fuß zurückgesetzt (2). Man steht somit wieder in *Kamae*, aber außer Reichweite des Gegners. Man gleitet auf diese Weise direkt nach hinten.

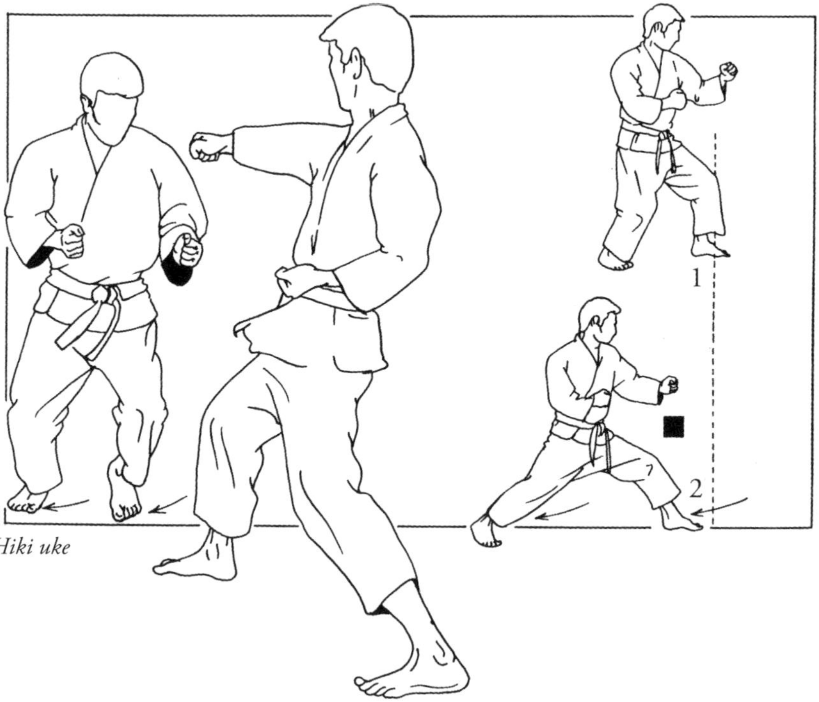

Hiki uke

Hineri nagashi (Wadô)

Hineri nagashi (auch *Hineli nagashi*) ist die Dreh-Fegeabwehr. – Hierbei handelt es sich um eine Technik aus der Gruppe der Ausweichtechniken (*Kawashi waza*).

- Man steht in Bereitschaft (der linke Fuß ist vorn), direkt dem Gegner gegenüber (1).
- Der rechte Fuß wird nach rechts versetzt. Daraufhin dreht man sich gegen den Uhrzeigersinn, um den Angriff vorn an sich vorbeigehen zu lassen (2).
- Der linke Fuß ist noch immer vorn. Man kann diese Abwehr mit einer »schaufelnden« Bewegung der rechten Hand verknüpfen (verbunden mit dem Gefühl, einen *Mae geri* abzufangen – siehe Zeichnung), aber auch andere Abwehrtechniken können mit dieser Art des Ausweichens verknüpft werden.
- Man beachte, dass auf der Zeichnung mit Gegner die Bewegung in die andere Richtung ausgeführt wird.

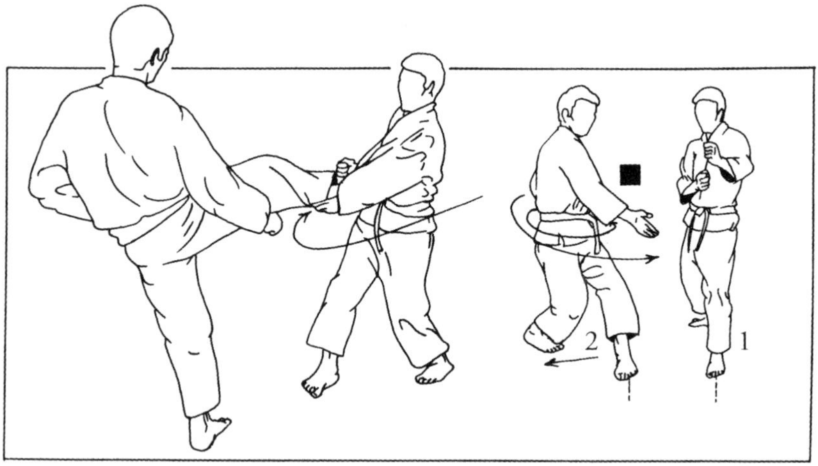

Hineri nagashi

Hiraki uke (Wadô)

Hiraki uke ist das seitliche Ausweichen. – Hierbei handelt es sich um eine Technik aus der Gruppe der Ausweichtechniken (*Kawashi waza*).

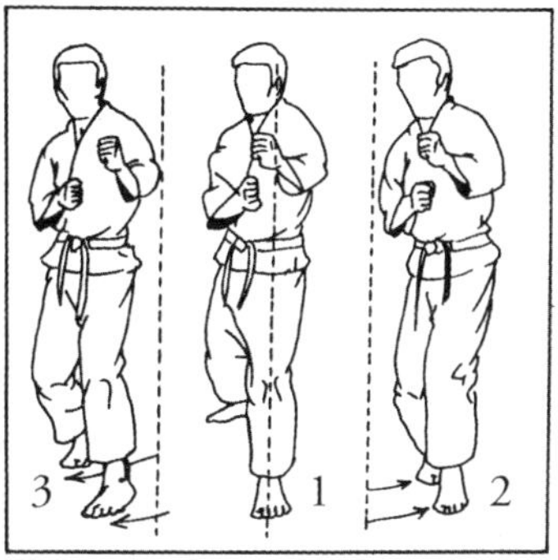

Hiraki uke

- Man steht in Bereitschaft (der linke Fuß ist vorn), direkt dem Gegner gegenüber (1).
- Man vollführt einen leichten Sprung, entweder nach links, um so den Angriff rechts an sich vorbeigehen zu lassen (2: *Sôtô hiraki*), oder nach rechts, um ihn links an sich vorbeigehen zu lassen (3: *Uchi hiraki*). Der Sprung erfolgt so, dass man am Ende in der gleichen Haltung wie zuvor parallel zur Achse des Angriffs steht.

Hitsui geri (Shôtôkan/Wadô)

Siehe *Hiza geri*.

Hiza geri (Shôtôkan/Wadô)

Hiza geri (auch *Hitsui geri*) ist der Knietritt. – Siehe unter:
- *Mae hiza geri*
- *Mawashi hiza geri*.

Ippon tote gyaku zuki (Shôtôkan/Wadô)

Ippon tote gyaku zuki ist der gegenseitige Fauststoß am Ort. – Ein Bein steht vorn. Die hintere Faust wird direkt nach vorn gestoßen, ohne dass die Stellung verändert wird. Diese Technik ist optimal als Gegenangriff nach einem Block geeignet (B4 bis B6: *Gyaku zuki* nach einem *Gedan barai*).

Zu beachten

- Man schlägt wie beim *Choku zuki* (*Kara zuki*), aber verbunden mit einer starken Drehung der Hüften von hinten nach vorn, so dass man dem Gegner frontal gegenüber steht.
- Die Schultern werden nicht angehoben.
- Der Schlag geht nicht nach außen, sondern direkt nach vorn. Gleichzeitig erfolgt *Hikite* der anderen Faust.
- Man stützt sich kraftvoll auf dem hinteren Bein ab. Das vordere Knie ist gebeugt. Man neigt sich beim Stoß nicht nach vorn, sondern die Region, in der sich der Knoten des Gürtels befindet, wird nach vorn gestoßen (Bauch, *Hara*).

Varianten

- Im Shôtôkan wird aus einem breiten Stand heraus gestoßen. Der Stoß erfolgt nach einem Block (A1: *Gedan barai*). Alternativ kann man beim Training auch zu Beginn einfach die andere Hand nach vorn halten (A'1).
- Im Wadô-ryû ist die Stellung *Jun zuki no ashi* weniger breit. Der vordere Fuß wird beim Stoß ein wenig seitlich versetzt, damit die Hüfte nach vorn gebracht werden kann (C8 und D10: *Gyaku zuki* nach einem *Gedan barai*).
- Der Stoß kann auf allen drei Höhenstufen erfolgen.
- Man kann statt mit der Faust auch mit anderen Handtechniken wie *Nukite*, *Teishô* usw. schlagen.

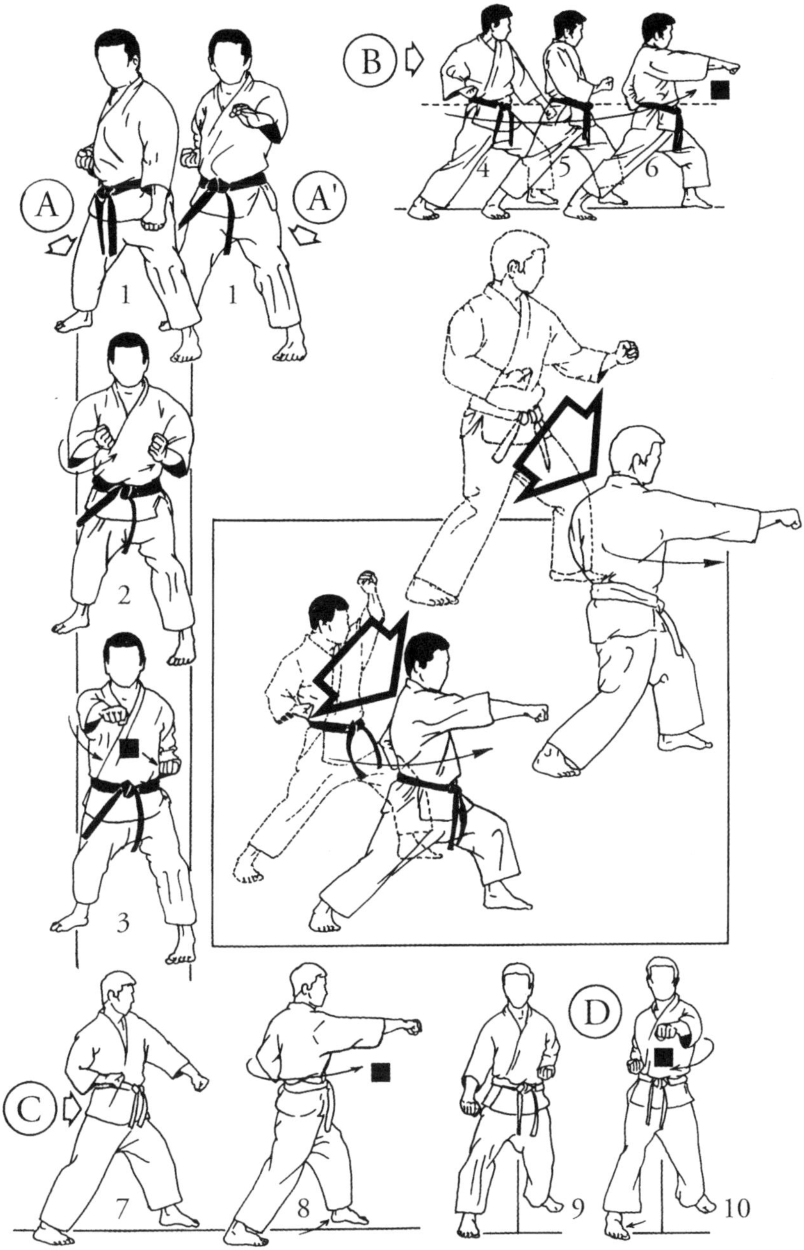

Ippon tote gyaku zuki

Ippon tote gyaku zuki no tsukomi (Wadô)

Ippon tote gyaku zuki no tsukomi ist der gegenseitige Fauststoß am Ort mit seitlichem Ausweichen des Oberkörpers. – Siehe *Gyaku zuki no tsukomi*, wovon diese Technik eine Variante ist.

Irimi uke (Wadô)

Irimi uke ist eine Verteidigung, bei der man den Angriff an sich vorbeigehen lässt. – Diese Technik gehört zur Gruppe der Ausweichtechniken (*Kawashi waza*). Man weicht aus, indem man sich auf beiden Füßen dreht und sich zugleich nach hinten beugt, so dass der Angriff vorn vorbeigeht.

Zu beachten

- Der linke Fuß steht vorn, man steht in Bereitschaft dem Gegner gegenüber (1). Man dreht sich auf den Zehen des linken Fußes von links nach rechts und lässt den Angriff an sich vorbeigehen, wobei man sich rückwärts zum Gegner hinbeugt, als wollte man ihn mit der Schulter stoßen. Siehe auch Zeichnung C vom *Nagashi zuki*, in welcher die gleiche Körperhaltung dargestellt wird.
- Das Ausweichen wird durch die Drehung des Körpers ermöglicht. Um die Aktion zu erleichtern, kann die linke Hand eingesetzt werden. – Auf den Zeichnungen wurde als Beispiel eine »schaufelnde« Bewegung gewählt, mit der ein *Mae geri* abgefangen wird.
- Man weicht parallel zur Achse des Angriffs aus.
- In Verbindung mit dieser Ausweichtechnik können auch andere Verteidigungsarten eingesetzt werden.

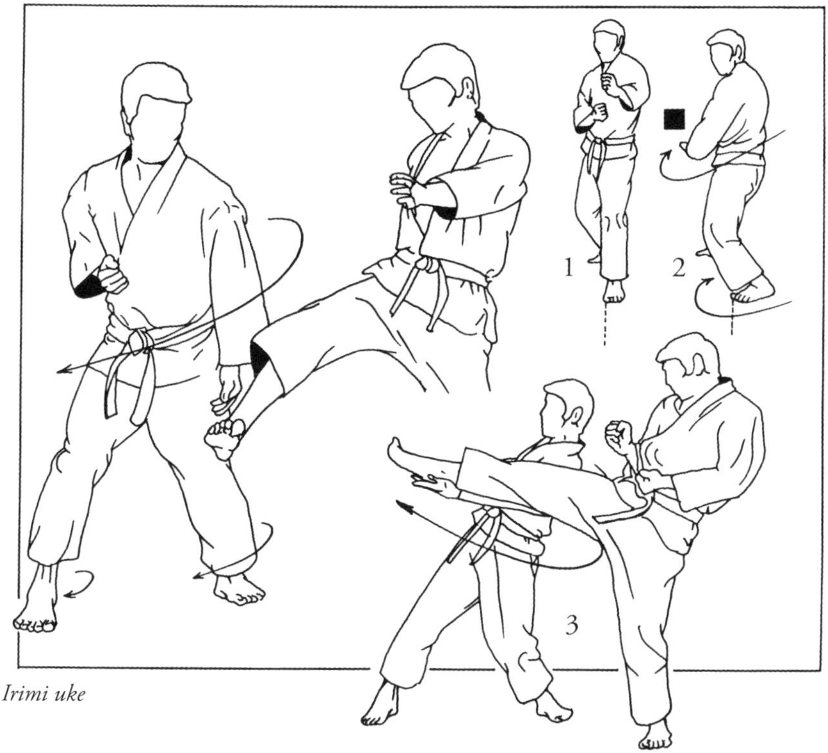

Irimi uke

Jôdan jûji uke (Shôtôkan/Wadô)

Jôdan jûji uke ist die Kreuzabwehr auf oberer Höhenstufe. – Man blockt mit dem Winkel, der durch die gekreuzten Handgelenke gebildet wird, indem man die Arme gleichzeitig kraftvoll nach oben führt.

Zu beachten

- Die gleichen Punkte wie beim *Gedan jûji uke*, aber die Bewegung wird nach oben geführt, um den Angriff »anzuheben«.
- Die Ellbogen werden angespannt, und man lässt sie nicht nach außen zeigen.

Varianten

- Man kann mit offenen Händen blocken, indem die gekreuzten Handgelenke bis über Höhe der Stirn geführt werden (Serie A).
- Man kann blocken und dabei die Handgelenke mehr oder weniger drehen, so dass die Handflächen nach vorn (A3) oder zu den Seiten (B6) zeigen.
- Man kann senkrecht oberhalb des Kopfes blocken (A3: Wadô) oder mehr nach vorn (eingerahmte Zeichnung: Shôtôkan).

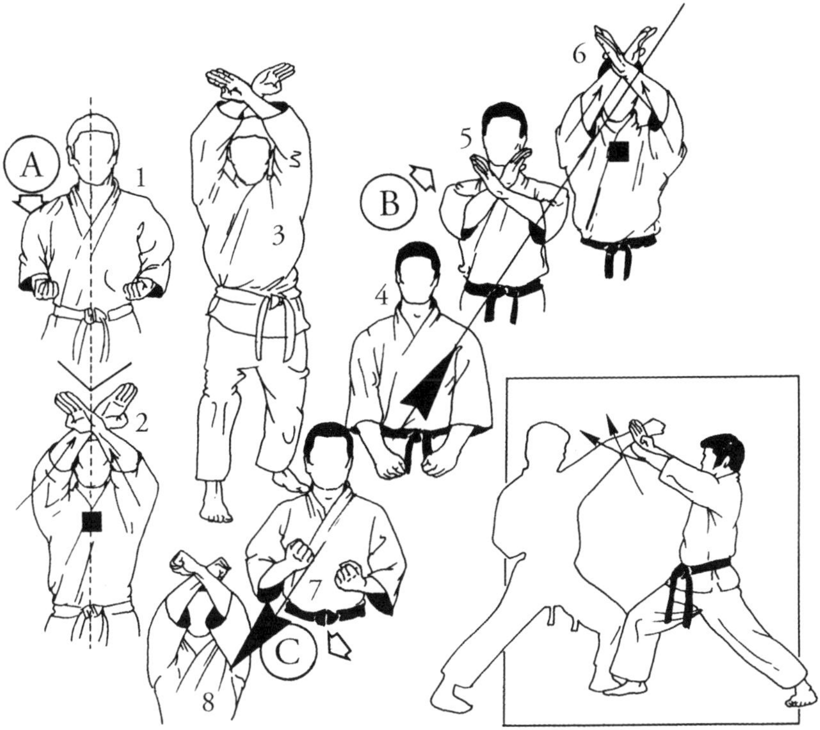

Jôdan juji uke

Jun zuki (Wadô)

Jun zuki ist der gleichseitige Fauststoß beim Vorwärtsgehen. – Man stößt mit der Faust wie beim *Kara zuki* (*Choku zuki*), während man in *Jun zuki no ashi* auf der gleichen Seite nach vorn geht. Dies ist die klassische Angriffstechnik für die Übungskämpfe (*Kumite*). Die entsprechende Shôtôkan-Technik ist der *Oi zuki*.

Zu beachten

- Die gleichen Punkte wie beim Vorgehen im *Jun zuki no ashi* (S. 42).
- Die gleichen Punkte wie beim *Kara zuki* (S. 54 ff.).
- Die hintere Faust muss deutlich zurückgezogen an der Hüfte bleiben und erst zustoßen, wenn das hintere Bein nach vorn gesetzt wird.
- Man beugt sich nicht nach vorn.
- Die Schultern werden beim Nach-vorn-Gehen nicht angehoben. Der Kopf muss auf einer Höhe bleiben.

Varianten

- Die Technik ist dargestellt für die *Chûdan*-Höhe. Ebenso kann man auch auf *Jôdan-* (eingerahmte Zeichnung) oder *Gedan*-Höhe zustoßen.
- Man kann auf gleiche Weise mit der Hand als *Nukite*, *Teishô* oder *Ippon ken* zustoßen.

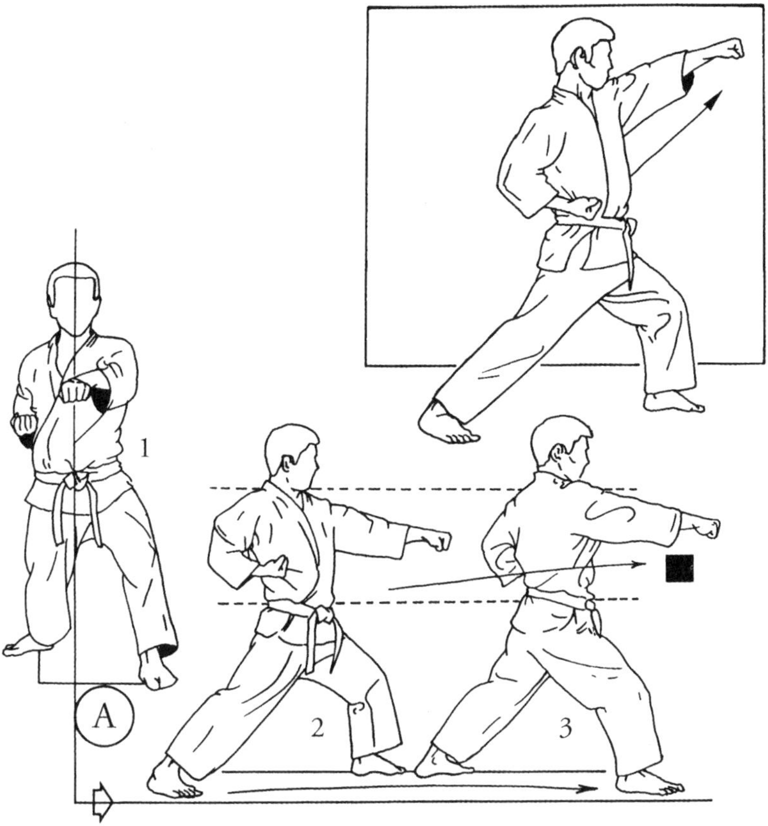

Jun zuki

Jun zuki no tsukomi (Wadô)

Jun zuki no tsukomi ist der gestreckte direkte Fauststoß. – Man stößt mit der Faust wie beim *Kara zuki*, indem der Fuß auf derselben Seite nach vorn gesetzt wird, aber im Unterschied zu dieser Technik wird beim *Jun zuki no tsukomi* der Fauststoß von einer Bewegung des Körpers in diese Richtung begleitet. Das führt dazu, dass der Oberkörper nach vorn gebeugt ist, um den Stoß zu unterstützen.

Zu beachten
- Die Stellung ist *Jun zuki tsukomi no ashi*, die Füße sind auf einer Linie.
- Der Oberkörper ist fast im Profil.
- Beim Vorwärtsgehen muss zuerst der Fuß abgesetzt werden (3), und erst dann stößt man mit der Faust zu, während man sich vorbeugt.
- Die andere Faust geht in *Hikite*-Position.

Variante
Im allgemeinen stößt man auf *Jôdan*-Höhe zu, aber man kann mit der Technik auch auf *Chûdan*-Höhe angreifen.

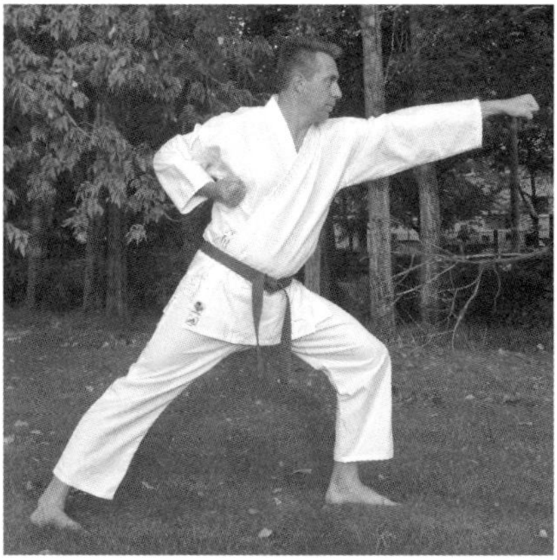

Foto 4: *Jun zuki no tsukomi*

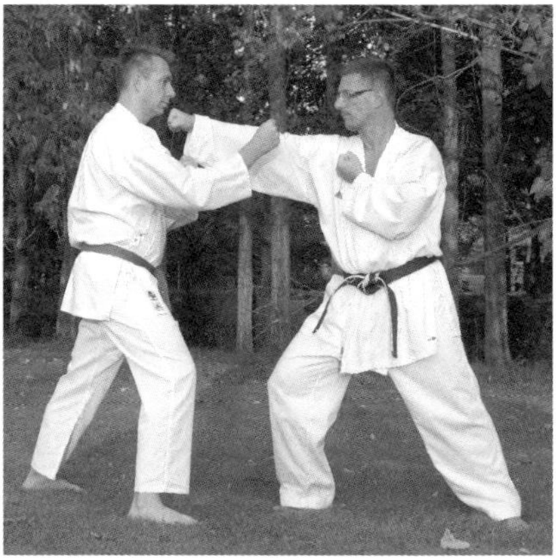

Foto 5: *Jun zuki no tsukomi* in Anwendung

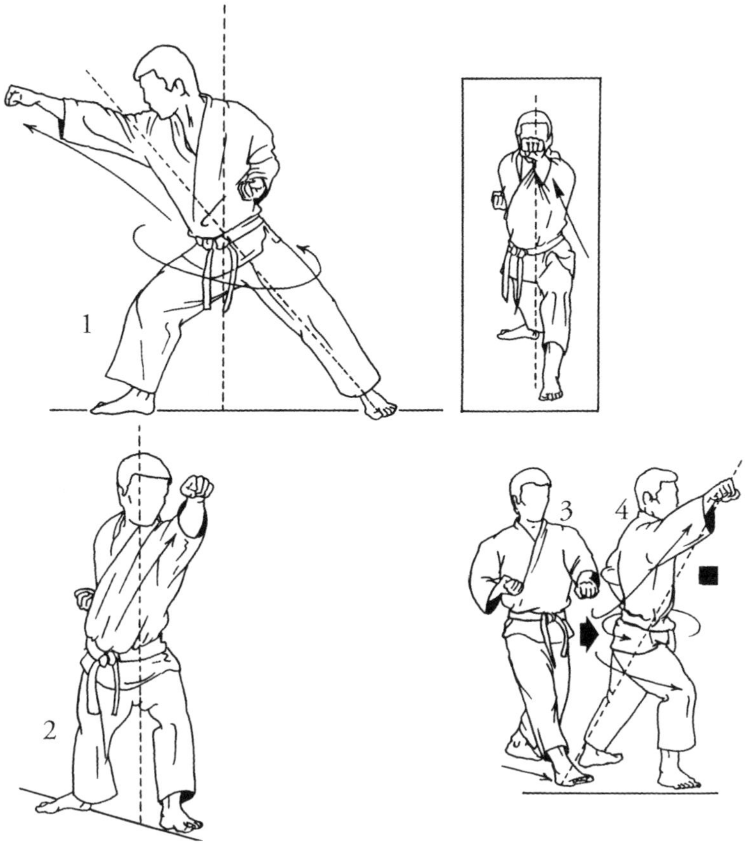

Jun zuki no tsukomi

Kagi zuki (Shôtôkan/Wadô)

Kagi zuki ist der Haken-Fauststoß. – Man greift aus kürzester Distanz und seitlich an, das heißt, man hat nicht die Möglichkeit, den Arm zu strecken.

Zu beachten

- Der Stoß erfolgt wie bei einem *Choku zuki* (oder *Kara zuki*), aber zur Seite, parallel zur eigenen Brust. Der Ellbogen ist stark gebeugt (ca. 90°).
- Beim Schlag wird die Faust gedreht (Faustinnenseite nach unten), aber der Arm wird nicht gestreckt.
- Beim Auftreffen ist die Faust etwas tiefer als der Ellbogen. Der Ellbogen wiederum ist etwas tiefer als die Schulter. Das heißt, man stößt auf *Chûdan*-Höhe zu. Beim Stoß auf *Jôdan*-Höhe ist es umgekehrt.
- In der Shôtôkan-Ausführung wird die Faust beim Aufschlag abrupt gestoppt. In der Wadô-ryû-Ausführung wird der Arm etwas weiter gestreckt, aber die Faust wird danach unverzüglich in Position 3 zurückgezogen. Das heißt, es wird eine Vor-und-zurück-Bewegung ausgeführt, als würde die Faust zurückprallen.

Kakato geri (Shôtôkan/Wadô)

Kakato geri ist der Fersentritt. – Siehe *Fumikomi*.

Siehe auch:

- *Mae geri*
- *Yoko geri*
- *Ushiro geri*.

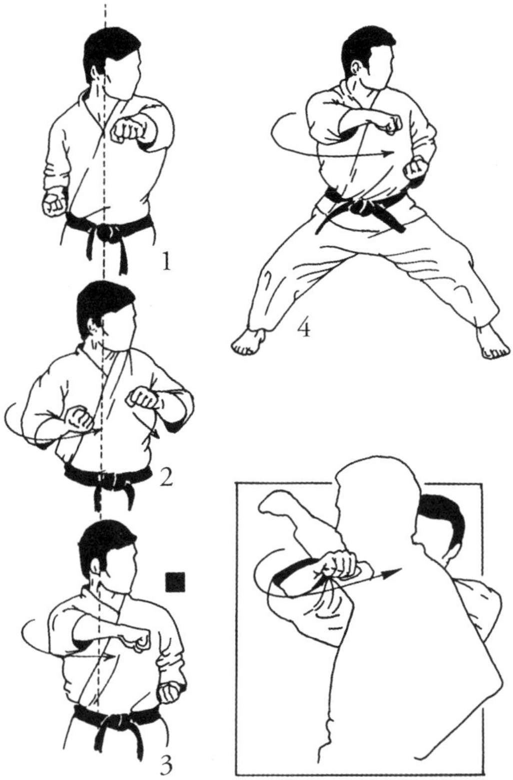

Kagi zuki

Kakete (Shôtôkan/Wadô)

Kakete ist die Hakenabwehr mit der Hand. – Hierbei handelt es sich um eine Form des *Shutô uke*, aber wenn man den gegnerischen Arm berührt, dreht die Hand sich weiter, um das gegnerische Handgelenk zu umwickeln und zu verhaken (Serie A).

Zeichnung B zeigt die Ausführung der Technik auf *Jôdan*-Höhe (Wadô). Dabei ist der Daumen abgespreizt für einen besseren Griff. Man beachte den senkrechten Unterarm und den Winkel des Handgelenks; die Finger zeigen nach außen.

Man setzt die Technik auf *Chûdan*- oder *Jôdan*-Höhe ein.

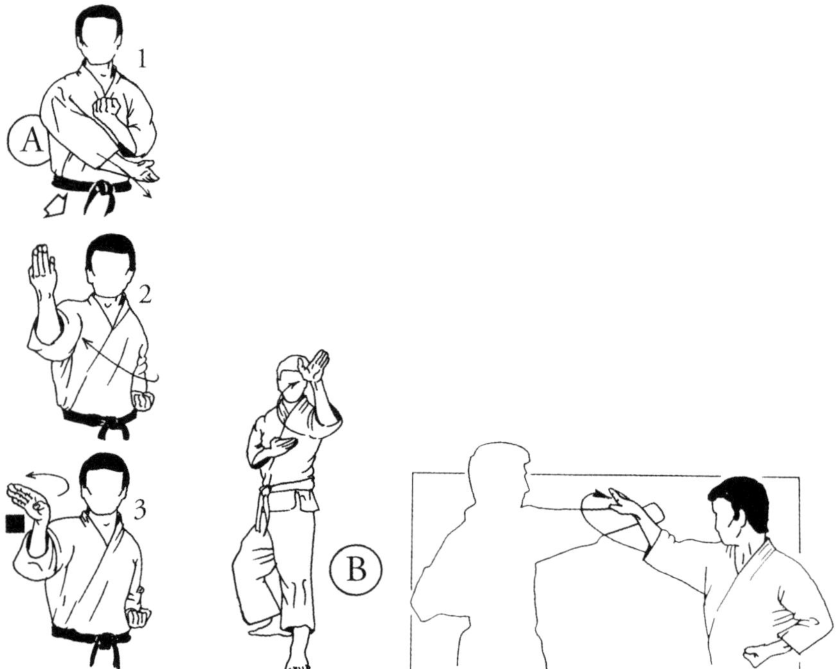

Kakete

Kakiwake uke (Shôtôkan/Wadô)

Kakiwake uke ist die Abwehr gegen einen doppelten Griff. – Sobald der Gegner greift, stößt man die gekreuzten Arme zwischen seine Arme, wobei die Handflächen zum eigenen Körper zeigen (1), und reißt sie dann auseinander, wobei die Handflächen nach vorn gedreht werden (2 und 3).

Zu beachten

- Die Ellbogen dürfen nicht zu weit nach außen zeigen.
- Diese Technik wird im allgemeinen aus *Kôkutsu dachi* oder *Nekoashi dachi* heraus ausgeführt. Deshalb darf man sich nicht nach hinten aus dem Gleichgewicht bringen, sondern muss deutlich nach unten gehen, indem man das hintere Knie beugt.
- Im Wadô-ryû ist die Fauststellung am Ende *Tate ken* (vertikale Fäuste).

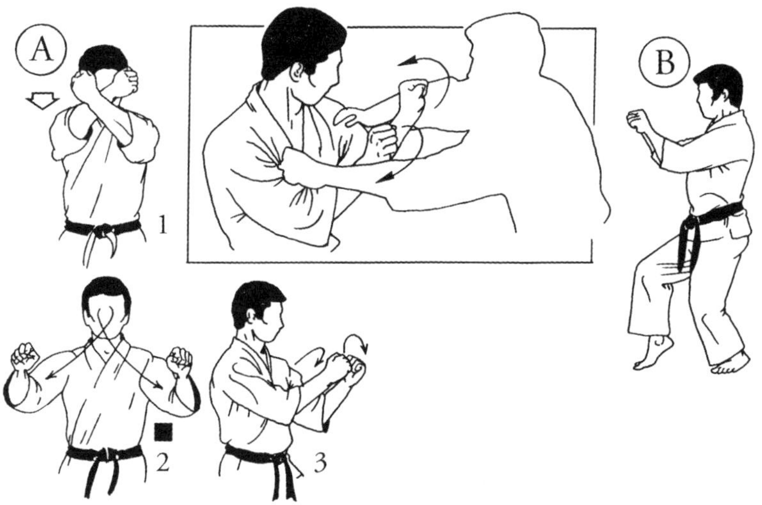

Kakiwake uke

Kakutô uke (Shôtôkan/Wadô)

Kakutô uke ist die Abwehr mit der Rückseite des gebeugten Handgelenks. Auch *Koken uke.* – Man blockt senkrecht von unten nach oben mit der Rückseite des stark gebeugten Handgelenks.

Zu beachten

- Man blockt entlang der »Mittelebene« des eigenen Körpers.
- Die Finger sind fest aneinander gedrückt und zeigen nach unten.
- Das Handgelenk bleibt sehr flexibel, bevor der *Kime* erfolgt.
- Der Ellbogen bleibt ein wenig gebeugt.

Die Zeichnungen zeigen die Technik aus einem *Nekoashi dachi* heraus, sie kann aber aus allen Stellungen heraus ausgeführt werden.

Kamae (Shôtôkan/Wadô)

Kamae ist die Bereitschaft. Auch *Gamae* in zusammengesetzten Begriffen. – Dies ist eine Haltung, die man einnimmt, bevor man Techniken ausführt (im *Kihon*), oder vor Beginn eines Kampfes.

Zu beachten

- Man bleibt sehr geschmeidig.
- Die Haltung ist nach vorn gerichtet, aber beide Knie bleiben gebeugt (entspannte Haltung).
- Ein Arm zeigt nach vorn, mit gebeugtem Ellbogen. Die hintere Faust wird als Schutz vor dem Bauch gehalten, aber nicht aufgelegt. Die Fäuste bleiben locker.

Varianten

- *Kamae* ist keine Technik im eigentlichen Sinne. Man kann *Kamae* nach Belieben nach links (A) oder nach rechts (B) einnehmen.
- Um diese Variante im Wadô-ryû vom *Hidari gamae* zu unterscheiden, wird sie dort als *Hanmi gamae* (Bereitschaft im Halbprofil) bezeichnet.

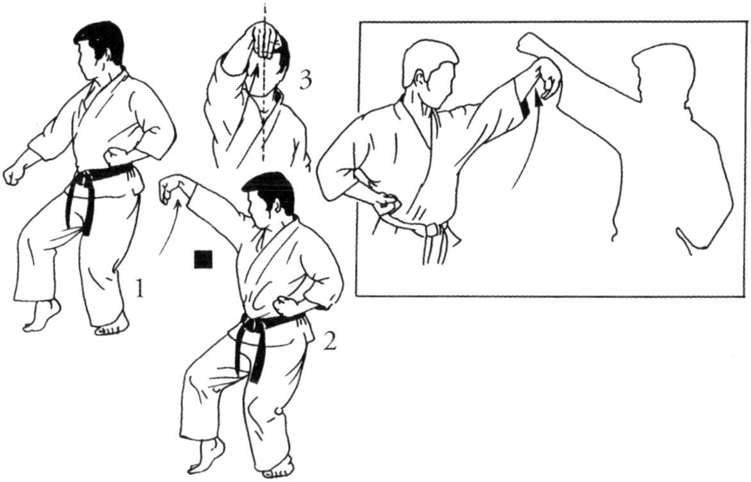

Kakuto uke bzw. *Koken uke*

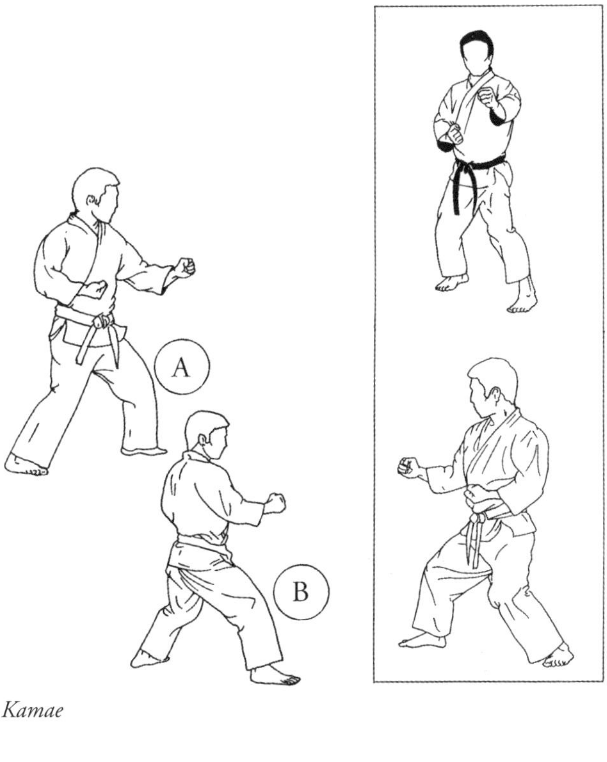

Kamae

Kara zuki (Wadô)

Kara zuki ist der direkte Fauststoß. – Siehe *Choku zuki* (S. 54 ff.).

Kawashi waza (Shôtôkan/Wadô)

Kawashi waza sind Ausweichtechniken.

Siehe unter:

- Ausweichen (S. 65)
- *Irimi uke*
- *Hiki uke*
- *Hineri nagashi*
- *Hiraki uke*
- *Uchi nagashi*
- *Yokero koto.*

Zu beachten für alle Ausweichtechniken im Shôtôkan und Wadô-ryû

Es ist sehr wichtig, den letztmöglichen Augenblick abzuwarten, bevor man sich bewegt, damit der Gegner sich nicht fangen (seine Bewegung unterbrechen) und die Richtung seines Angriffs ändern kann.

Kette gyaku zuki (Wadô)

Kette gyaku zuki ist der direkte Fußtritt, gefolgt von einem gegenseitigen Fauststoß. – Diese Technik stellt eine Basis-Abfolge dar: Auf einen *Gyaku zuki* (1) folgt ein *Mae geri* (2), ohne dass die Haltung des Oberkörpers verändert wird. Der Fuß wird wieder abgesetzt, deutlich neben der Mittellinie, um auf diese Weise einen stabilen *Gyaku zuki no ashi* einzunehmen. Daraufhin wird die Abfolge mit einem neuen *Gyaku zuki* abgeschlossen (3).

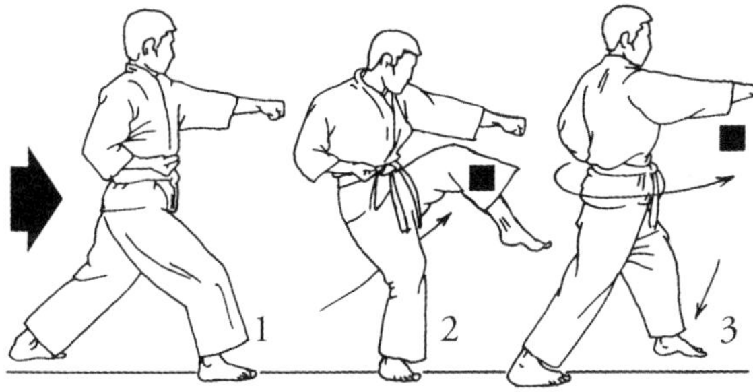

Kette gyaku zuki

Kette jun zuki (Wadô)

Kette jun zuki ist der direkte Fußtritt, gefolgt von einem gleichseitigen Fauststoß. – Diese Technik stellt eine Basis-Abfolge dar: Auf einen *Jun zuki* (1) folgt ein *Mae geri* (2), ohne dass die Haltung des Oberkörpers verändert wird. Der Fuß wird abgesetzt, und ein erneuter *Jun zuki* wird ausgeführt (3). Die Endstellung ist dieselbe wie die Ausgangsstellung. Man darf sich bei der Ausführung der Techniken nicht nach vorn beugen.

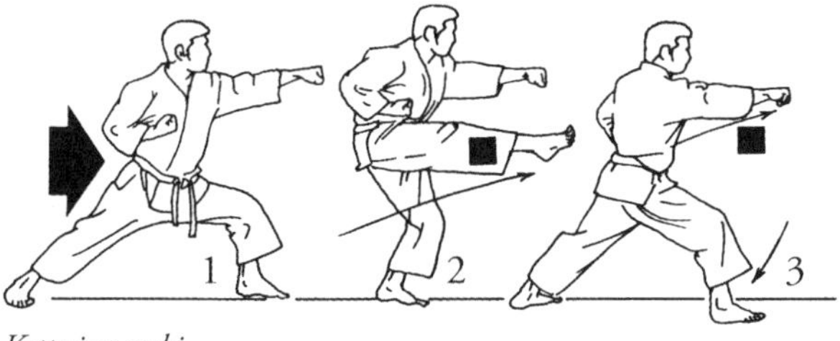

Kette jun zuki

Kizami zuki (Shôtôkan)

Kizami zuki ist der gestreckte direkte Fauststoß. – Diese Technik ist das Äquivalent zum *Jun zuki no tsukomi* des Wadô-ryû, aber mit einigen Unterschieden, die im Folgenden aufgeführt werden.

Zu beachten

- Die Brust ist im Profil, aber man beugt sich nicht nach vorn.
- Man bleibt im *Zenkutsu dachi*, aber das vordere Knie ist noch etwas mehr gebeugt als dabei üblich. Die Stellung ist sehr tief.

Varianten

- Man greift auf *Jôdan-* (Zeichnungen) oder *Chûdan*-Höhe an.
- Man kann direkt mit der vorderen Faust angreifen (aus *Kamae*: 1 bis 2), mit einem Ruck nach vorn wie für *Maite* (wo die Brust sich nicht dreht), oder beim Vorwärtsgehen, wie beim *Oi zuki*.

Koken uke (Shôtôkan/Wadô)

Koken uke ist die Abwehr mit der Außenseite des gebeugten Handgelenks. – Siehe *Kakutô uke*.

Kubi mawashi geri (Shôtôkan/Wadô)

Kubi mawashi geri ist der Peitschentritt mit dem Spann. – Siehe *Mawashi geri*, von dem diese Technik eine Variante darstellt.

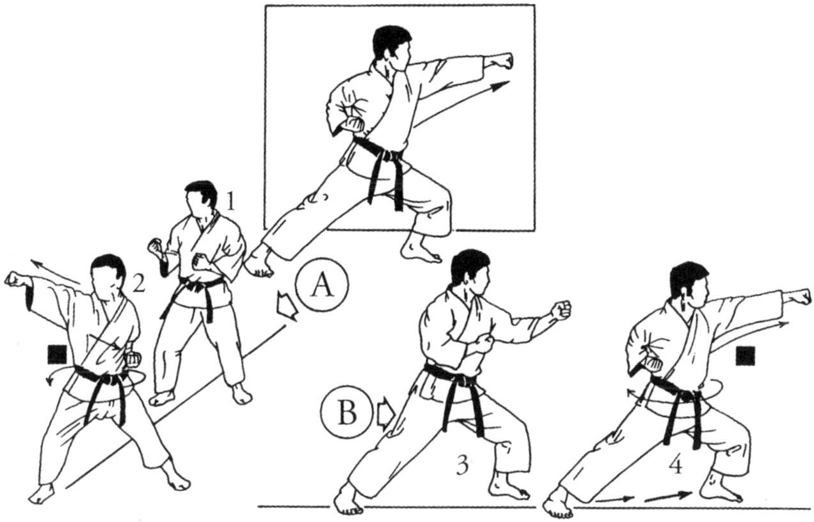

Kizami zuki

Mae empi uchi (Shôtôkan/Wadô)

Mae empi uchi (auch *Mae hiji ate*) ist der bogenförmige Ellbogenstoß nach vorn. – Man stößt mit der Spitze des Ellbogens kreisbogenförmig in einer horizontalen Ebene von hinten nach vorn.

Zu beachten

- Man trifft das Ziel mit dem äußersten Ende des Ellenknochens, nahe dem Ellbogengelenk.
- Beim Auftreffen befinden sich Oberarm, Unterarm und Faust (mit der Faustinnenseite nach unten) in einer horizontalen Ebene.
- Die Drehung des Ellbogens vor dem eigenen Körper ist im Vergleich zum *Mawashi empi uchi* kürzer und die Bewegungsbahn des Ellbogens ist direkter.
- Im Unterschied zum *Mawashi empi uchi* bleibt der Ellbogen während der gesamten Bewegung näher am Körper und bleibt maximal gebeugt.
- Der Ellbogen wird nicht angehoben, und die Technik wird durch Hüftdrehung unterstützt.

Varianten

Man stößt auf *Chûdan-* (Zeichnungen) oder *Jôdan*-Höhe zu.

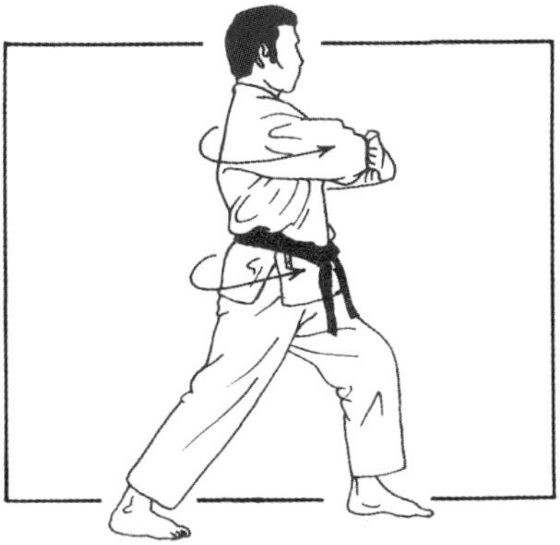

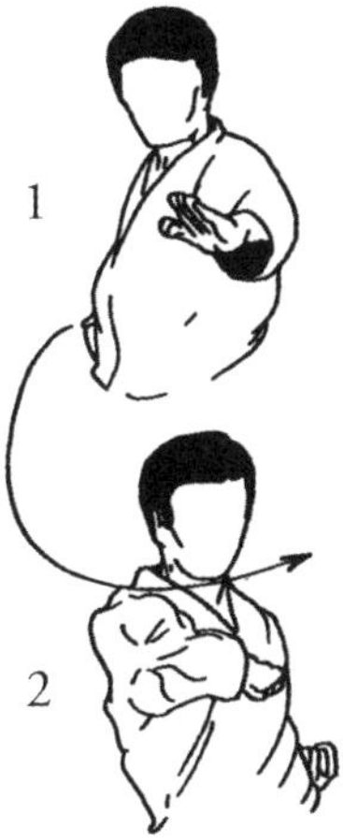

Mae empi uchi bzw. *Mae hiji ate*

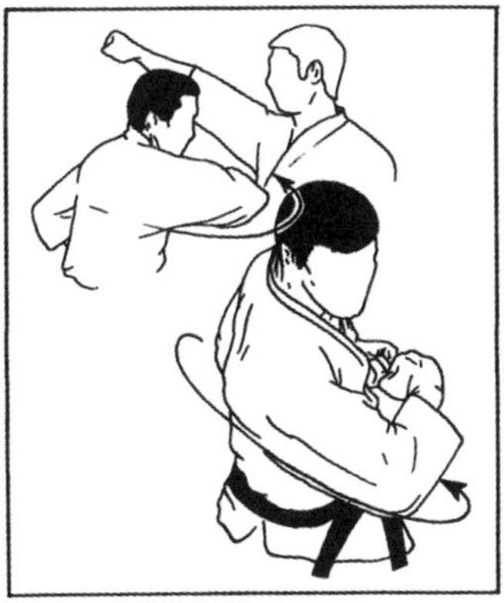

Mae geri (Shôtôkan)

Mae geri ist der direkte Fußtritt nach vorn. – Der Angriff erfolgt mit dem Fußballen (*Koshi*), indem das hintere Bein direkt nach vorn geschnellt wird.

Zu beachten

- Das Knie wird soweit wie möglich angehoben (A2), direkt nach vorn (D5).
- Die Hüften werden in die Richtung des Tritts gestoßen (A3).
- Die Schultern werden nicht bewegt, und der Kopf wird nicht nach hinten geworfen.
- Der Tritt erfolgt direkt nach vorn (D6). Man bleibt mit dem Körper nach vorn ausgerichtet.
- Der Fuß wird wieder zurückgezogen, bevor er abgesetzt wird (A4).
- Die Zehen werden stark angehoben.

Varianten

- Die Zeichnungen der Serie A zeigen die Form *Kekomi* (man tritt nach vorn, wie um etwas einzutreten).
- Zeichnung B3 zeigt die Form *Keage* (man tritt nach vorn oben, wobei die Hüften weniger nach vorn gestoßen werden).
- Zeichnung C illustriert einen mit der Ferse ausgeführten *Kekomi* (*Mae kakato geri*).
- Anfangs tritt man ausschließlich mit dem hinteren Fuß zu. Später übt man auch das Treten mit dem vorderen Fuß (*Tobikonde mae geri*).
- Man führt den Tritt auf allen drei Höhenstufen aus.

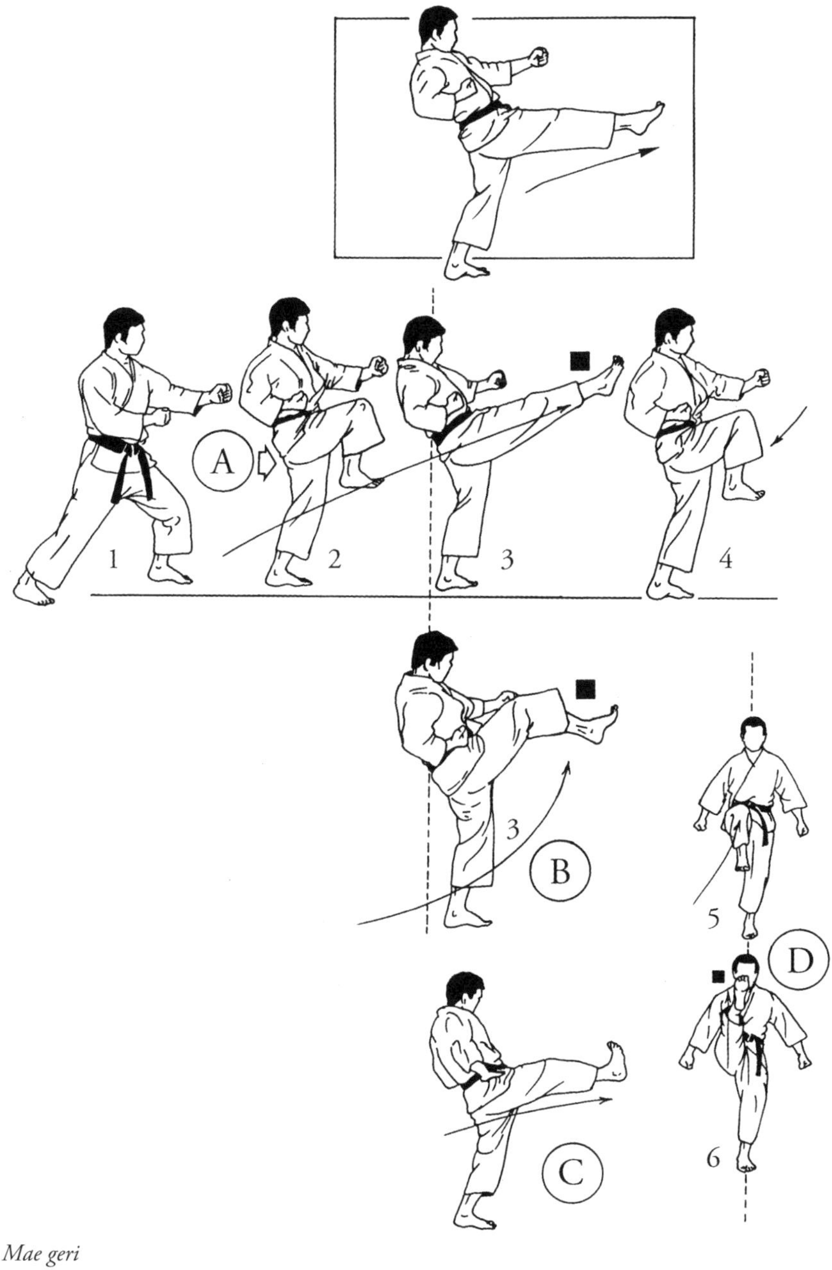

Mae geri

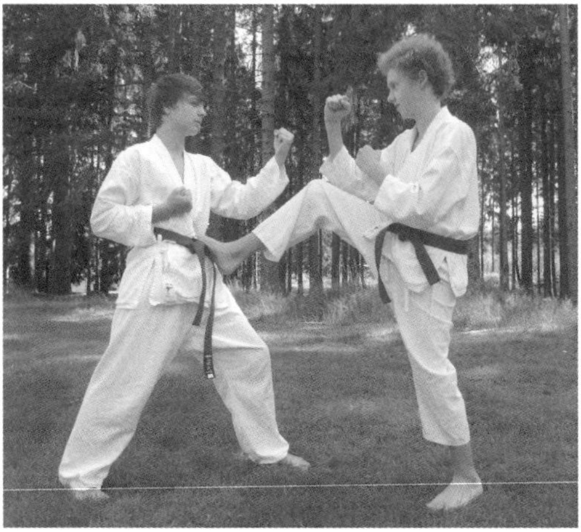

Foto 6: *Mae geri* (Shôtôkan), kurz vor Erreichen der Endstellung

Mae geri (Wadô)

Mae geri ist der direkte Fußtritt nach vorn. – Der Angriff erfolgt mit dem Fußballen (*Koshi*), indem das hintere Bein direkt nach vorn geschnellt wird.

Zu beachten

- Die gleichen Punkte wie für den *Mae geri* im Shôtôkan. Aber in der traditionellen Form werden im Wadô-ryû die Hüften kürzer nach vorn gestoßen als im Shôtôkan, aber dennoch sehr kraftvoll.

Varianten

- Man übt diese Technik als *Kekomi* (D: Man greift weit nach vorn an) und als *Keage* (E: Man tritt nach oben und weniger weit nach vorn).
- Zu Beginn tritt man ausschließlich mit dem hintern Fuß. Später übt man auch das Treten mit dem vorderen Fuß. Dies kann erfolgen, nachdem man mit dem hinteren Fuß einen Sprung zur Ferse des vorderen vollführt hat (5 und B6: *Tobikonde mae geri*), oder nach einem Ruck am Ort (5 und C6), zum Beispiel, um einen gegnerischen Angriff zu stoppen.
- Der Tritt kann auf allen drei Höhenstufen ausgeführt werden.

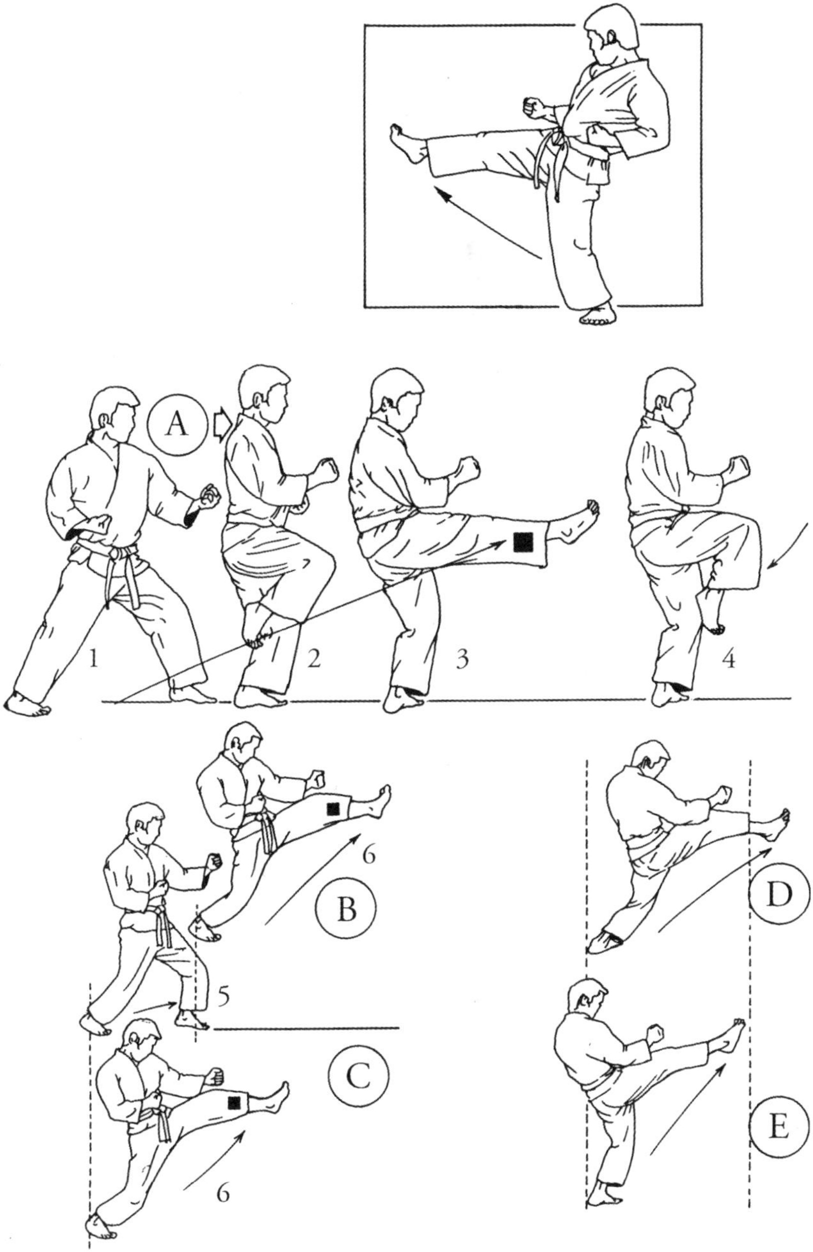

Mae geri

Mae hiza geri (Shôtôkan/Wadô)

Mae hiza geri ist der Kniestoß nach vorn. – Der Stoß wird senkrecht von unten nach oben mit der Spitze des gebeugten Knies ausgeführt.

Zu beachten

- Man muss das Knie nach oben reißen, indem man versucht, es bis auf Brusthöhe zu bringen.
- Die Ferse des Standbeins wird nicht angehoben.
- Die gesamte Kraft kommt aus dem Bauch.
- Die Technik wird so ausgeführt, als würde man einen sehr hoch zielenden *Mae geri* vorbereiten.

Mae tobi geri (Shôtôkan/Wadô)

Mae tobi geri ist der gesprungene Fußtritt nach vorn. – Aus einer nach vorn gerichteten Stellung reißt man das hintere Knie nach oben, während man sich kräftig mit dem vorderen Bein abstößt (1 und 2). Man springt nach oben. Am höchsten Punkt des Sprunges beginnen die angewinkelten Beine eine scherenförmige Bewegung (3), um mit dem Fuß, der vorn auf dem Boden stand, zuzutreten (4). Man landet in der gleichen Fußstellung wie am Anfang (5).

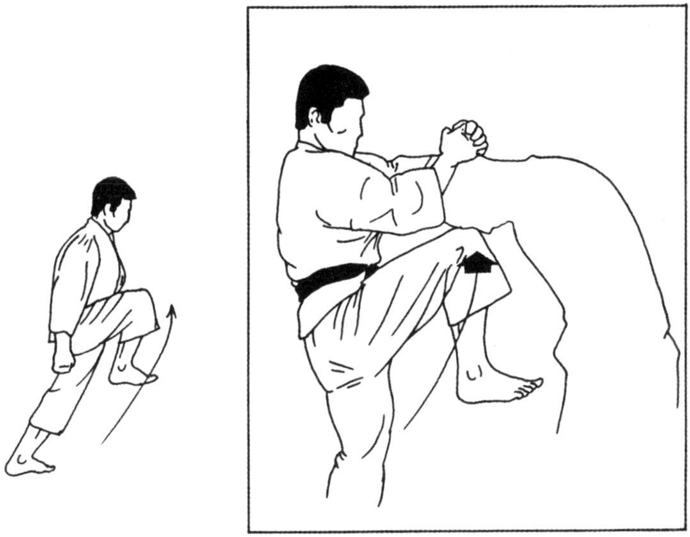

Mae hiza geri

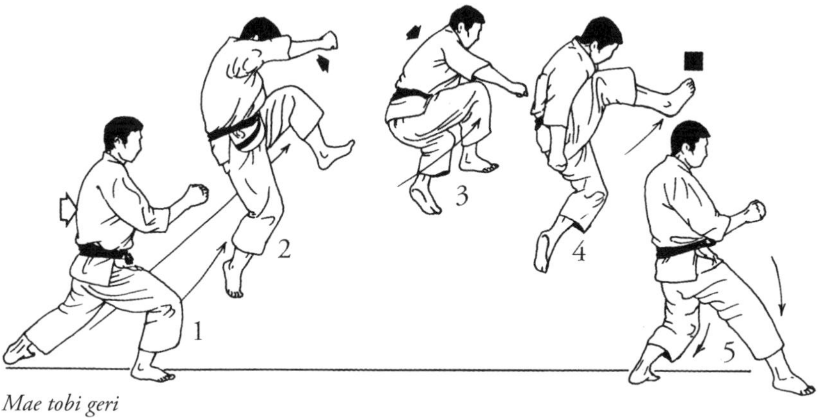

Mae tobi geri

Mae ude hineri uke (Shôtôkan)

Mae ude hineri uke ist die Abwehr mit dem Unterarm mit Verdrehung. – Man blockt, indem der Kontakt mit dem Arm des Gegners hergestellt wird. Zu diesem Zweck wird der Arm zunächst zum Gegner gestreckt (1), dann dreht man den Arm nach außen, wobei der Ellbogen gebeugt und zurückgezogen wird (2 und 3). Diese Technik wird auf *Jôdan*-Höhe trainiert.

Maite (Shôtôkan)

Maite ist der Fauststoß nach vorn mit einem Gleitschritt. – Man stößt mit der vorderen Faust, wobei die Kraft des gesamten Körpers in die Richtung des Stoßes freigesetzt wird – man gleitet ein Stück auf beiden Füßen nach vorn –, gleichzeitig wird die hintere Faust in *Hikite*-Position gezogen (2). Die Faust, mit der der Stoß ausgeführt wurde, wird unverzüglich danach zurückgezogen.

Diese Technik entspricht dem *Tobikomi zuki* des Wadô-ryû, aber die Ausgangsstellung ist *Hanmi gamae*.

Der Stoß erfolgt auf *Jôdan*- (Abbildung) oder *Chûdan*-Höhe.

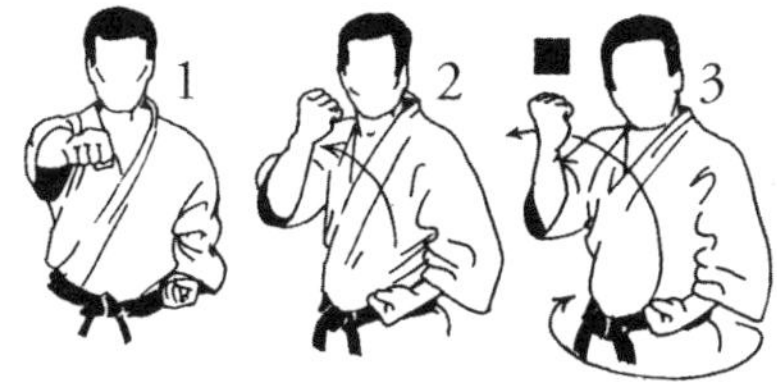

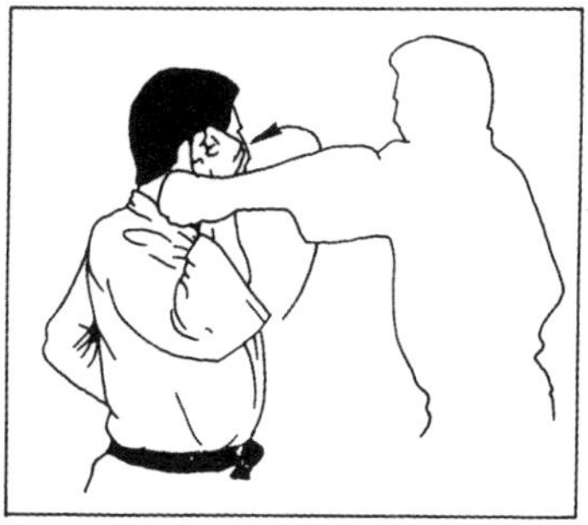

Mae ude hineri uke

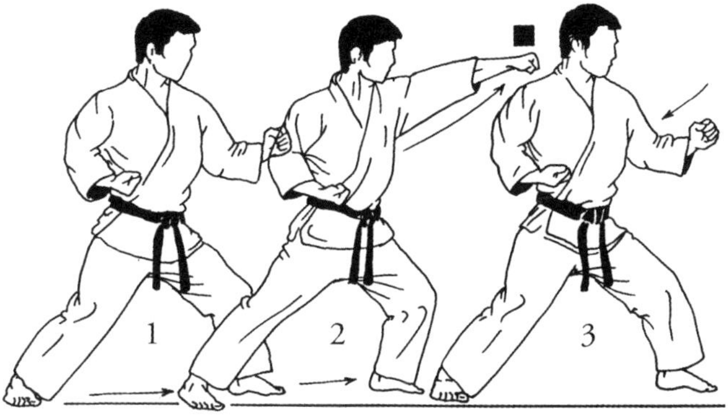

Maite

Mawashi empi uchi (Shôtôkan/Wadô)

Mawashi empi uchi (auch *Mawashi hiji ate*) ist der peitschende Ellbogenschlag. – Man stößt mit der flachen Außenseite des Ellbogens in einem Kreisbogen von außen nach innen.

Zu beachten

- Die Faust beginnt in *Hikite*-Position. Sie wird nach vorn geführt und vollführt vor der Brust eine Drehung, bis die Faustinnenseite nach außen zeigt. Gleichzeitig wird der Ellbogen angehoben, und man lässt ihn eine weite kreisbogenförmige Bewegung vollführen (1-3).
- Die Faust wird bis vor den Solarplexus geführt; sie muss dann tiefer sein als die Ellbogenspitze.
- Die Technik wird durch die Hüften unterstützt.
- Beim Auftreffen befinden sich Oberarm, Unterarm und Faust (mit nach außen gedrehter Faustinnenseite) in einer so senkrecht wie möglich stehenden Ebene.
- Beim Ausführen dieser Technik hebt man die Schulter, und die Seite ist somit weniger gut gedeckt als beim *Mae empi uchi*.
- Das *Atemi* beim *Mawashi empi uchi* ist weniger durchdringend als beim *Mae empi uchi*, aber die Technik bewirkt beim Auftreffen eine allgemeine Erschütterung.

Varianten

- Man schlägt auf *Chûdan-* (Zeichnungsfolge 1-3) oder *Jôdan*-Höhe (Zeichnung A).
- Man kann diese Technik auch als Block einsetzen (*Empi uke*: Zeichnung B; siehe auch S. 83, Zeichnung C).

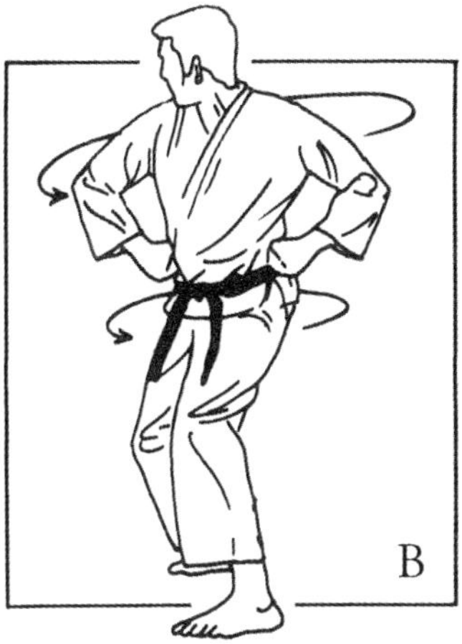

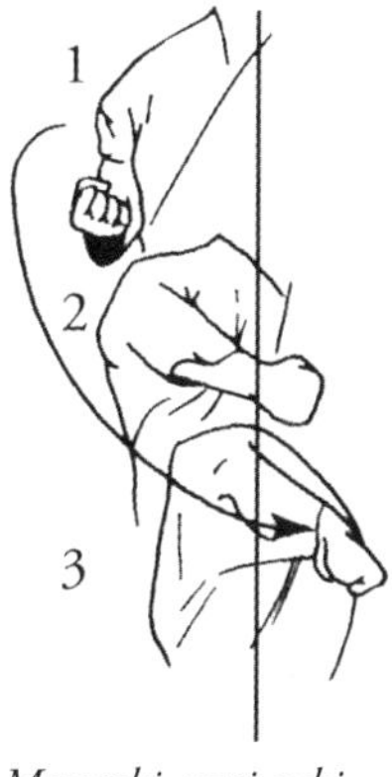

Mawashi empi uchi

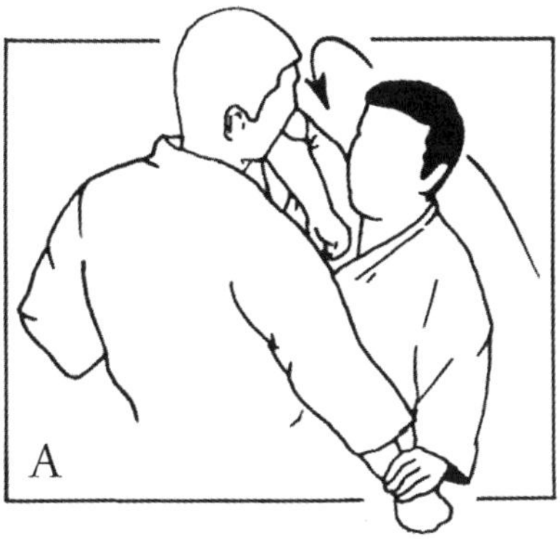

Mawashi geri (Shôtôkan)

Mawashi geri ist der Halbkreisfußtritt. – Man trifft das Ziel mit dem Fußballen (*Koshi*), indem man das Bein kreisbogenförmig von hinten nach vorn reißt, um den Gegner seitlich zu treffen.

Zu beachten

- Das Knie wird zu Beginn seitlich sehr hoch angehoben (A2 und C7). Man hält den Oberkörper gerade, während man das Knie vom Körper seitlich entfernt (C7). Die Zehen sind angehoben.
- Man dreht sich auf dem Standbein, ohne die Ferse zu heben, während man das andere Bein streckt (A3).
- Nach dem Auftreffen dreht man sich auf dem Standbein wieder in die entgegengesetzte Richtung und zieht den Fuß zurück, wobei das Knie noch erhoben bleibt (A4). Daraufhin wird der Fuß wieder abgesetzt.
- Zeichnung D zeigt die korrekte Bewegungsbahn des Fußes (ein sehr weiter Kreisbogen).
- Der Tritt erfolgt in der senkrechten Ebene, die durch das Standbein verläuft (C8).
- Das Gleichgewicht wird aufrechterhalten, indem man die Arme schwungvoll in Gegenrichtung der Bewegung des Fußes bewegt.

Varianten

- Man tritt mit dem Spann: *Kubi mawashi geri.*
- Man führt den Tritt auf allen drei Höhenstufen aus (siehe auch Fotos 7 und 8 auf S. 142).
- Man kann den Tritt mit dem vorderen Fuß ausführen, nachdem man den hintern Fuß an ihn herangeführt oder über Kreuz gesetzt hat (B5 und B6: *Tobikonde mawashi geri*), oder auch ohne vorherigen Schritt des hinteren Fußes.

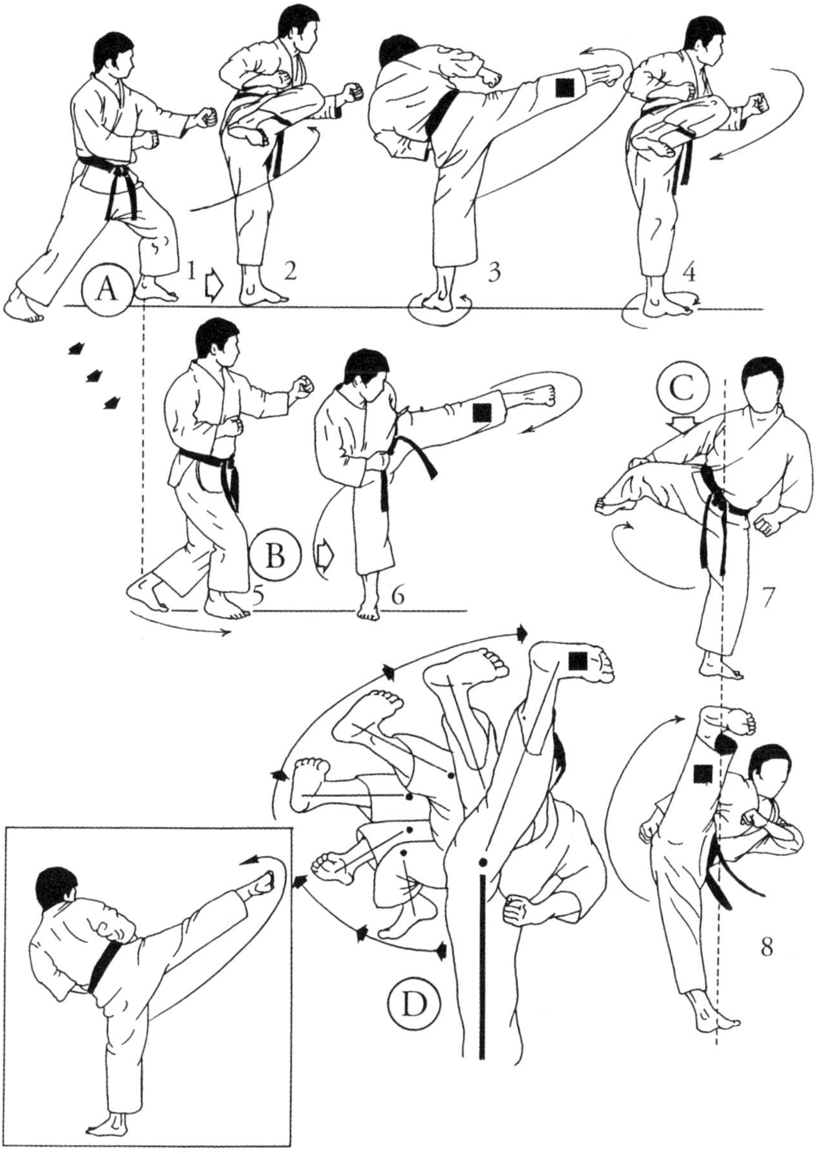

Mawashi geri

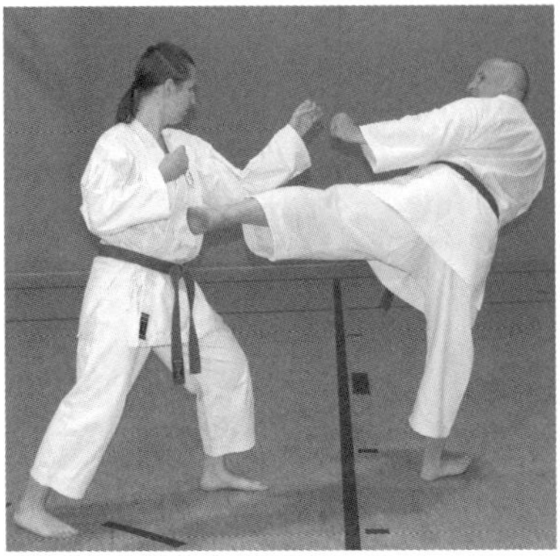

Foto 7: *Chûdan mawashi geri* (Shôtôkan)

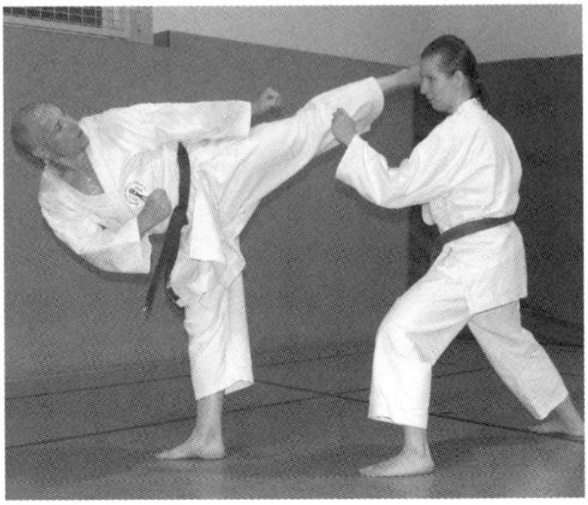

Foto 8: *Jôdan mawashi geri* (Shôtôkan)

Mawashi geri (Wadô)

Mawashi geri ist der Halbkreisfußtritt. – Man trifft das Ziel mit dem Fußballen (*Koshi*), indem man das Bein kreisbogenförmig von hinten nach vorn reißt, um den Gegner seitlich zu treffen.

Zu beachten

- Dieselben Punkte wie für den *Mawashi geri* im Shôtôkan.

Varianten

- Die Zeichnungen B und C stellen eine Technik mit dem vorderen Fuß dar, nachdem der hintere Fuß zunächst über Kreuz vor den rechten gesetzt wurde. B7 und C9 zeigen einen *Jôdan kubi mawashi geri* mit Ausweichen des Oberkörpers, der stark nach hinten gebeugt wird.
- Man unterscheidet den *Ô mawashi geri* (großer Halbkreistritt, bei dem das Knie seitlich angehoben wird (10) und *Ko mawashi geri* (kleiner Halbkreistritt, bei dem das Knie wie für einen *Mae geri* angehoben wird (11). Bei letzterem führt die Drehung des Standbeins zur kreisbogenförmigen Bewegung des tretenden Fußes. Diese schwierige Technik wird gern in Sportkaratewettkämpfen eingesetzt.
- Man greift auf allen drei Höhenstufen an (siehe auch Fotos 9 und 10 auf S. 144).

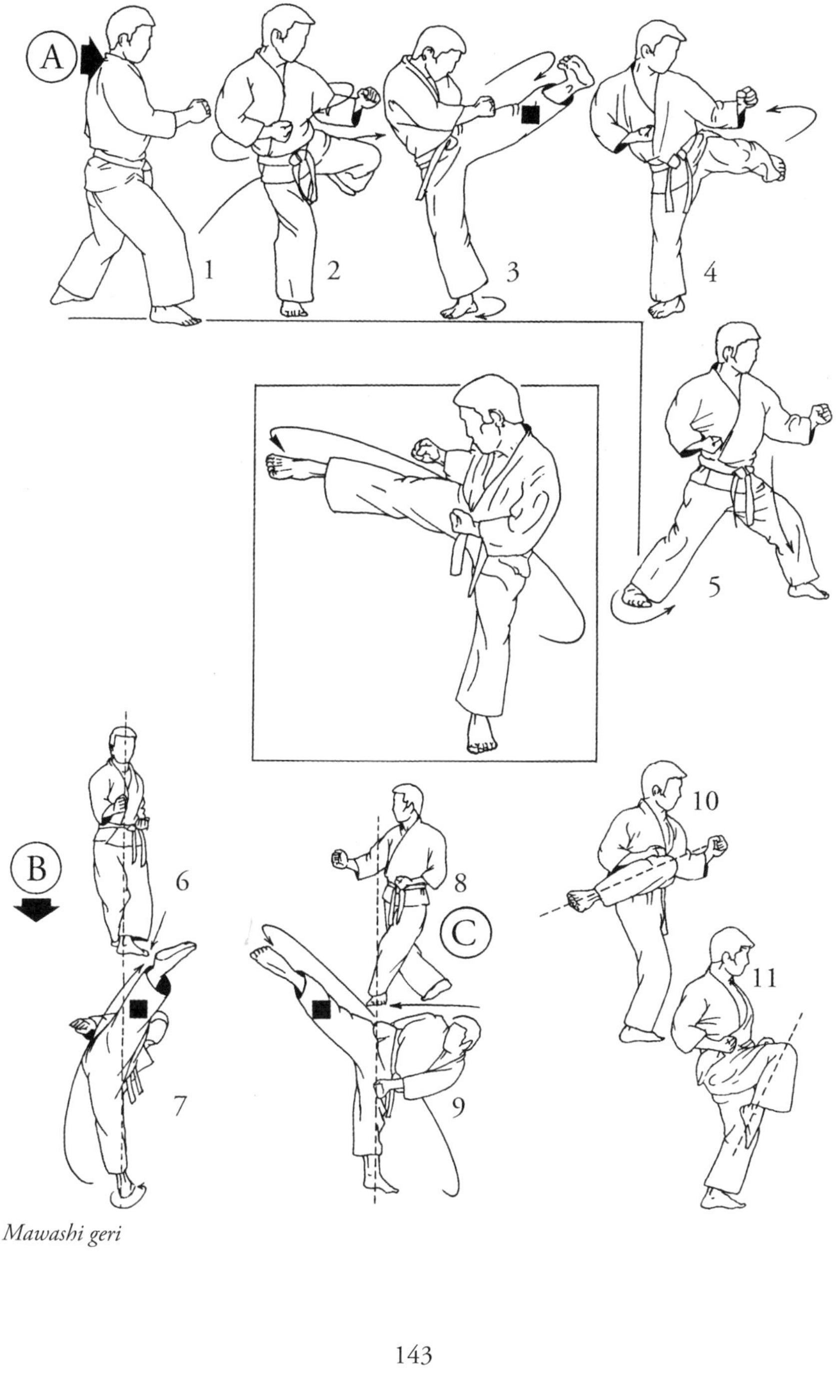

Mawashi geri

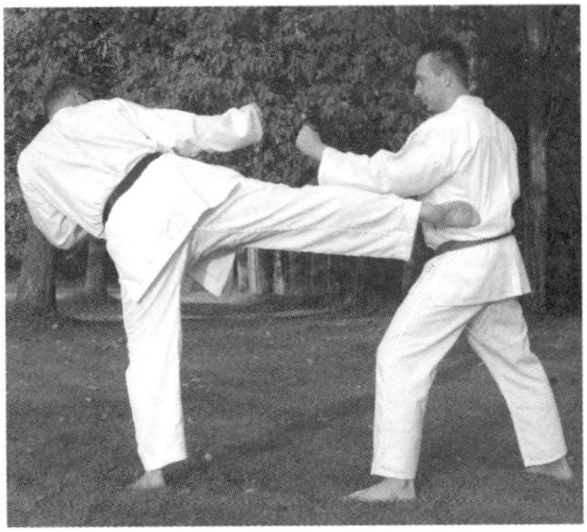

Foto 9: *Chûdan mawashi geri* (Wadô)

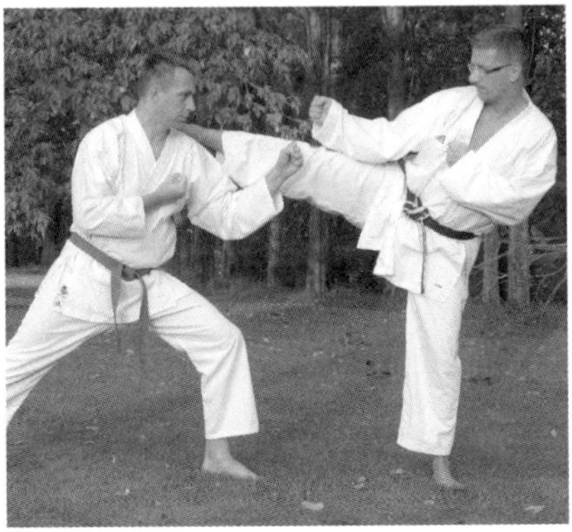

Foto 10: *Jôdan mawashi geri* (Wadô)

Mawashi hiza geri (Shôtôkan/Wadô)

Mawashi hiza geri ist der Halbkreiskniestoß. – Man stößt mit der Spitze des Knies mit einer horizontalen bogenförmigen Bewegung von außen nach innen. Kniestöße (man bezeichnet sie auch als *Hitsui geri*) sind äußerst wirkungsvolle Techniken im Nahkampf. Sie müssen sehr kontrolliert erfolgen.

Zu beachten

- Die gleichen Punkte wie beim *Mae hiza geri.*
- Die Vorbereitung gleicht der für einen *Mawashi geri.*
- Knie und Fuß müssen sich auf einer Höhe befinden.

Mawashi zuki (Shôtôkan/Wadô)

Mawashi zuki ist der Halbkreisfauststoß. – Der Stoß erfolgt mit einer weiten Bewegung von außen nach innen, nachdem der Ellbogen nach außen geschwungen wurde. Die Bewegung wird von einer Drehung des Oberkörpers begleitet. Beim Auftreffen bleibt der Ellbogen leicht gebeugt. Man stößt mit der Faustinnenseite nach unten zu (eingerahmte Zeichnung) oder, wenn der Schlag noch weiter geführt wird, bis zu einer Fauststellung, bei der der Daumen nach unten zeigt (3).

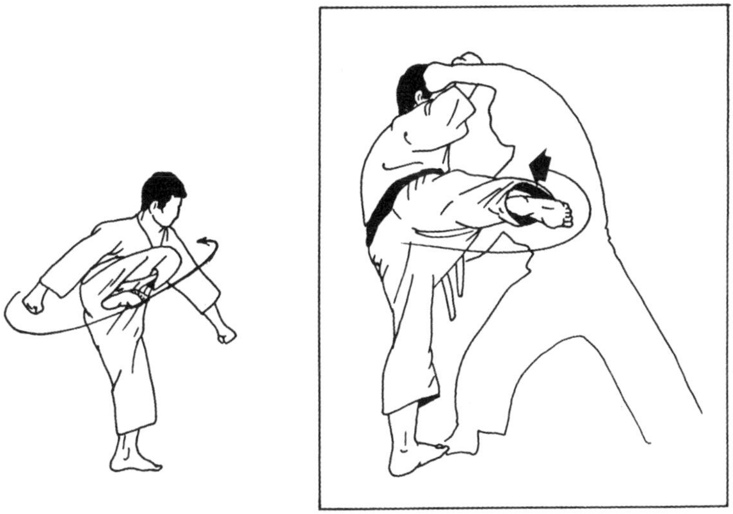

Mawashi hiza geri

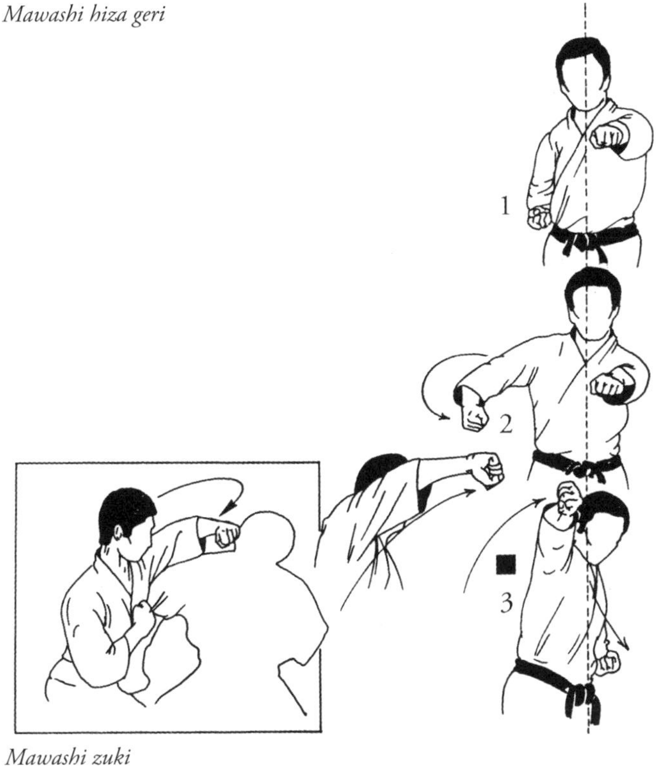

Mawashi zuki

Mawate gedan barai (Shôtôkan/Wadô)

Mawate gedan barai (auch *Hakayte gedan barai*) ist die untere Fegeabwehr mit Wende. – Die Technik besteht darin, nach hinten zu blocken, indem man sich um 180° dreht und dabei einen *Gedan barai* ausführt. Diese Art der Ausführung steht in der Regel am Ende einer Serie von Techniken des *Kihon*, die auf einer Linie ausgeführt werden, und gestattet es, in entgegengesetzter Richtung fortzufahren.

Zu beachten

- Man muss den Körper als eine Einheit nach hinten drehen, nachdem man den hinteren Fuß in weitem Bogen nach hinten geführt hat (A2, B6, C10). Dieser Schritt führt dazu, dass man nach der Drehung in einer stabilen vorwärtsgerichteten Haltung steht, mit den Füßen deutlich auseinander (*Zenkutsu dachi*).
- Die Hüften werden mit Schwung gedreht. Man muss während der Drehung mit der gesamten aus dem Bauch kommenden Kraft blocken, und nicht nur mit dem Arm.
- Während der Drehung darf die Höhe nicht verändert werden.
- Der Blick darf nicht »flattern«, sondern muss während der Drehung fest auf den Horizont gerichtet bleiben.

Varianten

Man kann die Drehung nach diesem Prinzip mit jedem anderen Block verbinden (zum Beispiel mit *Ude uke* oder *Age uke*). Es gibt noch viele andere Möglichkeiten, sich um 180° zu wenden, indem man am Ende der Drehung unterschiedliche Stellungen einnimmt (*Kôkutsu dachi*, *Nekoashi dachi*, *Kiba dachi* usw.). Dies ist die fundamentale und zugleich die einfachste Form davon.

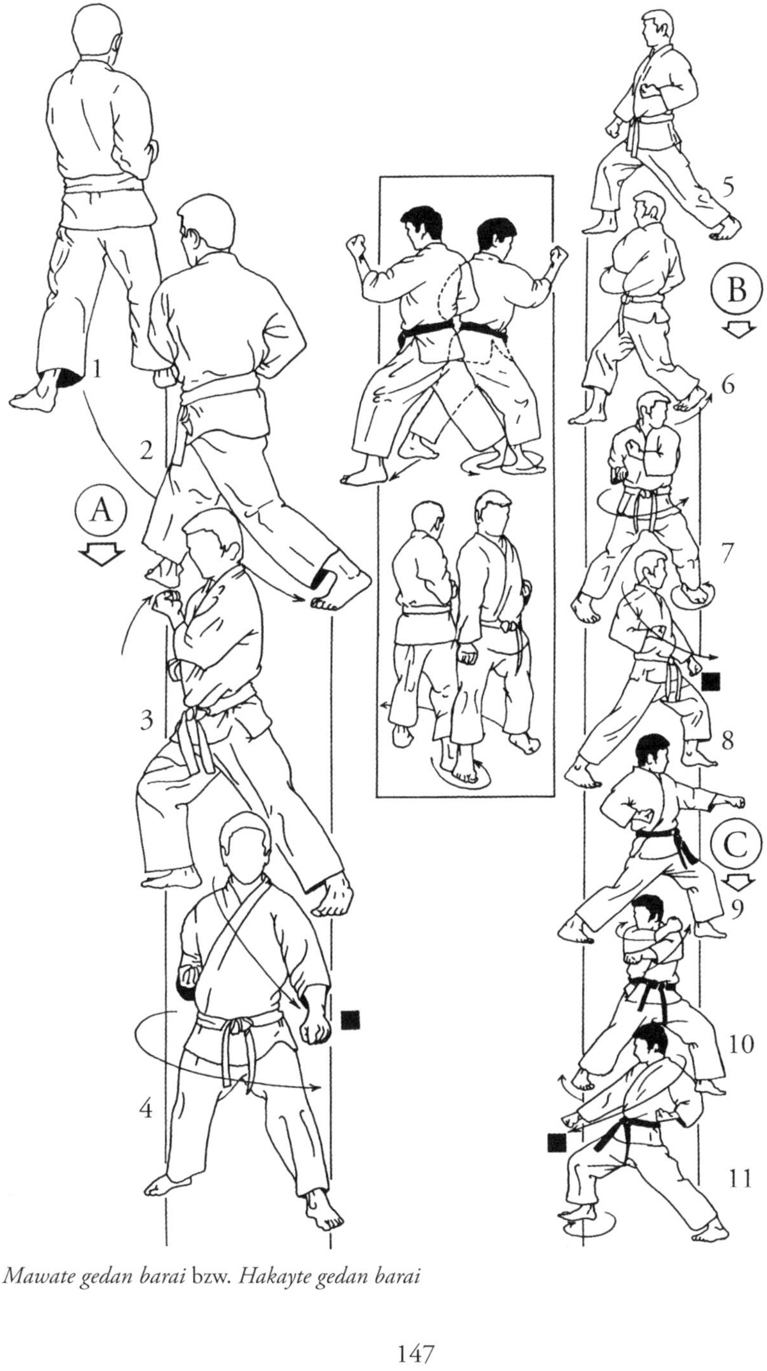

Mawate gedan barai bzw. *Hakayte gedan barai*

Mikazuki geri (Shôtôkan/Wadô)

Mikazuki geri ist der Halbmondtritt. – Man tritt mit der Fußsohle (*Teisoku*), mit nach oben zeigenden Zehen. Hierfür wird eine weite kreisbogenförmige Bewegung von außen nach innen ausgeführt.

Zu beachten
- Das Knie bleibt, nachdem man das Bein für den Tritt gehoben hat, leicht gebeugt.
- Das Auftreffen (mit *Kime*) erfolgt direkt nach vorn, in einer Ebene, die senkrecht durch die eigene Körpermitte verläuft. – Das Fußgelenk ist im Moment des Auftreffens zurückgebogen, so dass die Fußsohle senkrecht ist.
- Das Standbein bleibt leicht gebeugt.
- Die gesamte Kraft wird im Bauch (*Hara*) erzeugt.

Varianten
- Allgemein wird auf *Chûdan*-Höhe getreten. Ein Tritt auf *Jôdan*-Höhe ist möglich, wenn der Körper flexibel genug ist.
- Die gleiche Technik kann angewendet werden, um einen Angriff abzuwehren. In diesem Fall nennt sie sich *Mikazuki geri uke.*

Mikazuki geri uke (Shôtôkan/Wadô)

Mikazuki geri uke (auch *Sokutei mawashi uke*) ist die Fegeabwehr mit der Fußsohle. – Dies ist die Anwendung der Technik *Mikazuki geri* als Abwehr. Es handelt sich allgemein um eine Technik aus der Familie der *Ashi uke waza.*

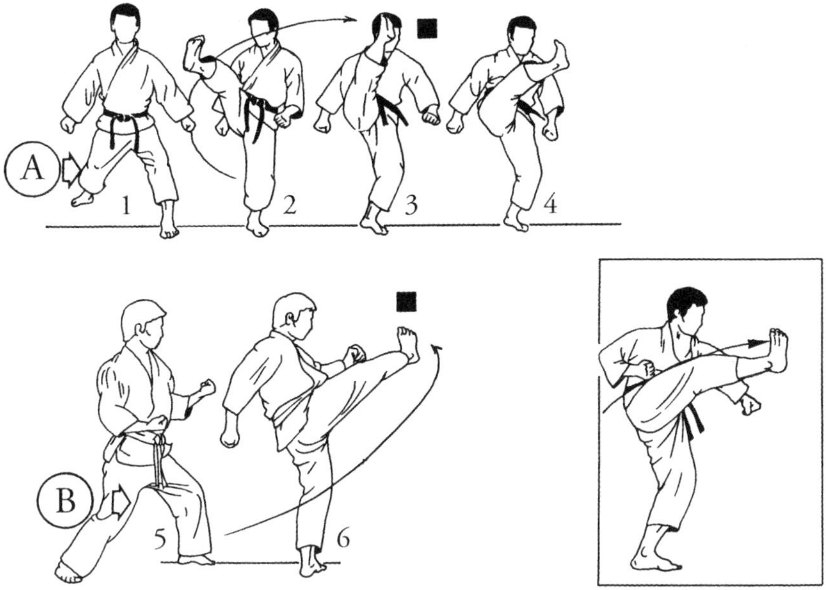

Mikazuki geri

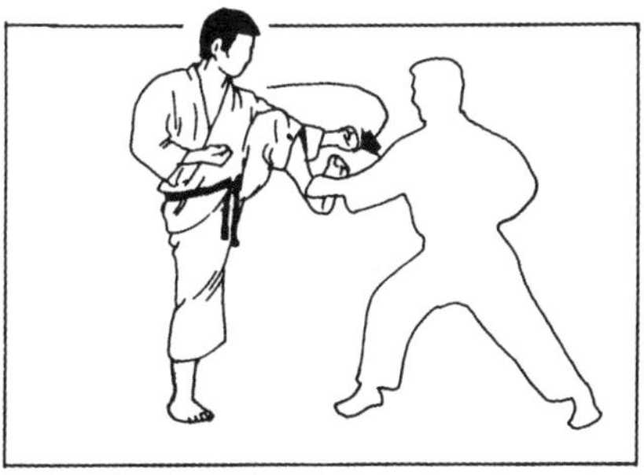

Mikazuki geri uke

Morote uke (Shôtôkan/Wadô)

Morote Uke ist die beidhändige Abwehr. – Man blockt, indem man den Angriff mit der Innenkante des Unterarms nach außen schiebt. Die Daumenseite der Faust zeigt nach außen. Dies ist die Technik *Uchi uke* (Shôtôkan) bzw. *Ude uke* (Wadô) mit dem einzigen Unterschied, dass die hintere Faust nicht in *Hikite*-Position gezogen wird, sondern den Block verstärkt, indem sie gegen den Ellbogen des vorderen Arms drückt.

Zu beachten

- Die gleichen Aspekte wie für die Techniken *Uchi uke* bzw. *Ude uke.*

Varianten

- Die Serien A, B, C und D zeigen eine Abwehr auf *Chûdan*-Höhe, Zeichnung E eine Abwehr auf *Jôdan*-Höhe. In beiden Fällen ist der Winkel des Ellbogens der gleiche.
- Man kann aus einer nach vorn gerichteten Stellung blocken (das heißt, man steht frontal zum Gegner) oder nach hinten (das heißt, man steht im Profil zum Gegner).
- Die hintere Faust kann zum vorderen Ellbogen gebracht werden oder vor die Brust (Solarplexus). Eine andere Variante besteht darin, die offene Hand an das Handgelenk des blockenden Arms zu legen (C).
- Es können noch weitere Varianten trainiert werden. Auf Zeichnung F ist als Beispiel ein *Morote gedan barai* dargestellt.

Morote zuki (Shôtôkan/Wadô)

Die *Morote zuki* sind eine Gruppe beidhändiger Fauststöße.

Siehe unter:

- *Awase zuki*
- *Heikô zuki*
- *Yama zuki.*

(*Fortsetzung auf S. 152*).

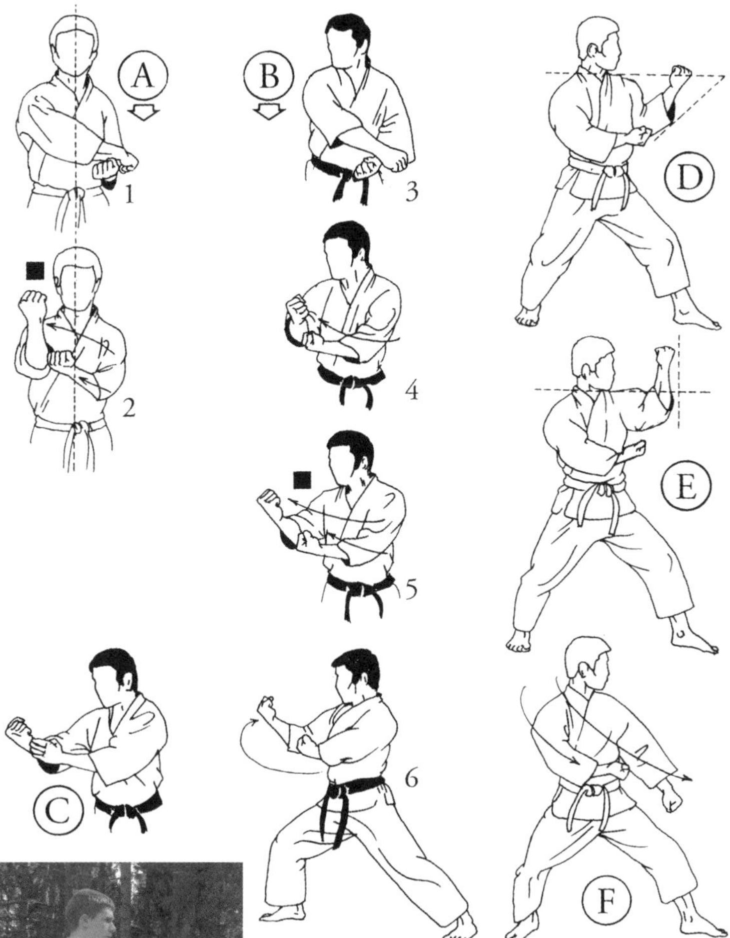

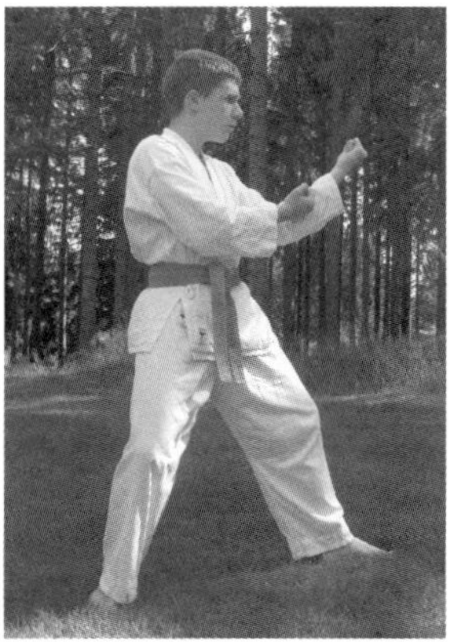

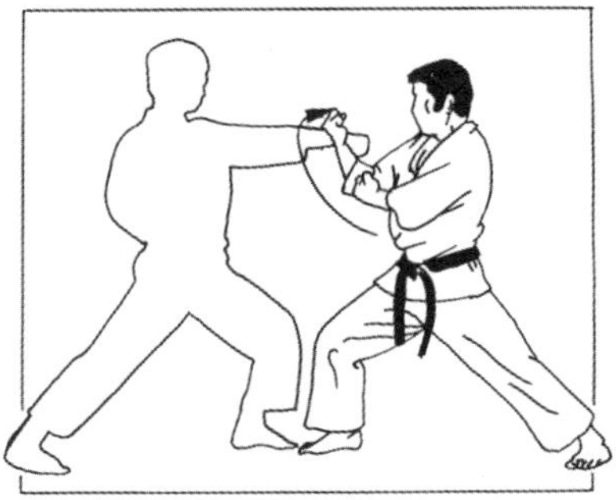

Foto 11 und Zeichnungen: Morote uke

Zu beachten für alle drei Morote-zuki-Techniken

- Beide Fäuste müssen mit gleicher Kraft gestoßen werden.
- Die Schulter, die zur höher geführten Faust gehört, darf nicht angehoben werden.
- Beide Fäuste sollen zur gleichen Zeit auftreffen.
- Man kann mit den getrennten Fäusten an den Hüften (*Heikô zuki*) in *Hikite*-Position oder mit beiden Fäusten an einer Hüftseite (*Awase zuki*, *Yama zuki*) beginnen. In letzterem Fall ist die Faust, die auf *Jôdan*-Höhe zustößt, zu Beginn in *Hikite*-Position.

Nagashi zuki (Shôtôkan/Wadô)

Nagashi zuki ist der Ausweichstoß. – Man stößt wie beim *Maite* (Shôtôkan) oder *Tobikomi zuki* (Wadô) zu, aber der Stoß ist verbunden mit einem Ausweichen des Körpers.

Zu beachten

- Serien A und B zeigen die Technik in der Wadô-ryû-Variante. Die erste Phase der Bewegung (A1 und A2, B5 und B6) ist die gleiche wie beim *Tobikomi zuki*. Erst in dem Moment, in dem der Stoß beginnt, müssen sich die Hüften in Stoßrichtung drehen (A3 und B7). Der vordere Fuß dreht sich dabei nach innen, und der hintere Fuß gleitet ein Stück nach vorn.
- Zeichnung C zeigt den entsprechenden Mechanismus: Gleichzeitig mit der Drehung neigt man sich in die Richtung des Schlages. Tatsächlich handelt es sich um ein Ausweichen des Bauches, wie es zur Verteidigung gegen einen Angriff verwendet werden kann.
- Die hintere Faust wird zum Solarplexus gebracht.
- Unverzüglich nach dem Auftreffen der Faust wird sie wieder zurückgezogen (A4 und B8), als würde sie am Ziel abprallen.
- In der Shôtôkan-Variante ist der Mechanismus der Technik der gleiche, aber die hintere Faust geht in *Hikite*-Position, und man neigt den Körper nicht. Die eingerahmten Zeichnungen zeigen einen *Nagashi zuki* auf einen Gleitschritt, ausgehend von *Yôi* (siehe Zeichnungen aus der Vogelperspektive).

Variante

Im allgemeinen greift man auf *Jôdan*-Höhe an (Zeichnungen), aber auch ein Angriff auf *Chûdan*-Höhe ist mit dieser Technik möglich.

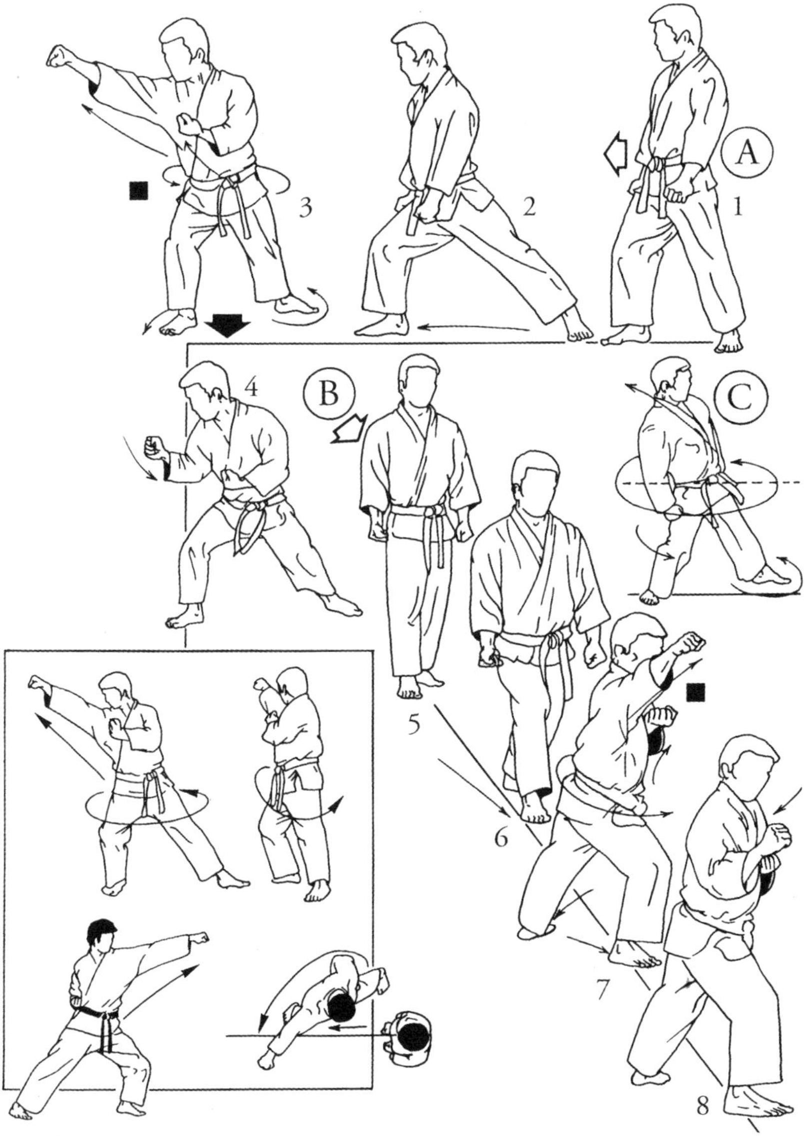

Nagashi zuki

Nage waza (Shôtôkan/Wadô)

Die *Nage waza* sind Wurftechniken. – Würfe sind wirkungsvolle Techniken, weil sie es gestatten, den Kampf mit einem Gegner, der aus dem Gleichgewicht gebracht wurde, einfacher zu beenden. Man muss hierbei rasch und ohne zu zögern handeln. Nach dem Wurf muss man ohne die geringste Pause einen Gegenangriff auf den am Boden Liegenden ausführen.

Im Folgenden werden einige der am häufigsten angewendeten Würfe vorgestellt.

A: Fegen des vorderen Beins des Gegners (1 und 2) direkt am Boden, danach Gegenangriff mit *Gyaku zuki*.

B: Abwehr eines Fußtritts mit *Gedan nagashi uke*, um das Gleichgewicht des Gegners zu brechen (4). Es folgt ein Griff um den Hals (5), und der Gegner wird nach hinten umgerissen (6).

C: Verhaken des vorderen Beins des Gegners, der mit *Oi zuki* (*Jun zuki*) angreift, durch *Tsukami uke*, um sein Gleichgewicht zu brechen. Während er fällt, wechselt man das Standbein: Der linke Fuß wird abgesetzt und man führt einen *Fumikomi* mit dem rechten Fuß aus.

(*Fortsetzung auf S. 156/157*).

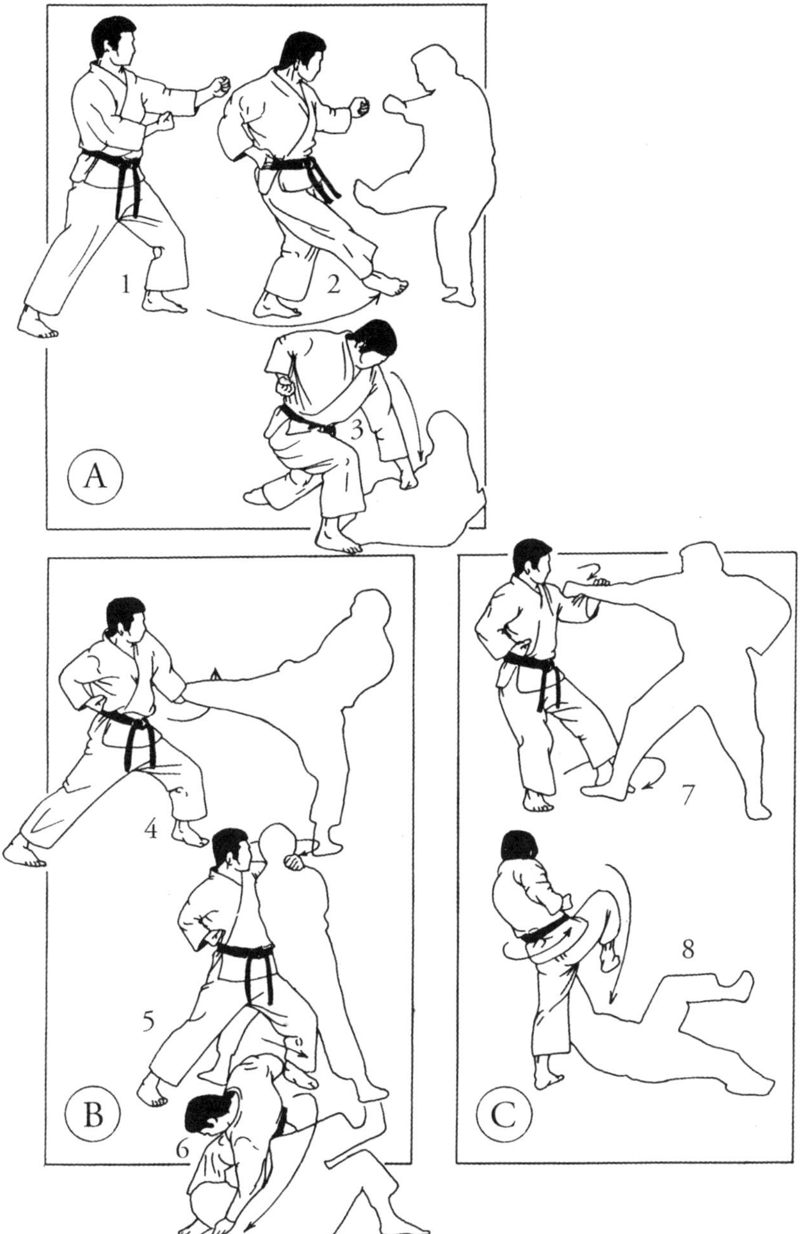

Nage waza

Nage waza (Fortsetzung)

D: Man weicht einem *Oi zuki* (*Jun zuki*) schräg nach außen aus, indem man zurück- (10) oder in den Angriff hineingeht (12), bevor man den vorderen Fuß (10 bis 11) oder das hintere Knie (12 bis 13) des Gegners fegt. Dabei zieht man ihn mit der linken Hand nach hinten.

E: Man wehrt einen *Oi zuki* (*Jun zuki*) mit *Sôtô uke* nach außen ab (15). Dabei steht man in *Kiba dachi* (oder *Naihanchi dachi*). Der rechte Fuß wird ein Stück herangeführt, und mit dem linken verhakt man den vorderen Fuß des Gegners, während man ihn mit der linken Hand nach hinten drückt (16).

(*Fortsetzung auf S. 158/159*).

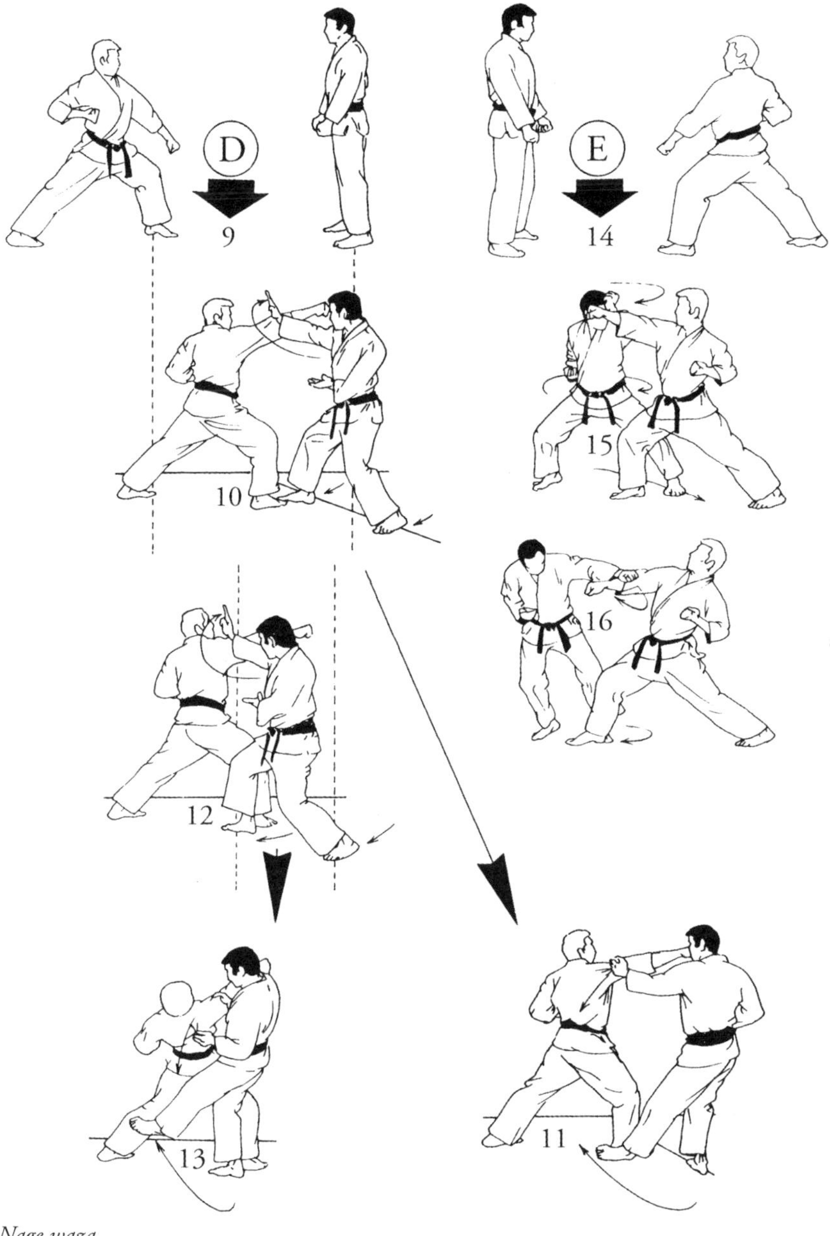

Nage waza

Nage waza (Fortsetzung)

F: Ausgangsstellung (17). Auf einen *Mae geri* setzt man den linken Fuß vor, um auszuweichen und gleichzeitig von unten das gegnerische Fußgelenk mit Hilfe des linken Ellbogens zu ergreifen (18). Man dreht sich auf dem linken Fuß und fegt das Standbein des Gegners mit dem gestreckten rechten Bein, während man ihn nach hinten stößt (19).

G: Ausgangsstellung (17). Auf einen *Oi zuki* (*Jun zuki*) reagiert man mit *Te nagashi uke* nach außen, während man einen rechten *Gyaku zuki* unter den Arm des Gegners plaziert (20). Man führt einen Gegenangriff mit dem Faustrücken gegen den Kopf (21), während man das rechte Bein hinter den Gegner bringt. Man kann ihn nun leicht nach hinten umstoßen, indem man den rechten Arm um seinen Hals führt (22).

H: Ausgangsstellung (17). Auf einen *Oi zuki* (*Jun zuki*) reagiert man mit einem *Sôtô uke* nach außen und stellt sich in *Kiba dachi* (23) . Daraufhin dreht man sich im Uhrzeigersinn, um dem Gegner den Ellbogen in den Rücken zu stoßen (24), bevor man ihn an der Schulter umstößt, während man ihn mit dem rechten Bein, das hinter ihn gebracht wurde, blockiert (25 und 26).

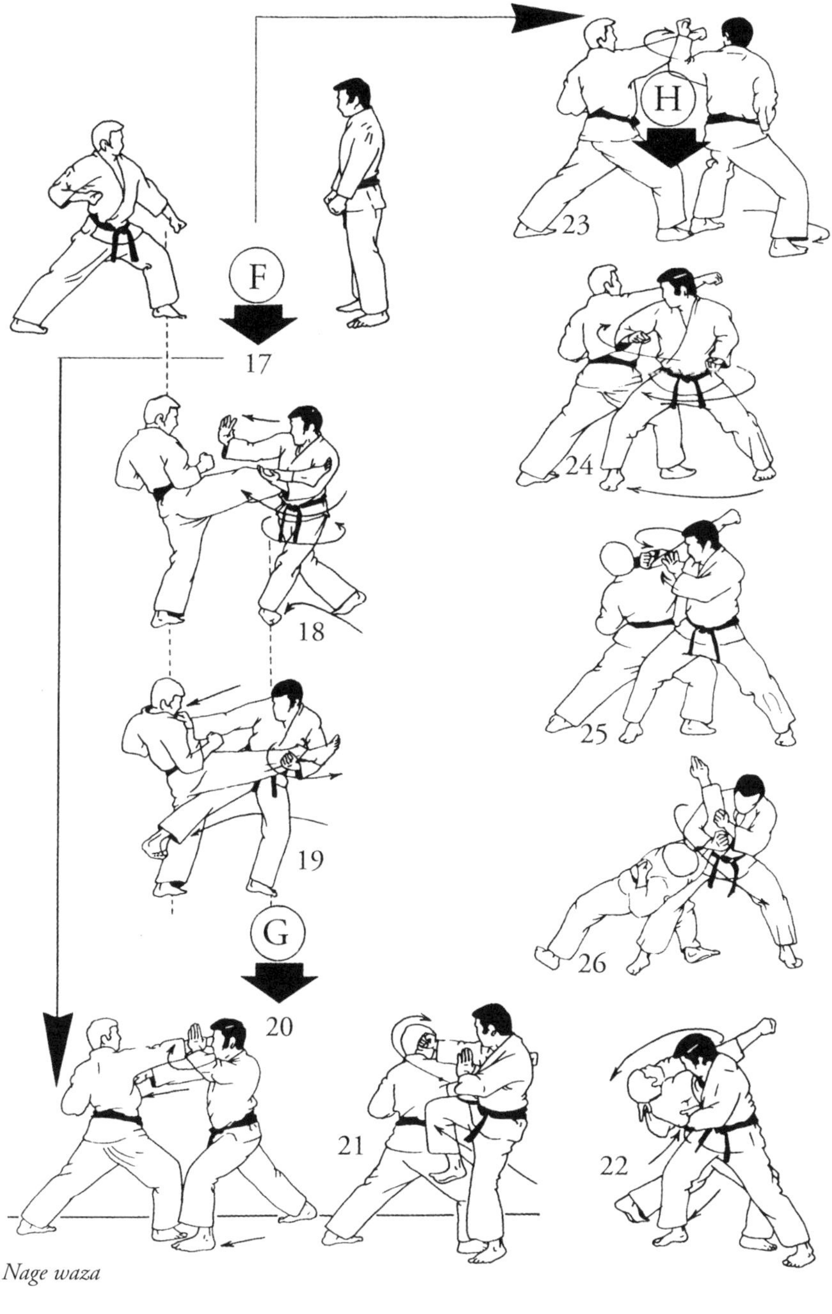

Nage waza

Nami ashi uke (Shôtôkan/Wadô)

Nami ashi uke ist die aufsteigende Abwehr mit der Fußsohle. – Man steht dem Gegner direkt gegenüber. Die Technik besteht darin, dass der Fuß nach oben und nach vorn gebracht wird, als würde man mit dem Unterschenkel einen »Peitschenhieb« ausführen oder ihn wie eine »Welle« (*Nami*) bewegen. Auf diese Weise hebt man den Angriff in die Höhe, wobei die Fußsohle sich nach oben dreht. Die Zehen zeigen nach vorn. Man kehrt daraufhin unverzüglich in die Ausgangsstellung zurück, ohne das Gleichgewicht zu verlieren. Die Schultern dürfen während der Bewegung nicht angehoben werden.

Diese Technik ist Teil der Gruppe der *Ashi uke waza*.

Nidan geri (Shôtôkan/Wadô)

Nidan geri ist der gesprungene Zweistufentritt. – Aus einer Bereitschaftshaltung (*Kamae*: 1) vollführt man einen Sprung, um einen ersten Tritt mit dem Fuß, der hinten gestanden hatte, auszuführen (2 und 3). Unverzüglich nach dem ersten Tritt macht man eine scherenförmige Bewegung und tritt mit dem anderen Fuß zu (4 und 5). Daraufhin landet man wieder auf dem Boden (6). Der erste Fußtritt erfolgt auf *Chûdan*-Höhe, der zweite auf *Jôdan*-Höhe.

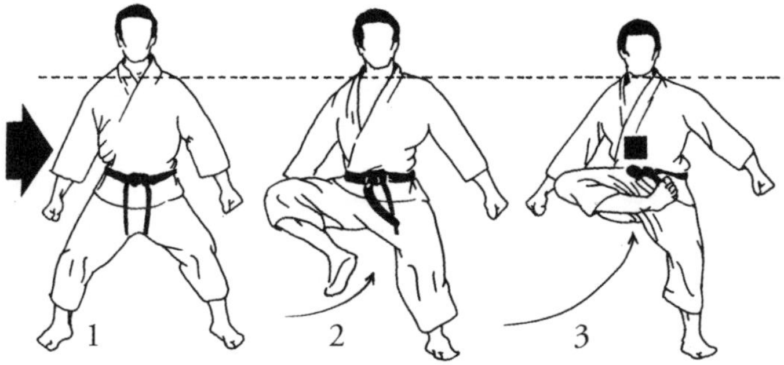

Nami ashi uke

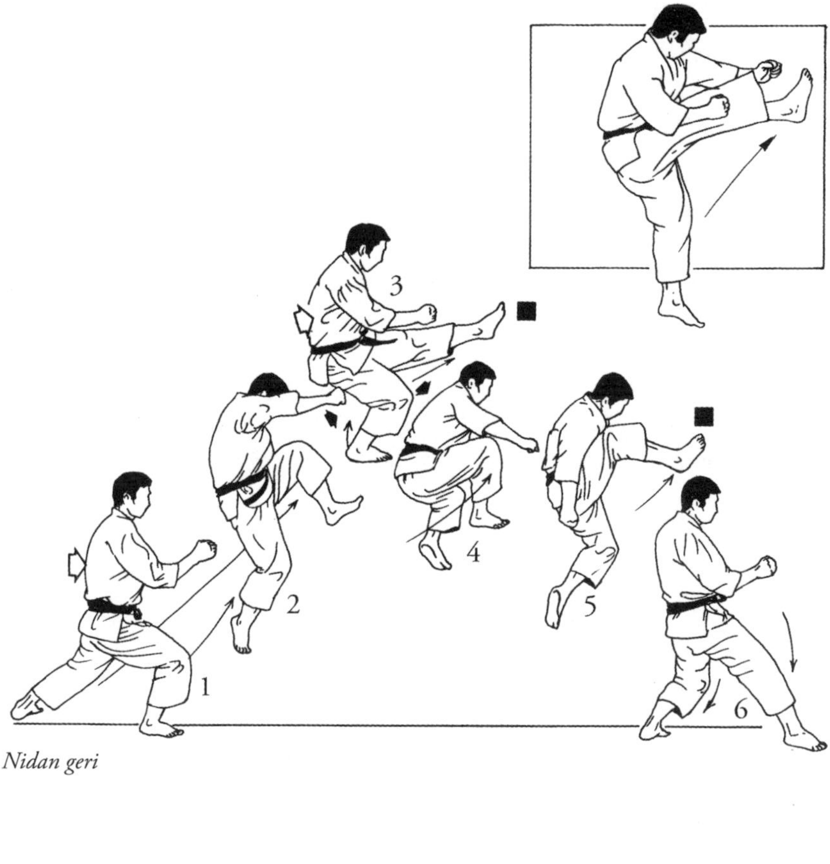

Nidan geri

Oi zuki (Shôtôkan)

Oi zuki ist der gleichseitige Fauststoß beim Vorwärtsgehen. – Man stößt mit der Faust wie beim *Choku zuki*, während man in *Zenkutsu dachi* auf der gleichen Seite nach vorn geht. Dies ist die klassische Angriffstechnik für die Übungskämpfe (*Kumite*). Die entsprechende Wadô-ryû-Technik ist der *Jun zuki*.

Zu beachten

- Die gleichen Punkte wie beim Vorgehen im *Zenkutsu dachi*.
- Die gleichen Punkte wie beim *Choku zuki*.
- Die hintere Faust muss deutlich zurückgezogen an der Hüfte bleiben und erst zustoßen, wenn das hintere Bein nach vorn gesetzt wird.
- Man beugt sich nicht nach vorn.
- Man geht mit dem Gefühl, den Knoten des Gürtels nach vorn zu stoßen, vor.
- Die Schultern werden beim Nach-vorn-Gehen nicht angehoben. Die Hüften müssen auf einer Höhe bleiben.

Varianten

- Die Technik ist dargestellt für die *Chûdan*-Höhe. Auf gleiche Weise kann man auch auf *Jôdan*- (siehe Foto 12) oder *Gedan*-Höhe zustoßen.
- Man kann auf gleiche Weise mit der Hand als *Nukite*, *Teishô* oder *Ippon ken* zustoßen.

Osae uke (Shôtôkan/Wadô)

Osae uke ist die Pressabwehr nach unten. – Siehe *Te osae uke*.

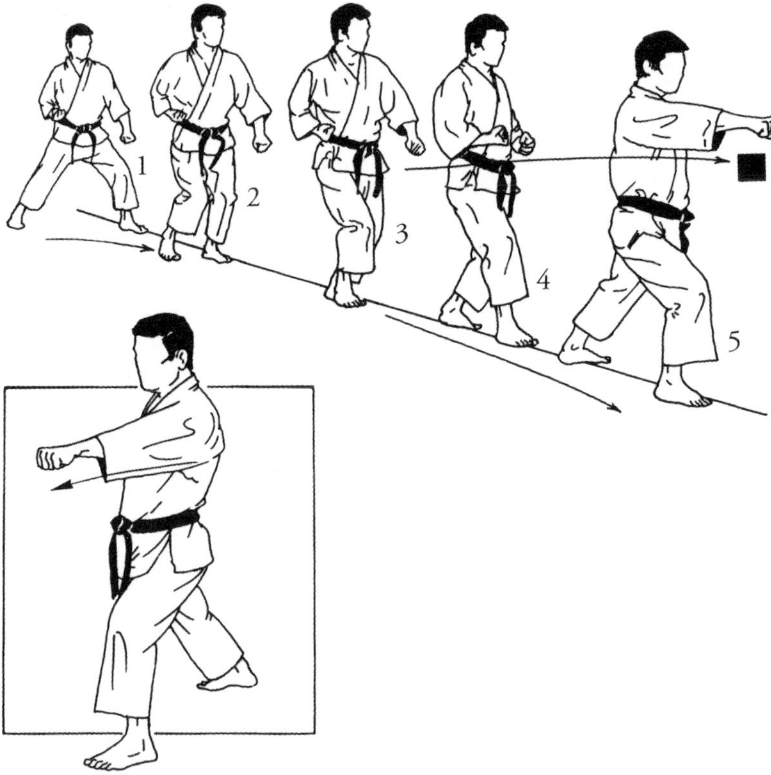

Oi zuki

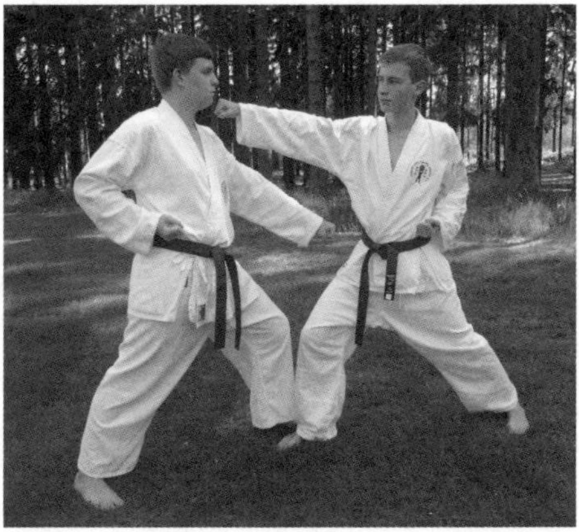

Foto 12: *Oi zuki* in der Anwendung (Shôtôkan)

Otoshi empi uchi (Shôtôkan/Wadô)

Otoshi empi uchi (auch *Otoshi hiji ate*) ist der schmetternde Ellbogenschlag. – Die Spitze des Ellbogens wird senkrecht von oben nach unten gestoßen.

Zu beachten

- Man holt mit der Faust Schwung, indem man sie mit der Faustinnenseite nach vorn über den Kopf hebt (1).
- Man beugt den Ellbogen und stößt ihn direkt vor sich nach unten (2 bis 4).
- Die Faust ist fest, und die Faustinnenseite zeigt zum eigenen Körper.
- Der Unterarm steht senkrecht.
- Man unterstützt den Schlag, indem man die Knie etwas beugt, aber man neigt sich nicht nach vorn.
- Diese Technik erfolgt immer auf *Gedan*-Höhe (auf einen Gegner, der sich nach vorn beugt oder sich am Boden befindet).

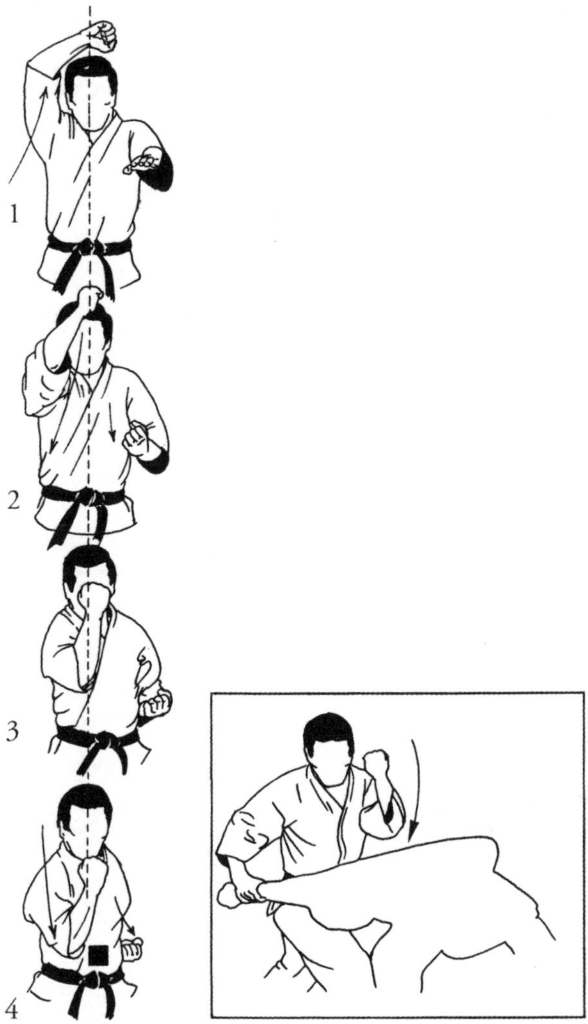

Otoshi empi uchi bzw. *Otoshi hiji ate*

Otoshi uke (Shôtôkan/Wadô)

Otoshi uke ist die Abwehr von oben nach unten. – Man schlägt mit der Außenkante des Unterarms, nahe dem Handgelenk, auf den Arm oder den Fuß eines auf Gedan-Höhe angreifenden Gegners.

Zu beachten

- Die Faust wird bis neben das Ohr gehoben, mit der Faustinnenseite nach vorn (Shôtôkan), oder bis über den Kopf (Wadô), bevor man den Schlag ausführt und sich dabei leicht nach vorn beugt.
- Der Ellbogen bleibt gebeugt und zeigt etwas nach außen.
- Die Faust muss tiefer als der Ellbogen sein (das heißt, der Unterarm ist schräg).

Variante

Es existiert eine knappere Form, bei der man mit der Faust beim Solarplexus Schwung holt, aber sie benötigt mehr Kraft.

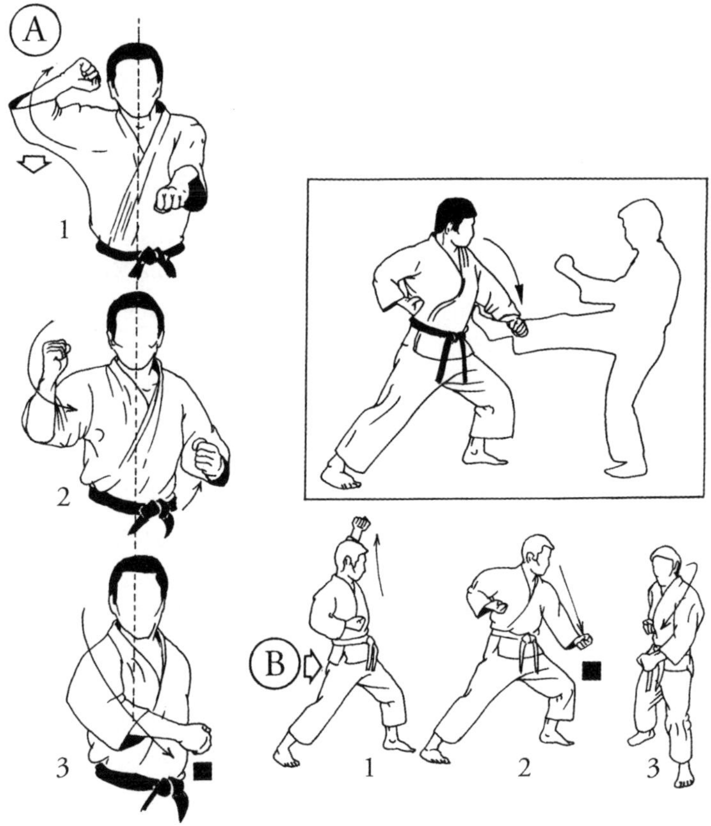

Otoshi uke

Renzoku waza (Shôtôkan/Wadô)

Renzoku waza sind Kombinationen von Techniken. – Sobald ein Karateka ein bestimmtes Trainingsniveau erreicht hat, wird der Trainer ihn verschiedene Techniken miteinander verknüpfen lassen. Beginnt er diese Abfolgen zu beherrschen, so folgt die Arbeit mit einem Partner, der die einzelnen Techniken zu blocken versucht oder aber selbst Angriffe ausführen wird. Es gibt einfache Abfolgen, und es gibt sehr komplizierte. Die Kombinationsmöglichkeiten sind grenzenlos. In der Folge werden einige von ihnen als mögliche Beispiele vorgestellt.

Zunächst sollte man jede einzelne Bewegung für sich üben und dabei nichts überstürzen. Das Gleichgewicht muss zu jeder Zeit der Abfolge gehalten werden, denn andernfalls kann man die Schläge nicht mit ausreichender Kraft ausführen, und die Technikfolge wird ineffektiv. Der Karatelehrer (*Sensei*) wird darauf achten, dass er seine Schüler von den einfachsten bis hin zu den schwierigsten Kombinationen führen wird, je nach ihrer Graduierung. Von Zeit zu Zeit wird er seinen Schülern auch selbst die Wahl der Techniken überlassen, um ihr Improvisationsvermögen zu schulen.[17]

A: Aus *Hidari hanmi gamae* (1) wird der rechte Fuß vor dem linken über Kreuz gesetzt (2), woraufhin ein *Sokutô* (*Yoko geri*) mit dem linken Fuß ausgeführt wird (3). Während der Fuß wieder zurückgesetzt wird, führt man einen *Jôdan uraken* mit der linken Faust aus (4) und beendet die Sequenz mit einem rechten *Chûdan gyaku zuki* (5). Am Ort wird die Faust nun in *Hikite*-Position gezogen (6).

B: Aus *Migi hanmi gamae* (1) greift man mit einem linken *Chûdan mae geri* an (2), gefolgt von einem rechten *Chûdan gyaku zuki* (3). Die Folge wird mit einem *Jôdan nagashi zuki* der linken Faust beendet, verbunden mit einer starken Drehung des Körpers (4).

(*Fortsetzung auf S. 170/171*).

---

[17] Für weitere Kombinationsmöglichkeiten von Techniken, vor allem für den fortgeschritteneren Karateka, sei auf folgendes Werk verwiesen: Habersetzer, R.: Karate der Meister. Mit Körper und Geist. Chemnitz: Palisander Verlag 2010.

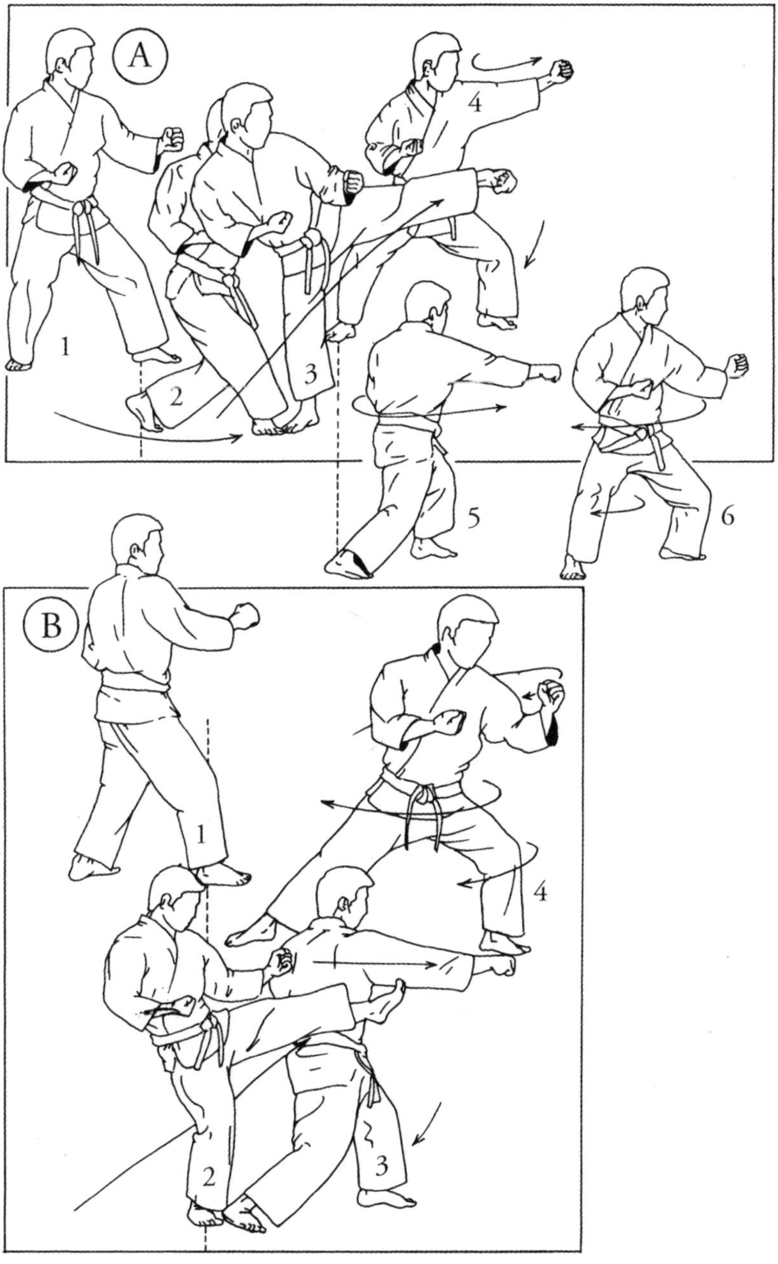

Renzoku waza

Renzoku waza (Fortsetzung)

C: Aus *Migi hanmi gamae* (1) erfolgt ein *Chûdan mawashi geri* mit dem vorderen Bein am Ort (2). Der Fuß wird wieder abgesetzt, und man fährt mit einem linken *Chûdan mae geri* fort (3), gefolgt von einem *Jun zuki* (*Oi zuki*) der linken Faust (4).

D: Aus einem *Kôkutsu dachi* (*Mahanmi no nekoashi dachi*) mit dem linken Fuß vorn (1) wird ein *Kakato mae geri* mit dem vorderen Fuß ausgeführt (2 und 3: Fersentritt zum Stoppen eines gegnerischen Angriffs), gefolgt von einem linken *Jôdan zuki*, ohne dass der Fuß abgesetzt wurde (4). Am Ende der Sequenz folgt ein *Chûdan gyaku zuki* der rechten Faust (5).

(*Fortsetzung auf S. 172/173*).

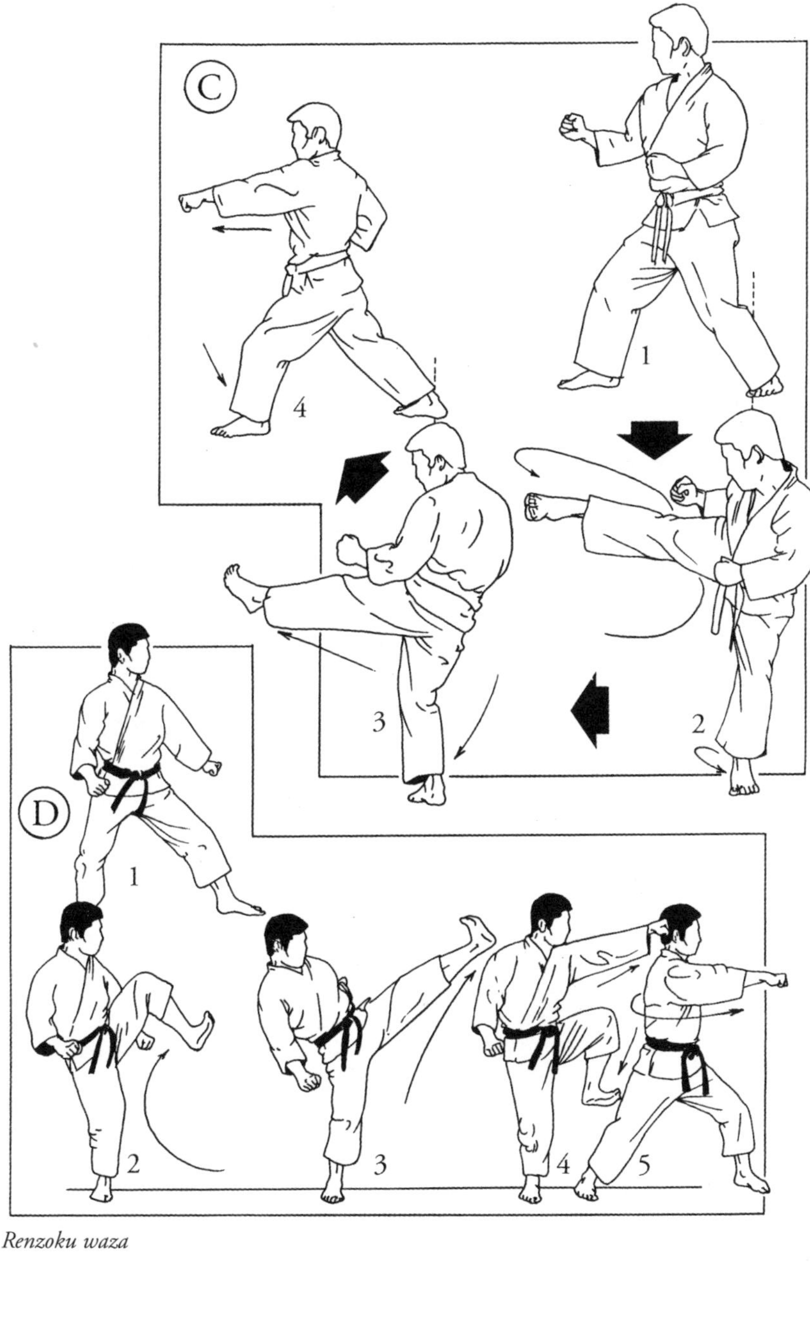

Renzoku waza

E: Aus *Hidari hanmi gamae* (1) wird ein *Maite* mit der vorderen Faust ausgeführt (2), gefolgt von einem rechten *Chûdan mae geri* (3) und einem rechten *Jôdan oi zuki* (4). Abschließend wird ein linker *Chûdan gyaku zuki* ausgeführt.

Anmerkung: Wird ein Fauststoß am Ort zwei- oder dreimal hintereinander ausgeführt, stellt dies eine *Ren-zuki*-Technik dar.

F: Aus *Hidari hanmi gamae* (1) dreht man sich im Uhrzeigersinn vollständig um die eigene Achse, um einen *Ura mawashi* mit dem rechten Fuß auszuführen (6), gefolgt von einem rechten *Uraken uchi*, während man den Fuß wieder absetzt (7). Man kann die Kombination auch mit einem *Gyaku zuki* beenden.

G: Aus *Hidari hanmi gamae* (1) führt man mit dem linken Fuß einen *Tobikonde mawashi geri* aus, nachdem man den rechten Fuß nach vorn über Kreuz gesetzt hat (8 und 9). Es folgt ein rechter *Chûdan gyaku zuki* (10) und abschließend ein *Jôdan kizami zuki* mit der linken Faust (11).

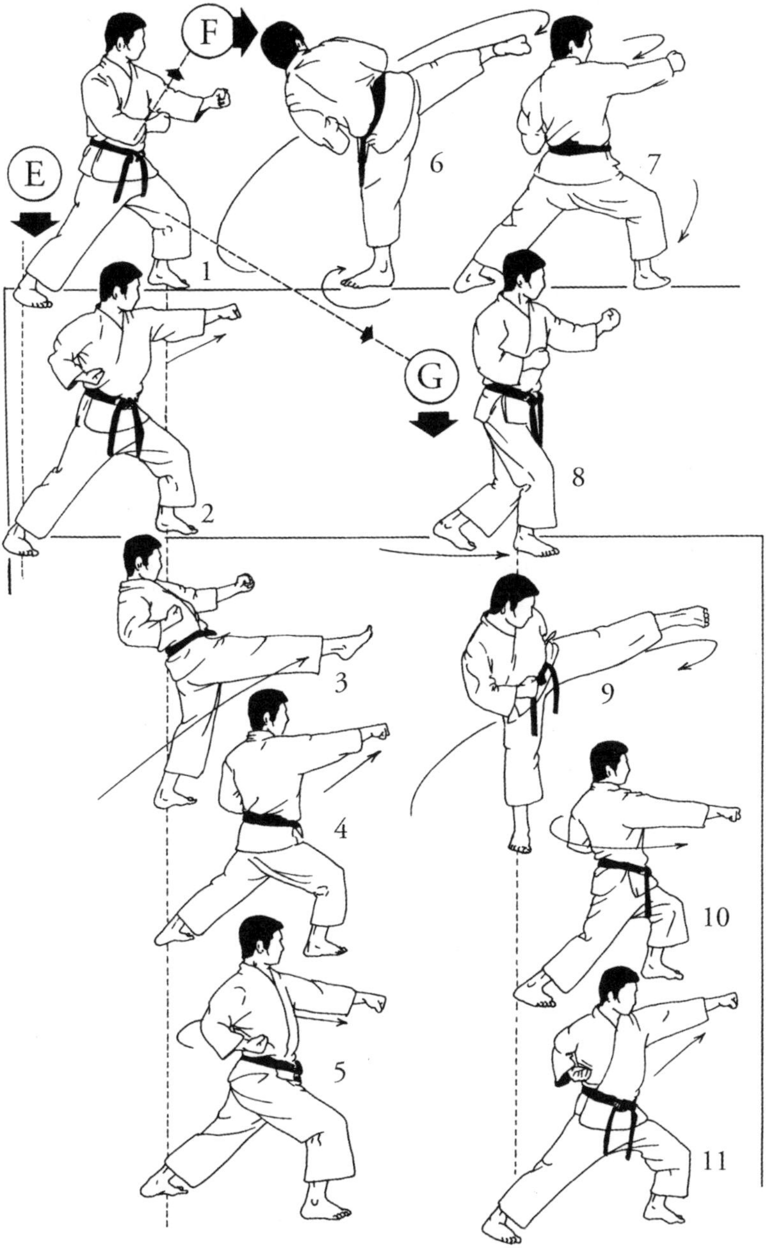

Renzoku waza

Ren zuki (Shôtôkan/Wadô)

Ren zuki sind schnelle Abfolgen aus mehreren Faustangriffen am Ort.[18]

Siehe die Techniken:

- *Choku zuki*
- *Jun zuki*
- *Kara zuki*
- *Oi zuki.*

Seiryûtô uke (Shôtôkan/Wadô)

Seiryûtô uke ist der Block mit der Ochsenkieferhand. – Es handelt sich hierbei um einen *Te osae uke,* aber der Schlag wird mit der Basis des Handgelenks ausgeführt. Man trifft das Ziel mit einer peitschenden, geschmeidigen Bewegung des Handgelenks (3 bis 5), und die Finger der Hand werden angehoben.

[18] Hierzu zählt beispielsweise der häufig in Gürtelprüfungen verlangte *Sanbon zuki,* der dreifache Fauststoß.

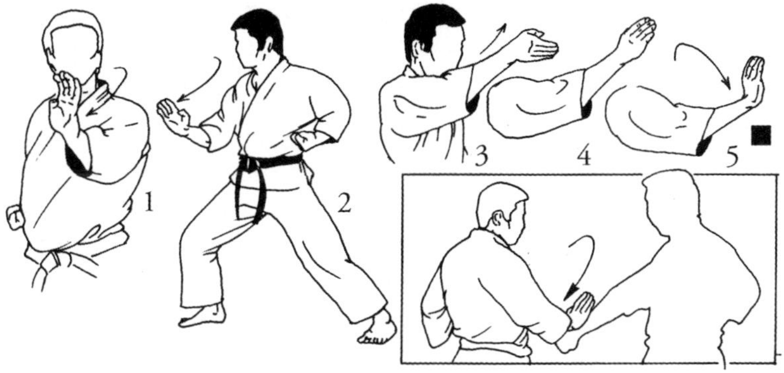

Seiryûtô uke

Shutô uchi (Shôtôkan/Wadô)

Shutô uchi ist der seitliche Schwerthandschlag. – Es gibt von dieser Technik zwei Formen, die in den Serien A und B dargestellt werden:

- Serie A: Bewegung von innen nach außen: Man holt mit einer Hand Schwung neben dem gegenüberliegenden Ohr – die Handfläche zeigt dabei zum Kopf – und fegt mit der Hand nach vorn und auf die andere Seite, das heißt nach außen. Während der fegenden Bewegung dreht sich die Hand, so dass die Handfläche am Ende nach unten zeigt und die Handkante nach außen.
- Serie B: Bewegung von außen nach innen: Man holt mit der Hand neben dem Ohr Schwung – die Handfläche zeigt nach außen – und schlägt im Bogen in Richtung der gegenüberliegenden Seite. Die Bewegung der Hand endet vorn; die Handfläche zeigt nach oben.

Beide Varianten sind dafür gedacht, den Gegner seitlich zu treffen, zum Beispiel am Hals oder an der Taille.

Zu beachten
- Der Ellbogen ist ständig gebeugt. Der Arm wird nicht gestreckt.
- Die Hand bleibt sehr entspannt; man spannt die Muskeln erst am Ende an (*Kime*).
- In beiden Varianten zeigt der Ellbogen am Ende in Richtung des Bodens.
- Die Schulter des Arms, der den Schlag ausführt, wird nicht angehoben.
- Man beachte in den Zeichnungen die ausbalancierende Rolle, die die andere Hand spielt. Man hält sie vor sich, bevor sie in *Hikite*-Position gezogen wird.
- Die Bewegung wird kraftvoll durch die Hüften unterstützt. In Serie A werden sie in Richtung des Schlags gedreht und in Serie B in die Gegenrichtung, wie für einen *Shutô uke*.

Varianten
Man kann den Schlag auf allen drei Höhenstufen ausführen.

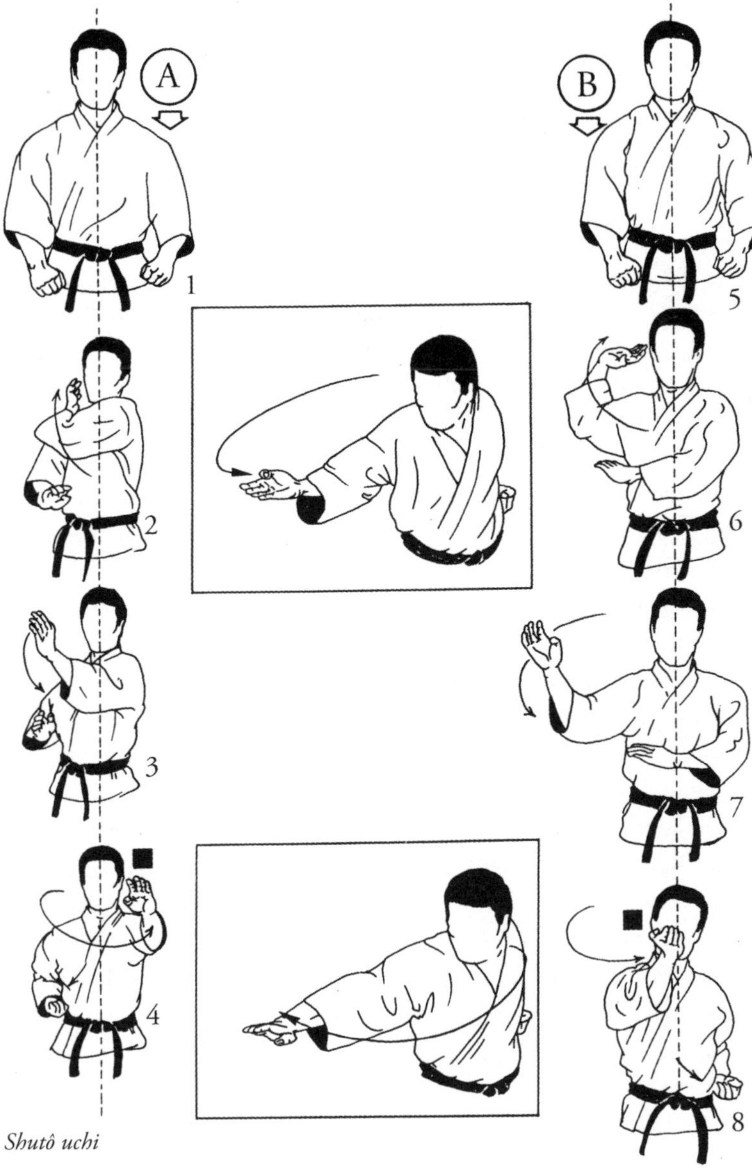

Shutô uchi

Shutô uke (Shôtôkan)

Shutô uke ist die Handkantenabwehr. – Diese Technik entspricht der Serie A (von innen nach außen) des *Shutô uchi*, hier allerdings verwendet zur Abwehr.

Zu beachten

- Die gleichen Punkte wie für *Shutô uchi*, Serie A.
- Zeichnung E stellt die korrekte Bewegungsbahn und die Drehung der Hand dar. Der Ellbogen fungiert als »Drehpunkt«.
- Man beachte, dass die hintere Hand nicht vollständig in *Hikite*-Position geht, sondern mit der Handfläche nach oben vor den Solarplexus plaziert wird.
- Der Ellbogen wird nicht nach außen gestreckt, und die Schulter wird nicht angehoben. Die Handfläche der vorderen Hand wird schräg nach unten gedreht.
- Die Brust ist im Halbprofil; die Schultern sind mit der vorderen Hand auf einer Höhe.
- Die Bewegung wird peitschenförmig ausgeführt, das heißt mit geschmeidigem Handgelenk.

Varianten

- Allgemein wird diese Technik entweder in der Stellung *Kôkutsu dachi* (C10 und Foto 13 auf S. 182) oder im *Nekoashi dachi* (D) ausgeführt.
- Man blockt entweder auf *Chûdan-* (siehe Zeichnungen: In diesem Fall sind die Finger der blockenden Hand auf Höhe der vorderen Schulter) oder *Jôdan*-Höhe (eingerahmte Zeichnung: Die Hand wird höher geführt, aber der Winkel des Ellbogens ist der gleiche).
- Zeichnungen C9 und C10 zeigen eine Möglichkeit, *Shutô uke* aus *Yôi* auszuführen, indem man einen Schritt zurückgeht. Man beachte, wie die eine Hand beim Ohr Schwung holt und wie die andere Hand nach vorn gestreckt ist. Die Hände führen aus dieser Ausgangsposition heraus eine gegenläufige Bewegung aus.
- Man unterstützt den Block durch ein Zurückziehen der Hüften entgegengesetzt zur Bewegung der Hand.

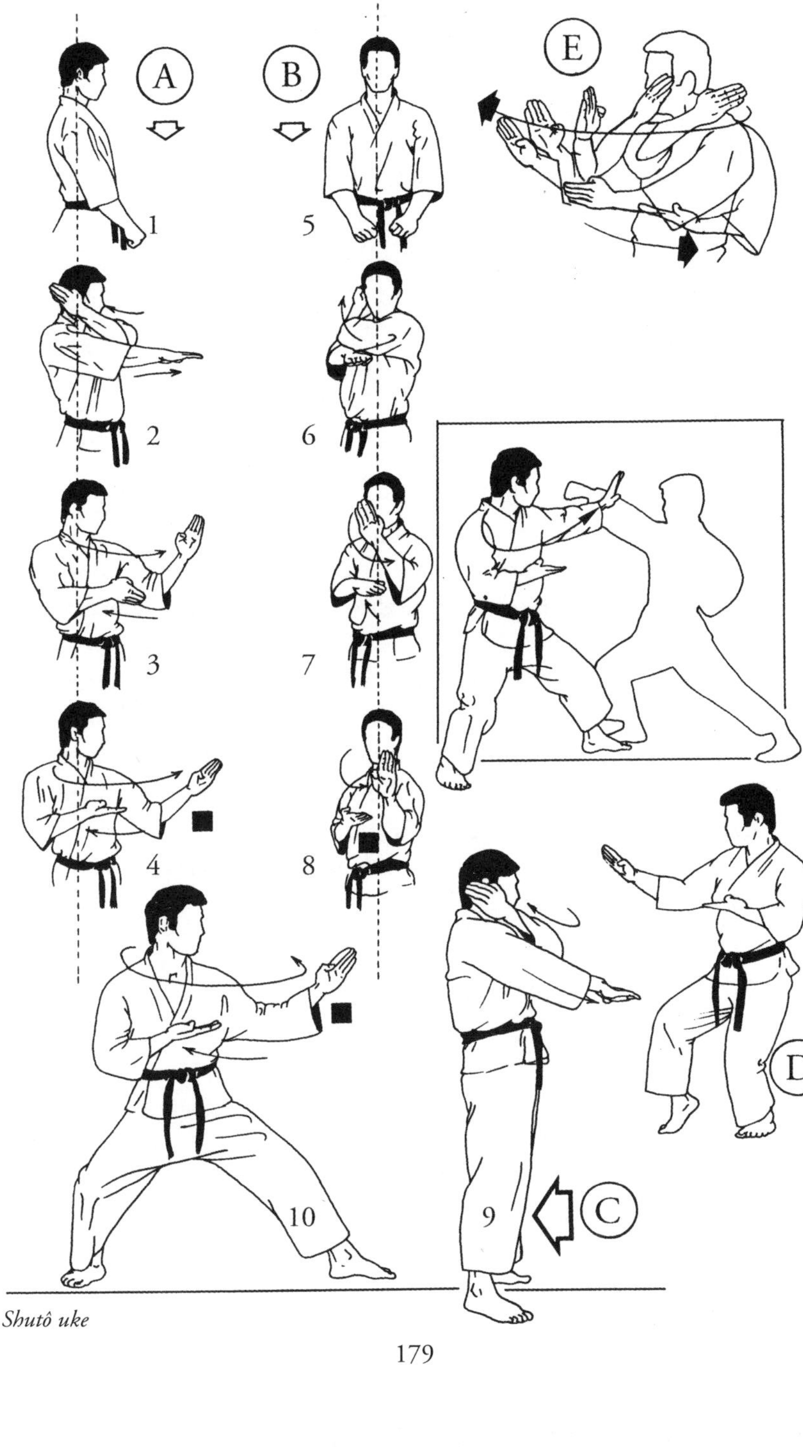

Shutô uke

Shutô uke (Wadô)

Shutô uke ist die Handkantenabwehr. – Diese Technik entspricht der Serie A (von innen nach außen) des *Shutô uchi*, hier allerdings als Abwehr eingesetzt.

Zu beachten

- Die gleichen Punkte wie für *Shutô uchi*, Serie A.
- Die gleichen Punkte wie für den *Shutô uke* des Shôtôkan, allerdings wird im Wadô-ryû die Handfläche der blockenden Hand nach vorn gedreht, und der Unterarm ist senkrecht.

Varianten

- Allgemein wird diese Technik in den Stellungen *Mahanmi no nekoashi dachi* (D), *Hanmi no nekoashi dachi* (A, B, C und Foto 14 auf S. 182) oder *Nekoashi dachi* (*Mashômen no nekoashi dachi*) (D) ausgeführt.
- Man blockt in der Regel auf *Jôdan-* (siehe Zeichnungen), seltener auf *Chûdan*-Höhe (D: In diesem Fall sind die Finger der blockenden Hand auf Höhe der vorderen Schulter, aber der Winkel des Ellbogens ist der gleiche. Man vergleiche die Armhaltungen in den Zeichnungen C und D).
- Die Serie A stellt dar, wie man mit rechtem und linkem *Shutô uke* nach vorn geht. Zu beachten ist die Fegebewegung der vorderen Hand und das Zurückziehen der anderen Hand zum Solarplexus.
- Man unterstützt den Block durch ein Zurückziehen der Hüften entgegengesetzt zur Bewegung der Hand.

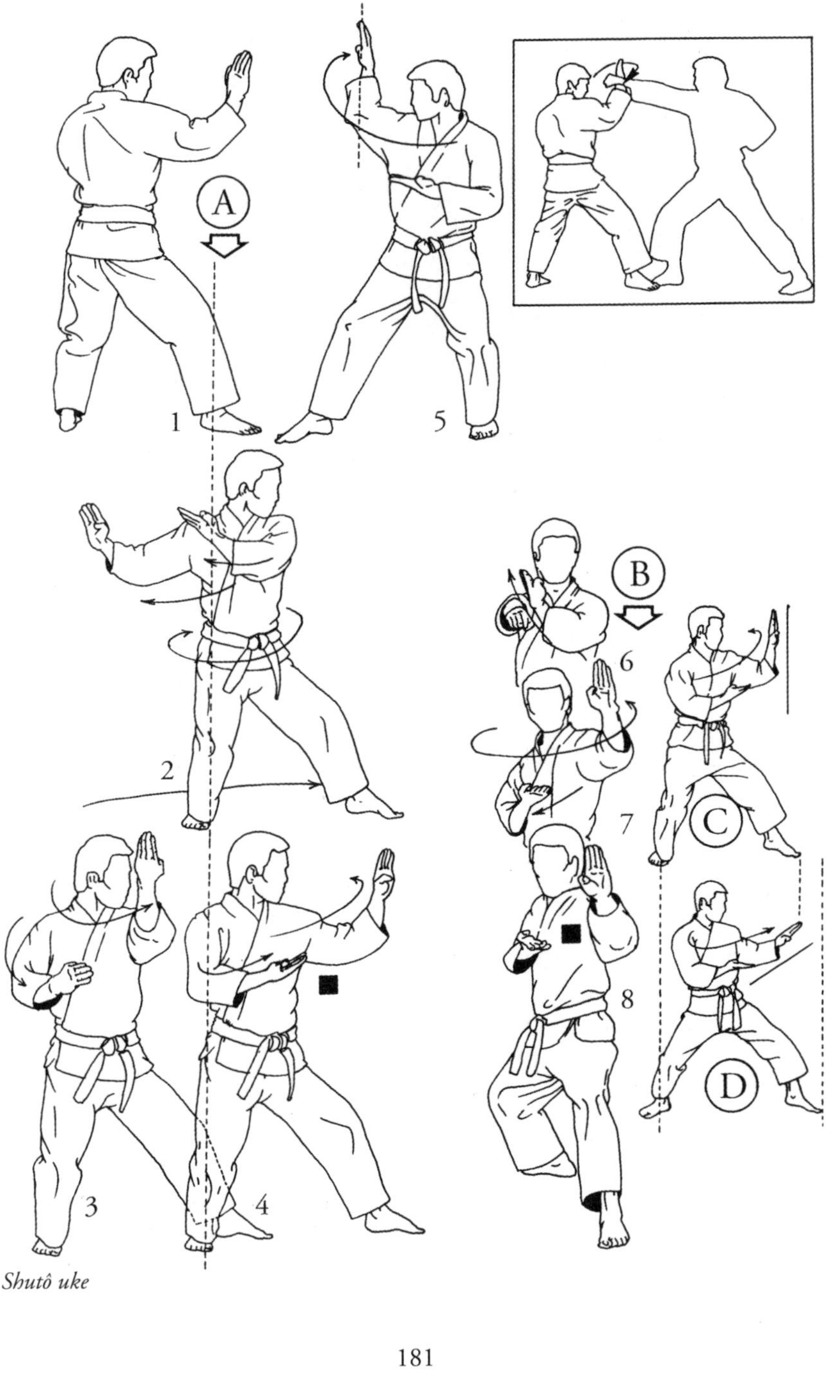

Shutô uke

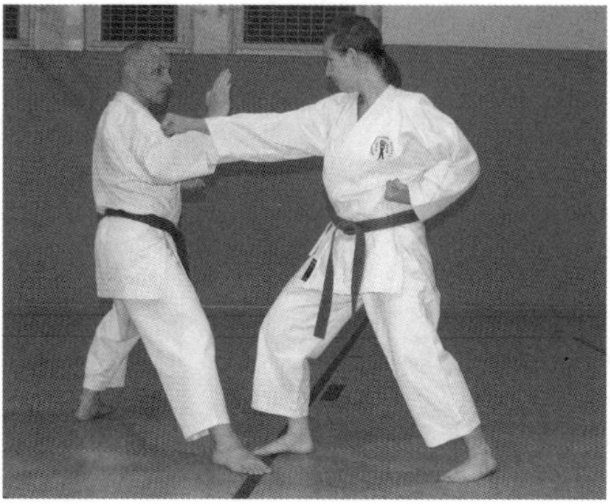

Foto 13: *Shutô uke* als Abwehr gegen Angriff mit *Oi zuki* (Shôtôkan)

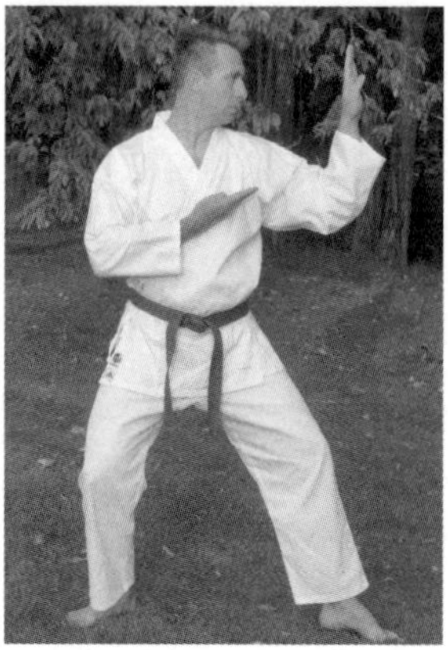

Foto 14: *Shutô uke* im *Hanmi no nekoashi dachi* (Wadô)

Sokumen awase uke (Shôtôkan/Wadô)

Sokumen awase uke ist die Seitenabwehr mit beiden Händen. – Hierbei handelt es sich um einen *Jôdan haishu uke* einer Hand, verstärkt durch die Handfläche der anderen Hand (*Teishô uke*). Die Hände berühren einander in einer senkrechten Ebene ein wenig seitlich vom Kopf.

Man führt diese Technik in einer rückwärtigen Stellung aus (Zeichnung: *Nekoashi dachi*; im Wadô-ryû ist hierbei der *Mahanmi heikô dachi* üblich).

Sokutei mawashi uke (Shôtôkan/Wadô)

Sokutei mawashi uke ist die Fegeabwehr mit der Fußinnenkante. – Diese Technik aus der Gruppe der *Ashi uke waza* entspricht dem *Mikazuki geri* in seiner Anwendung als Verteidigung (*Mikazuki geri uke*).

Sokutei osae uke (Shôtôkan/Wadô)

Sokutei osae uke ist der Block mit der Fußsohle, eine Technik aus der Gruppe der *Ashi uke waza*. – Man stößt den Fuß des Gegners nach unten, bevor dessen Bein sich für den geplanten Tritt gestreckt hat.

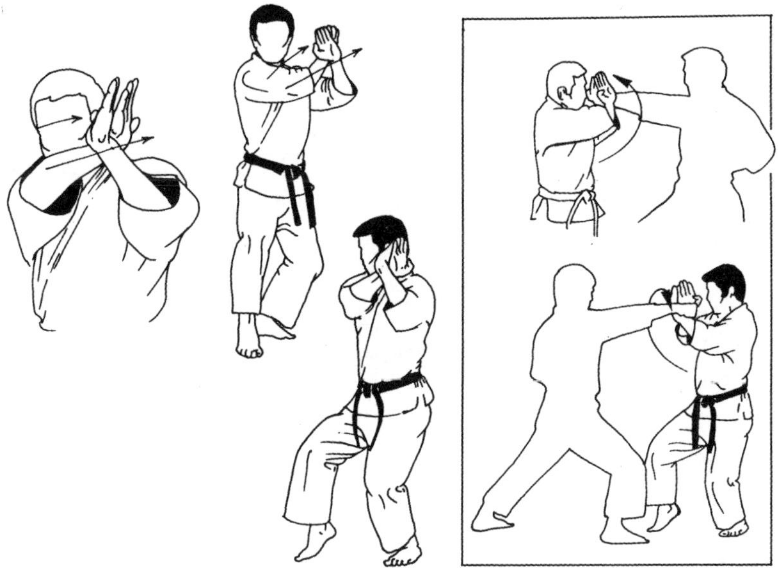

Sokumen awase uke

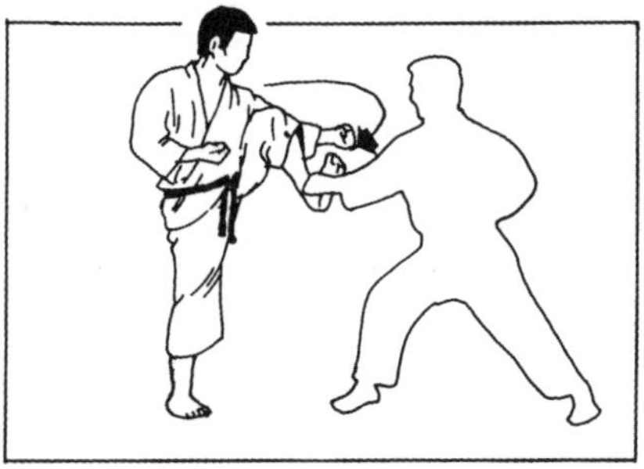

Sokutei mawashi uke

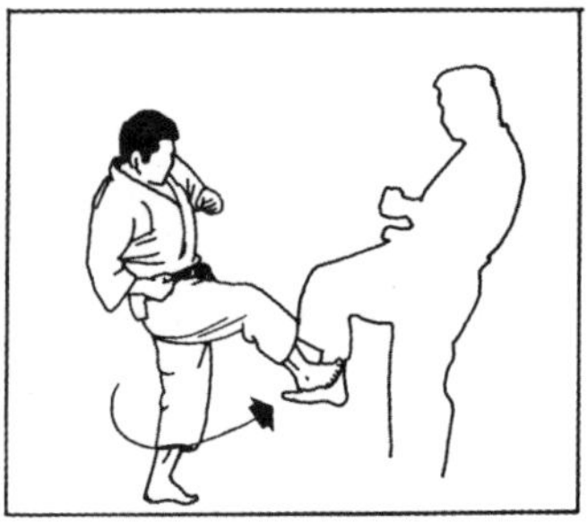

Sokutei osae uke

Sokutô (Wadô)

Sokutô ist der Seitwärtstritt. – Man tritt mit der Außenkante des Fußes (*Sokutô*: Bereich des Fußes zwischen Außenseite der Ferse und kleinem Zeh), indem man das Bein seitlich ausstreckt. Der Tritt erfolgt direkt zur Seite bzw. nach vorn, nachdem man sich auf dem Standbein um 90° gedreht hat (siehe Zeichnungen).

Zu beachten

- Die gleichen Punkte wie für den *Yoko geri* des Shôtôkan, dem Äquivalent dieser Technik in jenem Stil.
- Man beugt sich allerdings weiter nach hinten als beim *Yoko geri*, so dass die Ferse höher gedreht wird.

Varianten

- In der *Kekomi*-Form (Serien A, B und C) stößt man den Fuß so weit wie möglich, indem das Bein bis zum Gesäß in Richtung des Tritts gerissen wird. Der Oberkörper ist dabei im Profil. In der *Keage*-Form (D) beugt man sich weniger zurück, und man reißt das Bein nach oben, während das Knie gestreckt wird (peitschenförmige Bewegung).
- Die Tritte können auf allen drei Höhenstufen erfolgen.
- Serie C zeigt einen *Sokutô* mit dem vorderen Fuß, nachdem der hintere Fuß hinter diesen über Kreuz gesetzt wurde (9). Auf diese Weise kommt der Körper bereits bei der Vorbereitung ins Profil.

Sokutô osae uke (Shôtôkan/Wadô)

Sokutô osae uke ist der Block mit der Außenkante des Fußes. – Bei dieser Technik aus der Gruppe der *Ashi uke waza* handelt sich um eine weitere Anwendungsform des *Yoko geri* bzw. des *Sokutô*.

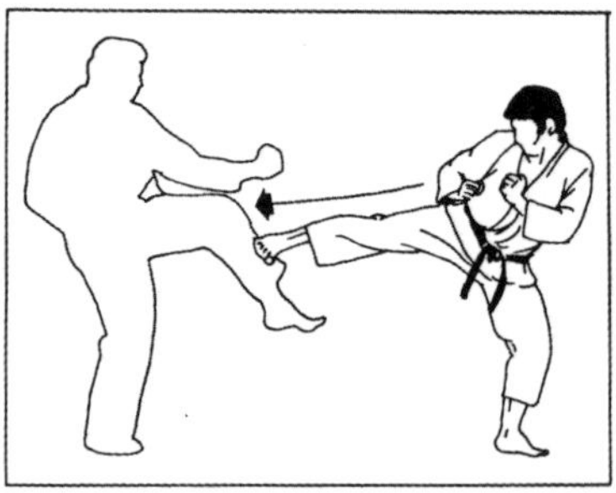

Sokutô osae uke

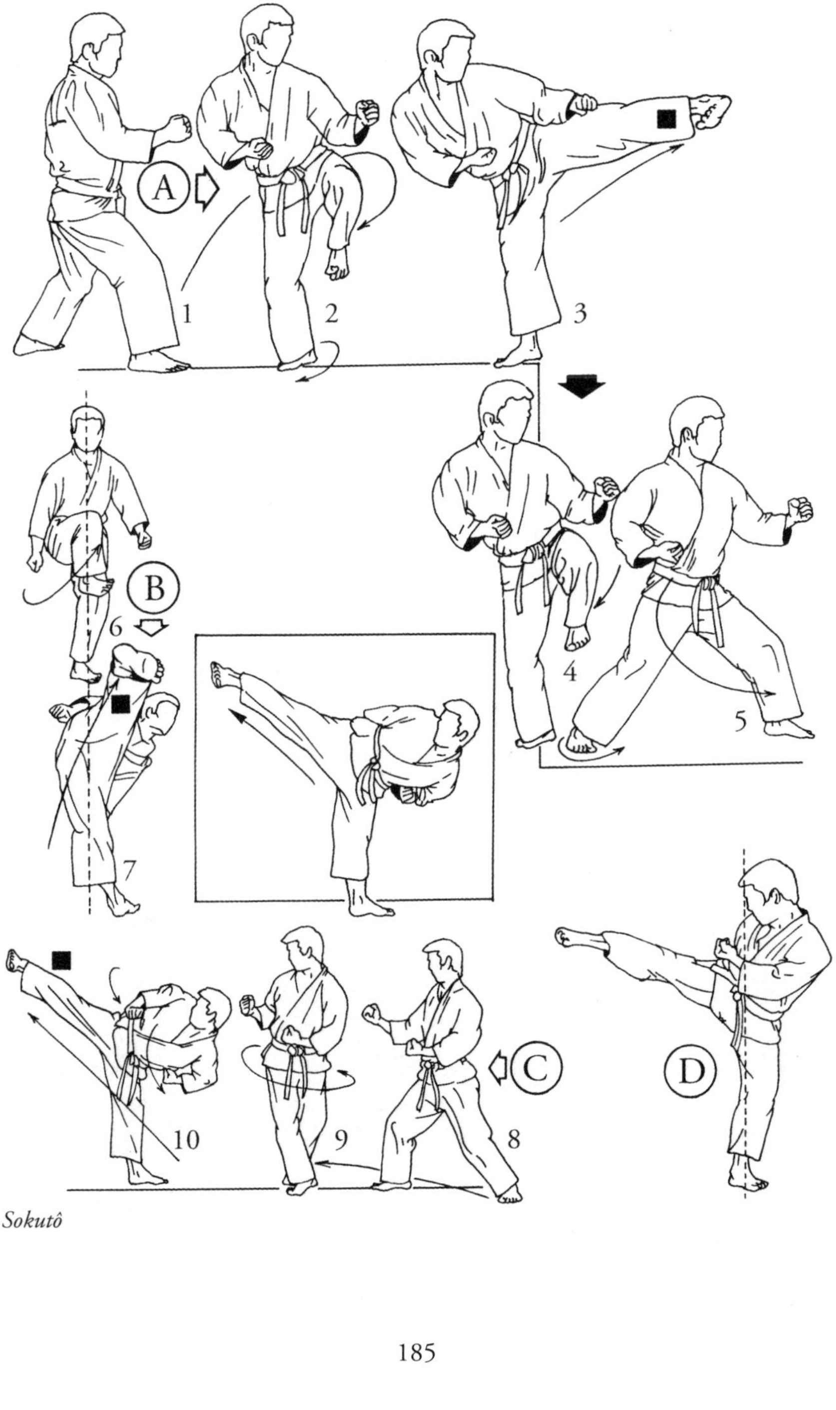

Sokutô

Sôtô uke (Shôtôkan/Wadô)

Sôtô uke (*Uchi uke* im Wadô-ryû) ist der Block mit dem Unterarm von außen nach innen. – Man blockt, indem der Angriff mit der Außenkante des Unterarms nach innen abgelenkt wird. Der Daumen zeigt dabei nach außen.

Zu beachten

- Man holt mit dem blockenden Arm beim Ohr Schwung, während der andere Arm nach vorn gestreckt wird (A2 und B5).
- Die Zeichnung B6 zeigt die korrekte Bewegungsbahn und die Drehung der Faust.
- Der Ellbogen ist gebeugt.
- Die Schulter des blockenden Arms wird nicht angehoben.
- Die Bewegung des Arms wird von einer leichten Drehung des Oberkörpers in dieselbe Richtung begleitet, so dass man am Ende im Halbprofil oder im Profil zum Gegner steht.

Varianten

- Die Zeichnungen zeigen einen Block auf *Chûdan*-Höhe. Auf gleiche Weise kann man auf *Jôdan*-Höhe blocken (eingerahmte Zeichnung und Foto 17 auf S. 188 für die Wadô-ryû-Variante). Bei beiden Höhenstufen ist der Winkel des Ellbogens der gleiche.
- Beim Blocken auf *Chûdan*-Höhe ist die Faust auf Schulterhöhe.
- *Sôtô uke* kann aus allen Stellungen heraus ausgeführt werden.

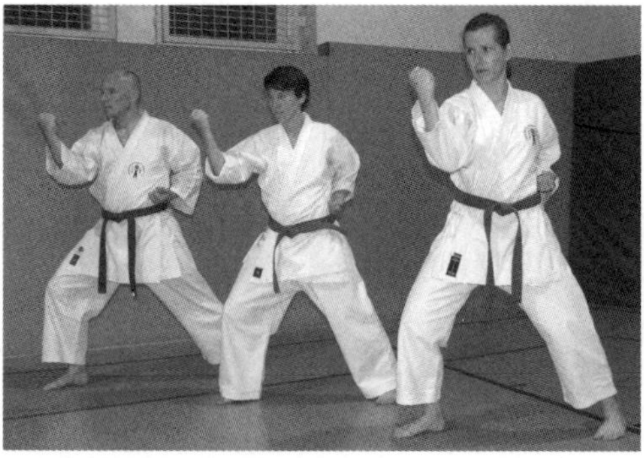

Foto 15: *Sôtô uke* (Shôtôkan)

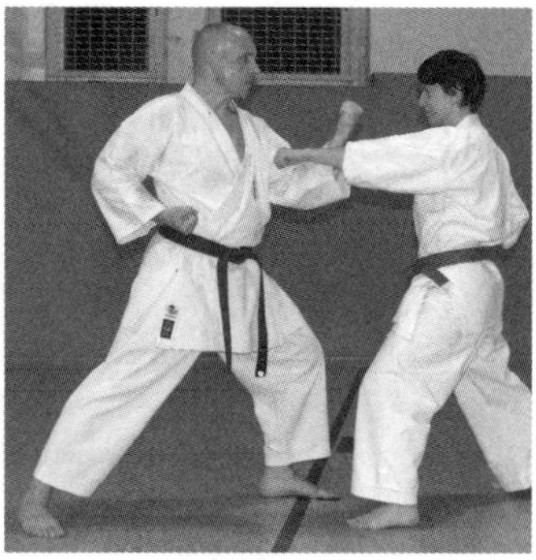

Foto 16: *Sôtô uke* in Anwendung

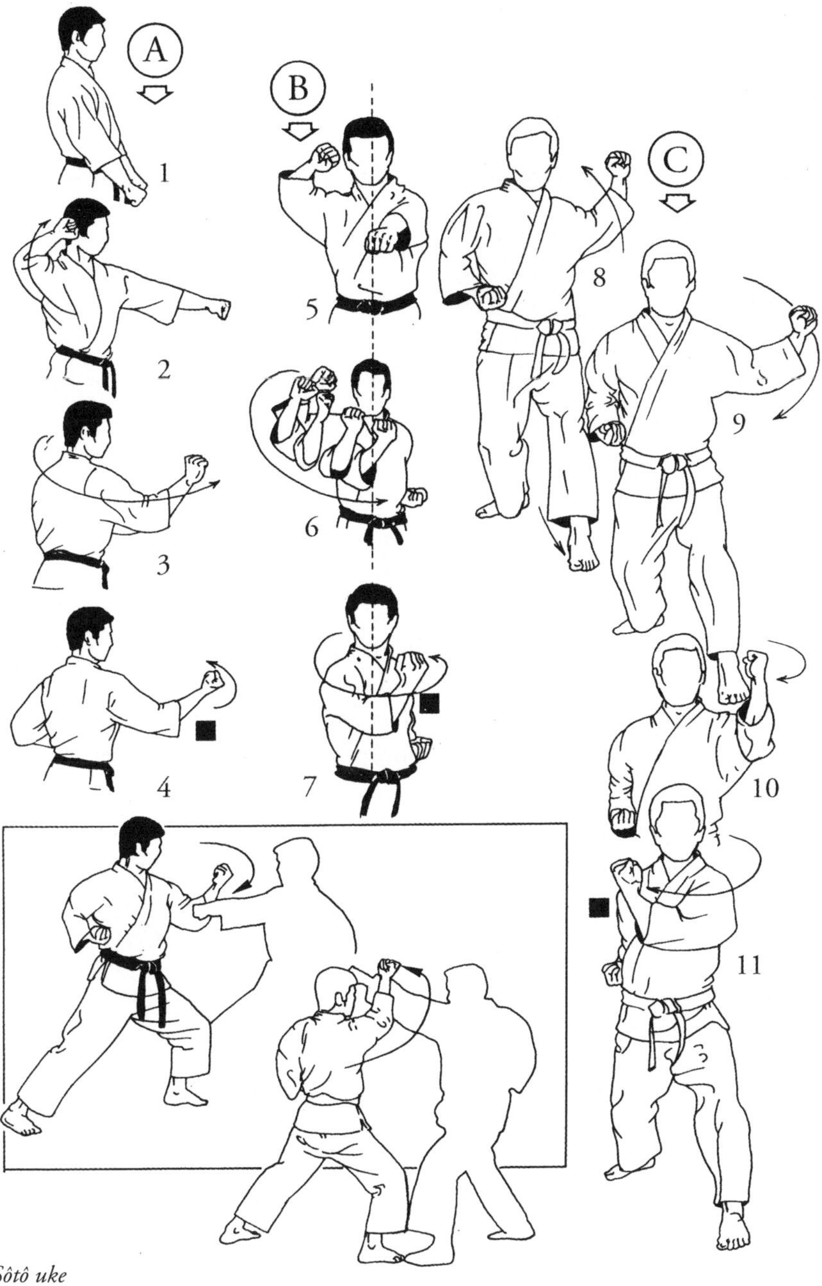

Sôtô uke

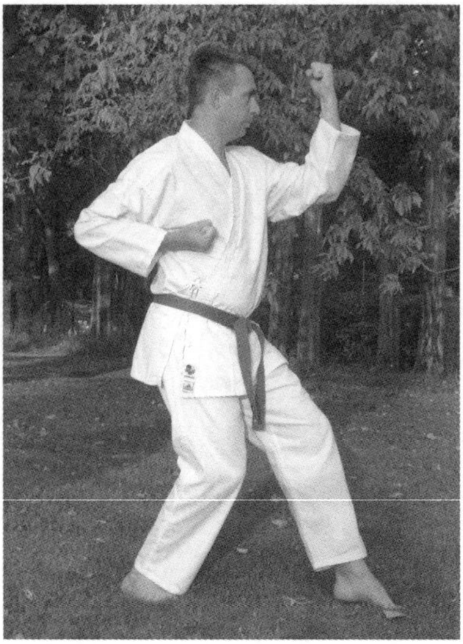

Foto 17: *Sôtô uke* im *Mashômen nekoashi dachi* (Wadô)

Sukui uke (Shôtôkan/Wadô)

Sukui uke ist die Schaufelabwehr. – Man wehrt den Tritt ab, indem man ihn schaufelförmig mit der Hand aufnimmt. Es gibt von dieser Technik zwei Formen:

- Serie A und obere Zeichnung im Rahmen: Man »schaufelt« von außen nach innen.
- Serie B und untere Zeichnung im Rahmen: Man »schaufelt« von innen nach außen.

Zu beachten
- Einsetzbar gegen Fußtritte: *Mae geri*, *Sokutô* und *Yoko geri*.
- Die Hand ist offen, die Finger fest geschlossen, der Daumen eingebogen.
- Man »schaufelt« mit der Handfläche und dem Winkel des eingebeugten Handgelenks.
- Der Fuß des Gegners wird am Fußgelenk gefangen.

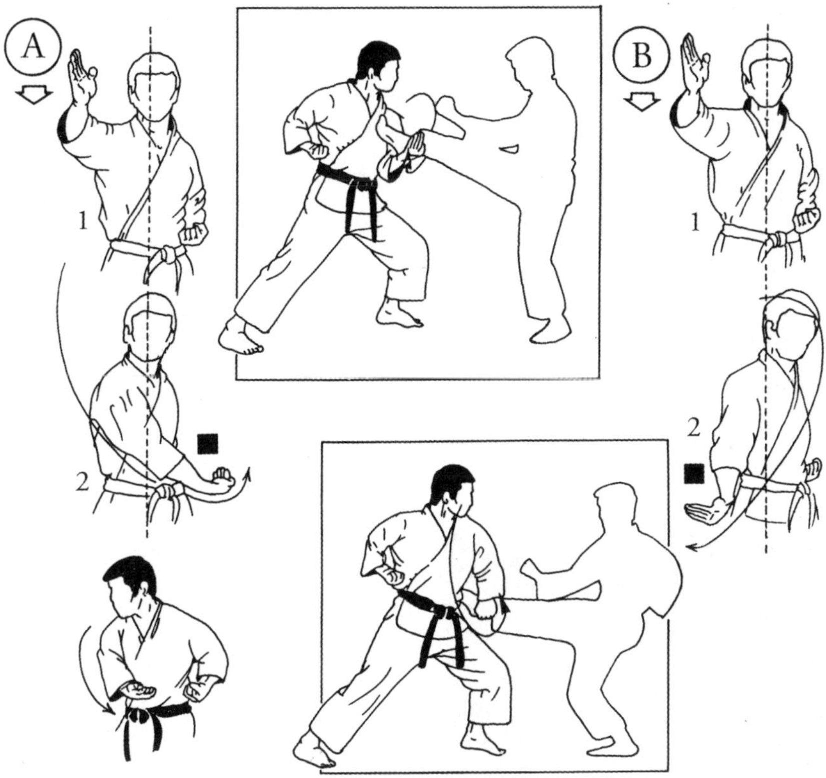

Sukui uke

Tate empi uchi (Tate hiji ate) (Shôtôkan/Wadô)

Tate empi uchi ist der Ellbogenschlag von unten nach oben. – Man schlägt kreisbogenförmig mit der Spitze des Ellbogens von unten nach oben.

Zu beachten

- Während der Arm hochgerissen wird, dreht sich die Faust so, dass die Faustinnenseite am Ende zum Ohr zeigt (4).
- Die andere Hand balanciert die Bewegung aus und endet schließlich in *Hikite*-Position.
- Die Schulter wird nicht angehoben. Die Bewegung wird durch eine Hüftdrehung nach vorn begleitet.
- Diese Technik wird immer auf *Jôdan*-Höhe ausgeführt.

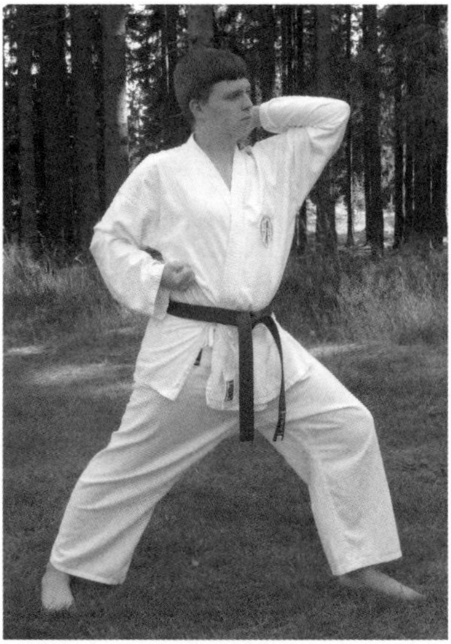

Foto 18: *Tate empi uchi*

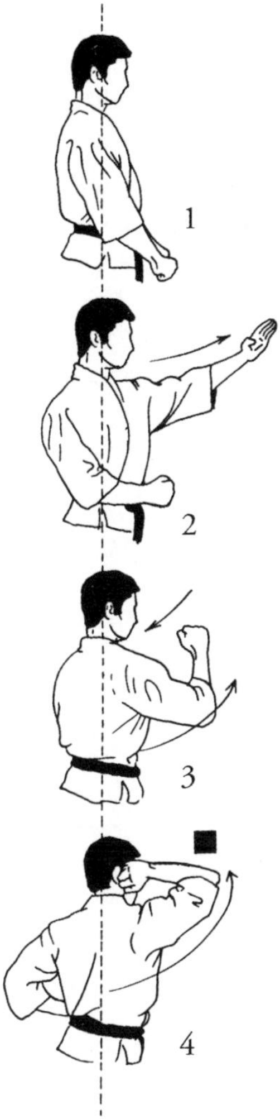

Tate empi uchi

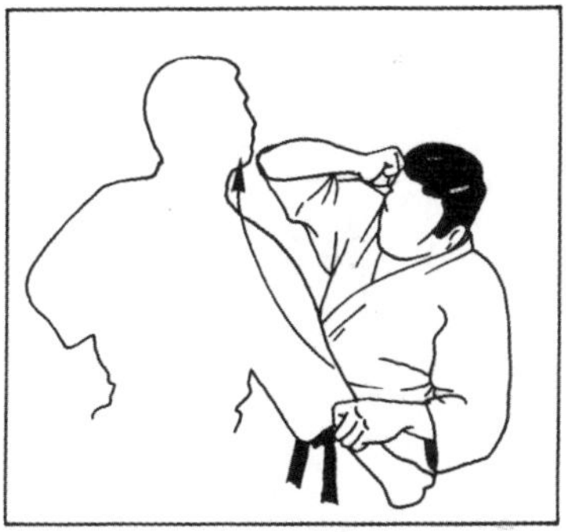

Tate shutô uke (Shôtôkan/Wadô)

Tate shutô uke ist die Abwehr mit der senkrecht stehenden Handkante. – Hierbei handelt es sich um eine Variante des *Shutô uke*, aber die Handkante ist hier nicht in einer Linie mit dem Unterarm, sondern steht zu diesem fast im rechten Winkel. Das Handgelenk ist stark zurückgebogen, so dass die Handfläche nach vorn zeigt. Der Arm wird weiter nach vorn gestreckt als beim *Shutô uke*.

Man blockt auf *Chûdan*- oder *Jôdan*-Höhe.

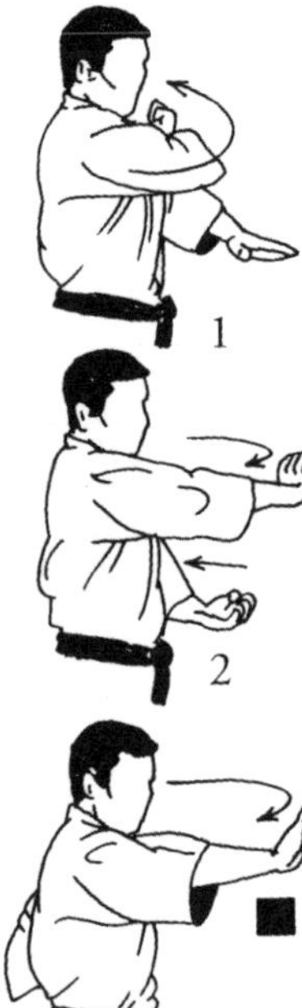

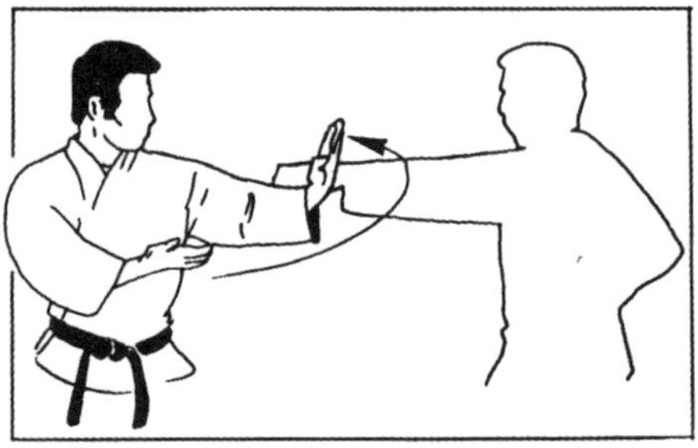

Tate shutô uke

Tate zuki (Shôtôkan/Wadô)

Tate zuki ist der Stoß mit der senkrechten Faust. – Hierbei handelt es sich um die Technik des *Ura zuki*, die lediglich etwas weiter gestoßen wird, nachdem die Faust sich zu drehen begonnen hat. Der Aufschlag erfolgt, wenn die Daumenseite der Faust nach oben zeigt. Der Ellbogen ist am Ende noch immer etwas gebeugt. Diese Technik kann auf allen drei Höhenstufen ausgeführt werden.

Zu beachten

- Die Punkte, die für den *Choku zuki* gelten (siehe S. 54 ff.).

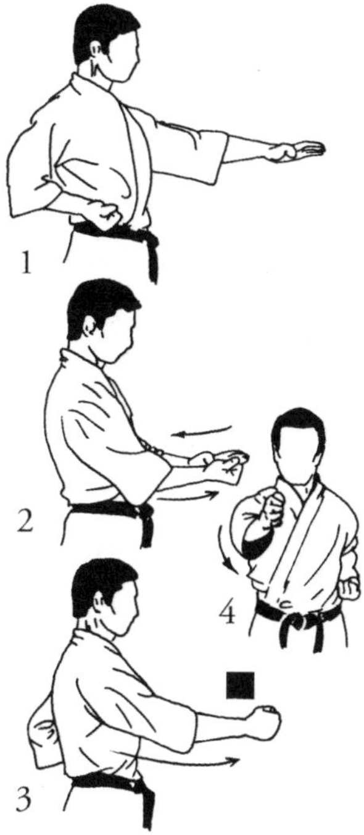

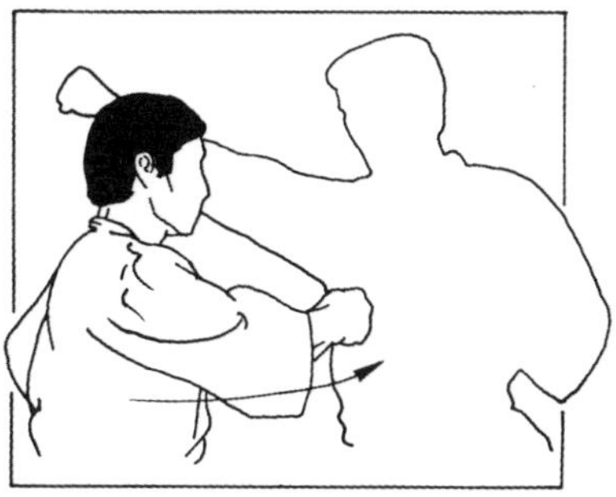

Tate zuki

Teishô uke (Shôtôkan/Wadô)

Teishô uke ist die Abwehr mit dem Handballen. – Man wehrt den Angriff mit dem Handballen mittels einer geschmeidigen Bewegung des Handgelenks ab. Es gibt von dieser Technik zahlreiche Varianten: So zum Beispiel die Abwehr von außen nach innen (A) und von oben nach unten (B). Man beachte, dass der umgekehrte Übergang von B5 zu B4 einen *Kakutô uke* darstellen würde, also eine Abwehr von unten nach oben mit der Rückseite des Handgelenks.

Te nagashi uke (Shôtôkan/Wadô)

Te nagashi uke ist die Fegeabwehr mit der Hand. – Man wehrt den Angriff mit der offenen Hand ab, indem man eine kreisbogenförmige Bewegung von außen nach innen vollführt, das heißt eine weite »schaufelnde« bzw. vorbeileitende Bewegung.

Zu beachten

- Die gleichen Punkte, die für *Uchi komi* gelten, von dem diese Technik eine Variante ist.
- Der Oberkörper wird so gedreht, dass man im Halbprofil steht.

Varianten

Die Technik kann auf *Jôdan-* (A), auf *Chûdan-* (B) und *Gedan*-Höhe angewendet werden. Sie eignet sich hervorragend, wenn man einem Angriff ausweichen will.

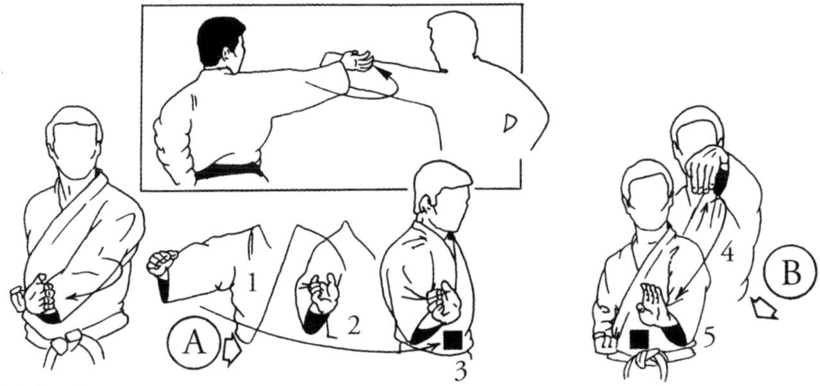

Teishô uke

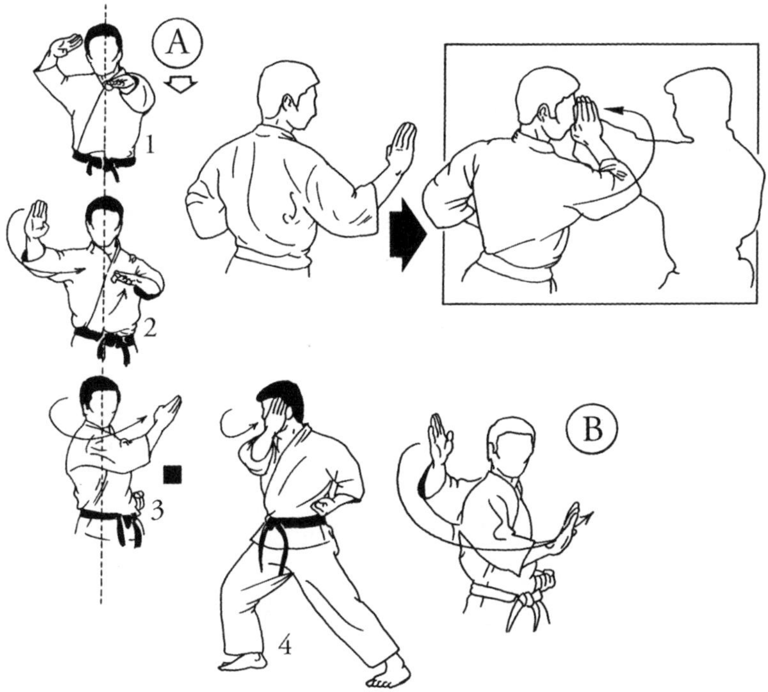

Te nagashi uke

Te osae uke (Shôtôkan/Wadô)

Te osae uke ist die Pressabwehr mit der Hand. – Man wehrt den Angriff ab, indem man ihn mit der Handfläche von oben nach unten drückt. Die Finger zeigen dabei entweder zur Seite (Zeichnungen) oder zum Gegner, um dessen Unterarm abzudecken.

Tettsui uchi (Shôtôkan/Wadô)

Tettsui uchi ist der kreisbogenförmige Schlag mit der »Eisenhammerfaust«. – Diese Variante des *Uraken uchi* existiert in zwei Formen (A und B). In beiden Fällen erfolgt der Schlag mit der Kleinfingerseite der Faust, das heißt mit dem weichen Teil zwischen Handgelenk und kleinem Finger.

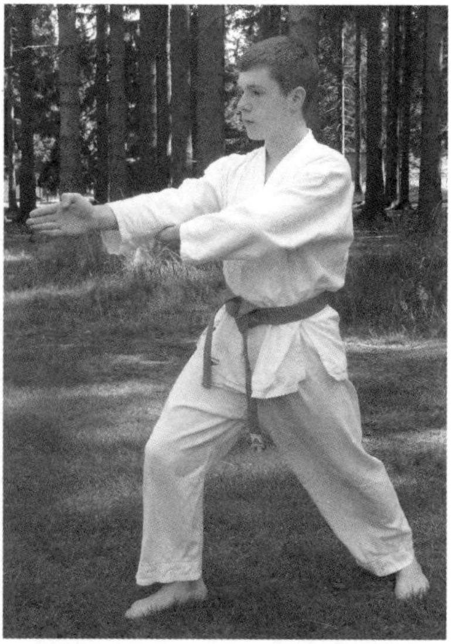

Foto 19: *Chûdan nukite tate zuki* mit der rechten Hand in Kombination mit *Te osae uke* mit der linken (Shôtôkan)

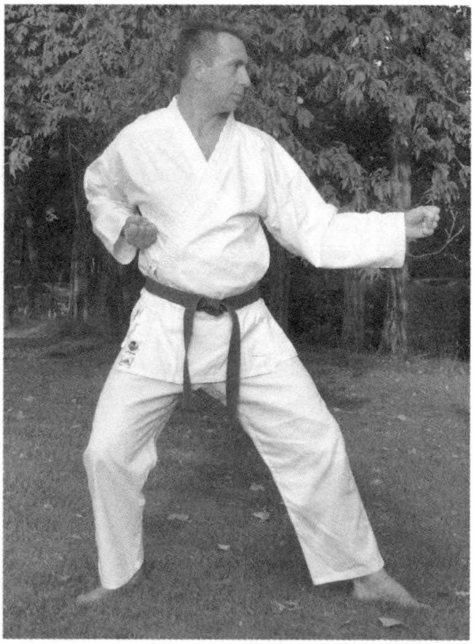

Foto 20: *Chûdan tettsui uchi* im *Mahanmi no nekoashi dachi* (Wadô)

Tobi geri (Shôtôkan/Wadô)

Tobi geri ist der gesprungene Fußtritt.
Siehe unter:
- *Mae tobi geri*
- *Nidan geri*
- *Yoko tobi geri.*

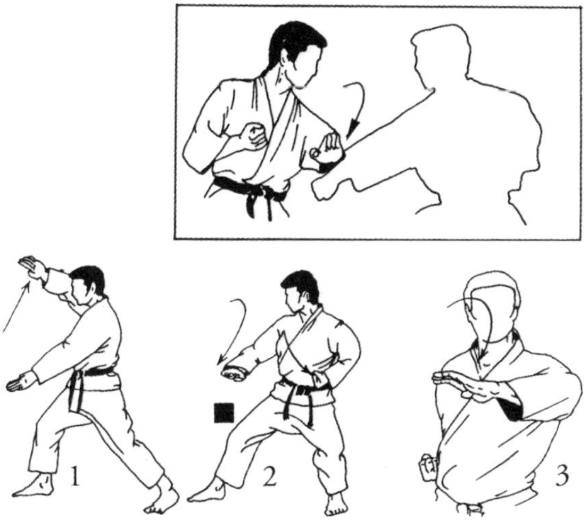

Te osae uke

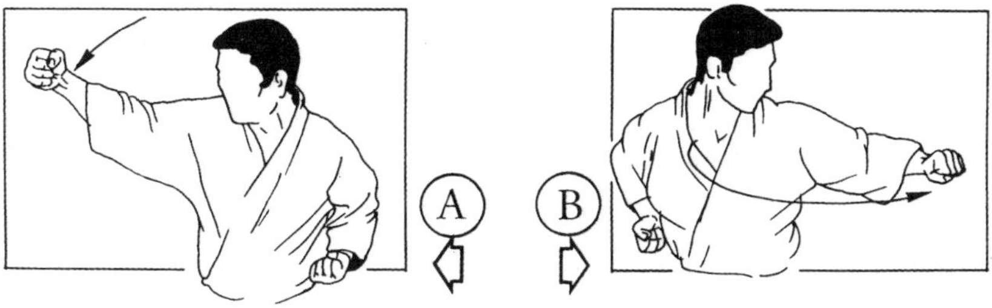

Tettsui uchi

Tobikomi zuki (Wadô)

Tobikomi zuki ist der gleitende Fauststoß nach vorn. – Aus einer Stellung *Migi shizentai* (A1) oder *Hidari shizentai* gleitet der vorn stehende Fuß weit nach vorn (A2), und es wird ein gleichseitiger Fauststoß ausgeführt (A3).

Zu beachten

- Man lässt die Arme herabhängen (1 und 2), bis man zum Fauststoß ansetzt, das heißt, es erfolgt kein *Hikite* zum »Schwungholen« wie beim *Choku zuki.*
- Der vordere Fuß gleitet auf der Linie, die senkrecht durch die hintere Ferse verläuft. Die Endstellung ist *Jun zuki tsukomi no ashi.*
- Nachdem der vordere Fuß nach vorn geglitten ist, zieht das vordere Knie den ganzen Körper nach (auch der hintere Fuß gleitet ein Stück nach vorn), während die Fäuste nach vorn gestoßen werden. Die hintere Faust wird bis vor die Brust, auf Höhe des Solarplexus, geführt, mit der Faustinnenseite nach oben.
- Der Schlag erfolgt mit einem Ruck des Körpers nach vorn (3). Die Faust wird unverzüglich nach dem Auftreffen zurückgezogen (4), als würde sie am Ziel abprallen.
- Man neigt sich während des Schlags ein wenig nach vorn. Die Brust ist im Halbprofil.
- Die entsprechende Shôtôkan-Technik ist *Maite.*

Varianten

- Der Schlag kann auch aus *Yôi* heraus ausgeführt werden.
- Im allgemeinen erfolgt der Stoß auf *Jôdan*-Höhe, aber ein Stoß auf *Chûdan*-Höhe ist ebenfalls möglich.

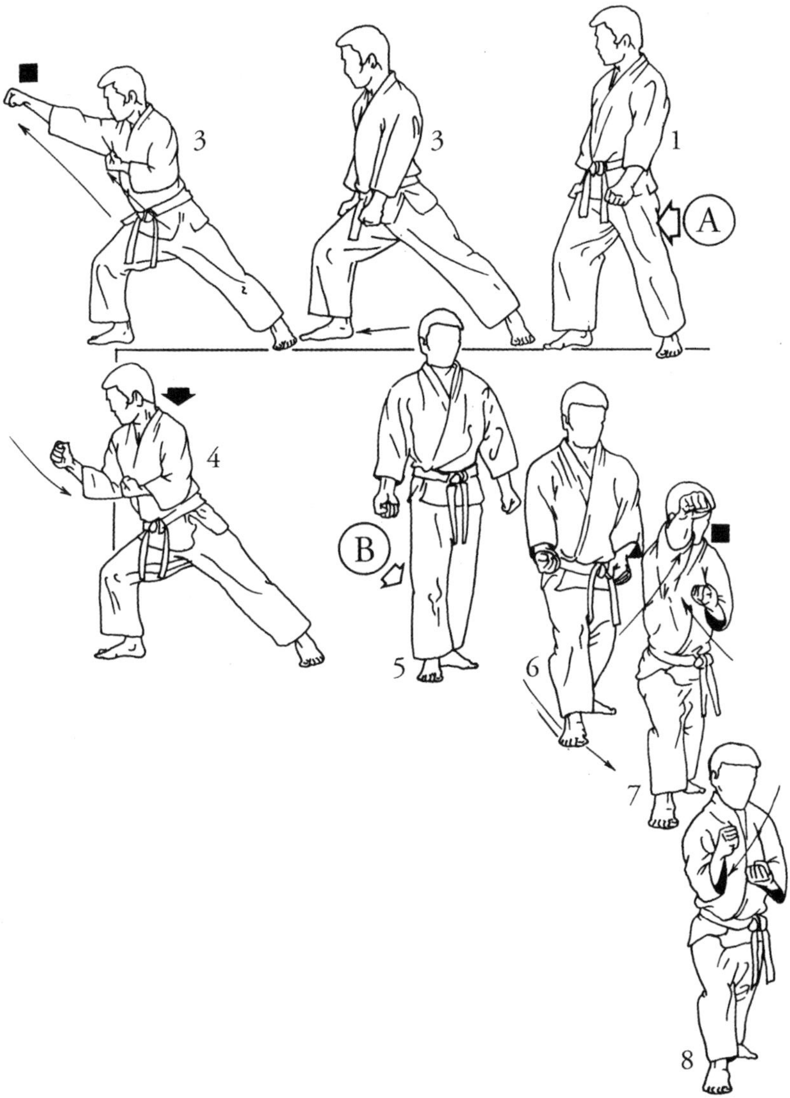

Tobikomi zuki

Tobikonde mae geri (Shôtôkan/Wadô)

Tobikonde mae geri ist der Fußtritt nach vorn auf einen Sprung. – Siehe *Mae geri*, wovon diese Technik eine Variante ist.

Tobikonde mawashi geri (Shôtôkan/Wadô)

Tobikonde mawashi geri ist der Halbkreistritt auf einen Sprung. – Siehe *Mawashi geri*, wovon diese Technik eine Variante ist.

Tobikonde ura mawashi geri (Shôtôkan/Wadô)

Tobikonde ura mawashi geri ist der Halbkreistritt nach innen auf einen Sprung. – Siehe *Ura mawashi geri*, wovon diese Technik eine Variante ist.

Tobikonde ushiro geri (Shôtôkan/Wadô)

Tobikonde ushiro geri ist der Halbkreistritt nach hinten auf einen Sprung. – Siehe *Ushiro geri*, wovon diese Technik eine Variante ist.

Tobikonde yoko geri (Shôtôkan)

Tobikonde yoko geri ist der Seitwärtstritt auf einen Sprung. – Siehe *Yoko geri*, wovon diese Technik eine Variante ist.

Tsukami uke (Shôtôkan/Wadô)

Tsukami uke ist die Greifabwehr. – Man wehrt den Angriff ab, indem man den Arm des Gegners fest ergreift, um ihn weiter in Angriffsrichtung zu ziehen. Auf diese Weise wird das Gleichgewicht des Angreifers gebrochen.

Varianten

Es gibt von dieser Technik mehrere Formen, so zum Beispiel:

- Abwehr als *Jôdan sôtô uke* mit Ergreifen des Ärmels des *Karategi* und anschließendem Ziehen (A).
- Griff am Handgelenk mit der rechten Hand, bei gleichzeitigem Druck der linken Handfläche gegen den Ellbogen (B). Diese Variante kann auf *Chûdan-* und *Gedan-*Höhe ausgeführt werden.
- Ergreifen des Handgelenks mit beiden Händen, und Ziehen nach vorn und unten (C). Diese Variante kann auf *Chûdan-* und *Gedan-*Höhe ausgeführt werden.

In allen Fällen ist ein stabiler Stand erforderlich, damit man nicht selbst aus dem Gleichgewicht gerät.

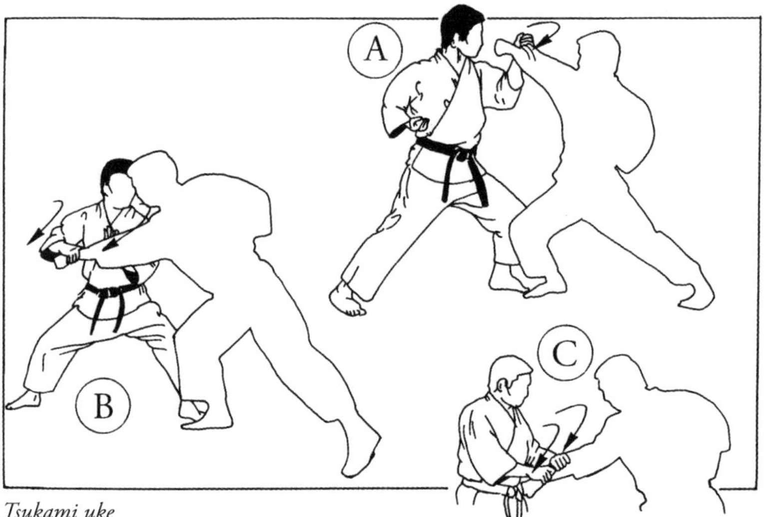

Tsukami uke

Tsuki (Shôtôkan/Wadô)

Tsuki ist der fundamentale Fauststoß. Auch *Zuki* in Wortzusammensetzungen.

Siehe unter:

- Kapitel »Fauststöße«, S. 51 ff.
- *Jun zuki*
- *Oi zuki*.

Uchi komi (Shôtôkan)

Uchi komi ist die Abwehr mit dem Unterarm von außen nach innen. – Man blockt, indem man den Angriff mit der Außenkante (der Ellenseite) des Unterarms von außen nach innen lenkt, mit einer elliptischen »schaufelnden« Bewegung, so dass man in den Angriff hineingeht.

Zu beachten

- Die gleichen Punkte wie für *Sôtô uke*, von dem diese Technik eine Verlängerung der Armbewegung darstellt. So entspricht in Serie A die Zeichnung 3 der Phase des *Sôtô uke*; die folgende Zeichnung 4 charakterisiert die Fortführung als *Uchi komi*.
- Diese Technik stellt im allgemeinen ein »Hineingehen« in den Angriff dar – indem man den Angriff abfängt, kommt man näher zum Gegner.
- Der Oberkörper ist im Profil. Der Ellbogen ist nah am Körper. Die Faust ist auf Höhe der gegenüberliegenden Schulter.

Varianten

- Man kann auch auf *Jôdan*-Höhe blocken.
- Die Bewegung der Hand kann am Ende in einen Griff umgewandelt werden, um den Gegner an sich heranzuziehen wie beim *Tsukami uke*.

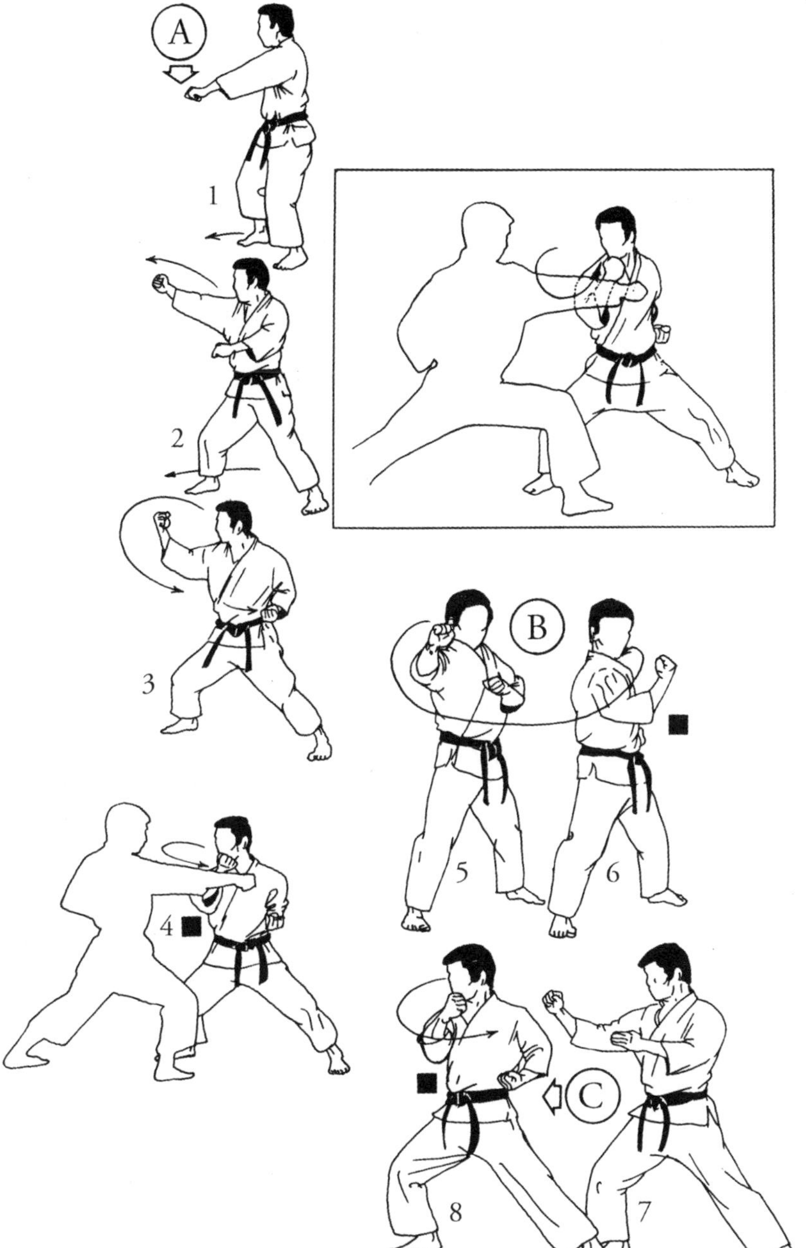

Uchi komi

Uchi nagashi (Wadô)

Uchi nagashi (auch *Sôtô harai uke*) ist das schräge Ausweichen nach hinten. – Bei dieser Technik aus der Gruppe der *Kawashi waza* weicht man aus, indem man sich auf beiden Füßen dreht, so dass der Angriff hinten am Körper vorbeigeht.

Zu beachten

- Der linke Fuß steht vorn. Man steht dem Gegner direkt gegenüber (3). Man wendet sich von links nach rechts, entweder ohne Ortswechsel, oder indem man den rechten Fuß ein Stück nach rechts versetzt. Dabei neigt man sich nach hinten (4).
- Der Angriff muss hinter dem Rücken vorbeigehen.
- Das Ausweichen wird durch die Drehung des Körpers ermöglicht. Man kann die Technik mit einer Abwehrbewegung der linken Hand begleiten. In diesem Fall unterstützt der Schwung der Hand die Drehung des Körpers (auf den Zeichnungen wird ein *Gedan barai* dargestellt, mit dem ein Fußtritt abgewehrt wird).
- Man weicht diagonal zur Angriffsrichtung aus.
- Steht der rechte Fuß vorn (1), weicht man nach links aus, wobei der linke Fuß ein Stück versetzt wird (2).
- In Kombination mit diesem Ausweichprinzip können auch andere Abwehrtechniken eingesetzt werden.

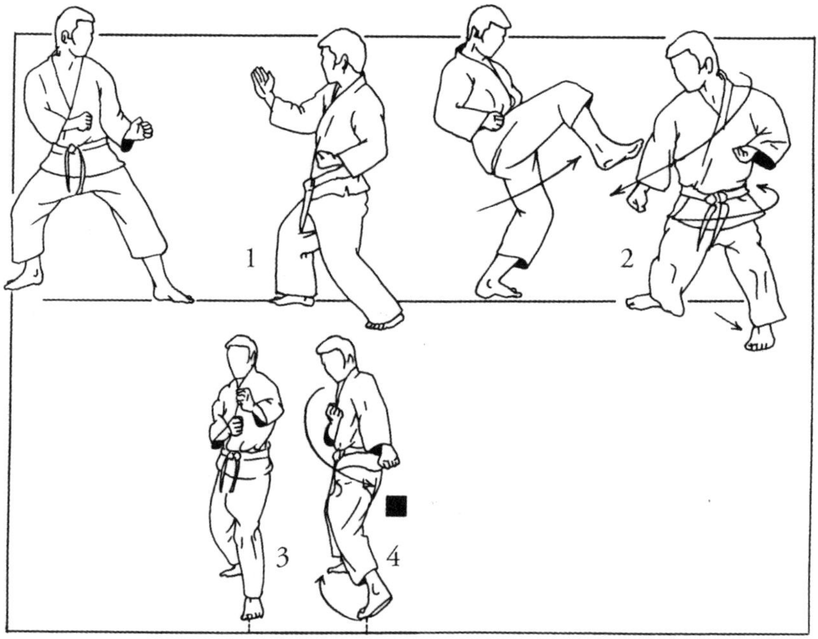

Uchi nagashi

Uchi uke (Shôtôkan/Wadô)

Uchi uke (auch *Ude uke; Sôtô uke* im Wadô-ryû) ist der Block mit dem Unterarm von innen nach außen. – Die Abwehr erfolgt, indem der Angriff mit der Innenkante des Unterarms nach außen abgelenkt wird. Der Daumen zeigt dabei nach außen.

Zu beachten

- Der blockende Arm holt an der gegenüberliegenden Seite Schwung (wie um ein Schwert zu ziehen): A2, B5, C8.
- Der Ellbogen ist gebeugt und zeigt zum Boden.
- Der Arm darf nicht zu weit nach außen gestreckt werden.
- Die Schulter des blockenden Arms wird nicht angehoben.

Varianten

- Für die Shôtôkan-Form ist eine Abwehr auf *Chûdan*-Höhe zeichnerisch dargestellt. Die Abwehr auf *Jôdan*-Höhe (gegen einen Faustschlag ins Gesicht) erfolgt auf gleiche Art.
- Für die Wadô-ryû-Form ist eine Abwehr auf *Jôdan*-Höhe zeichnerisch dargestellt. Die Abwehr auf *Chûdan*-Höhe erfolgt auf gleiche Art.
- Auf beiden Höhenstufen ist der Winkel des Ellbogens der gleiche.
- Man kann mit *Uchi uke* aus einer nach vorn gerichteten oder aus einer rückwärtigen Stellung heraus blocken (Zeichnung 11: Abwehr aus *Nekoashi dachi*).

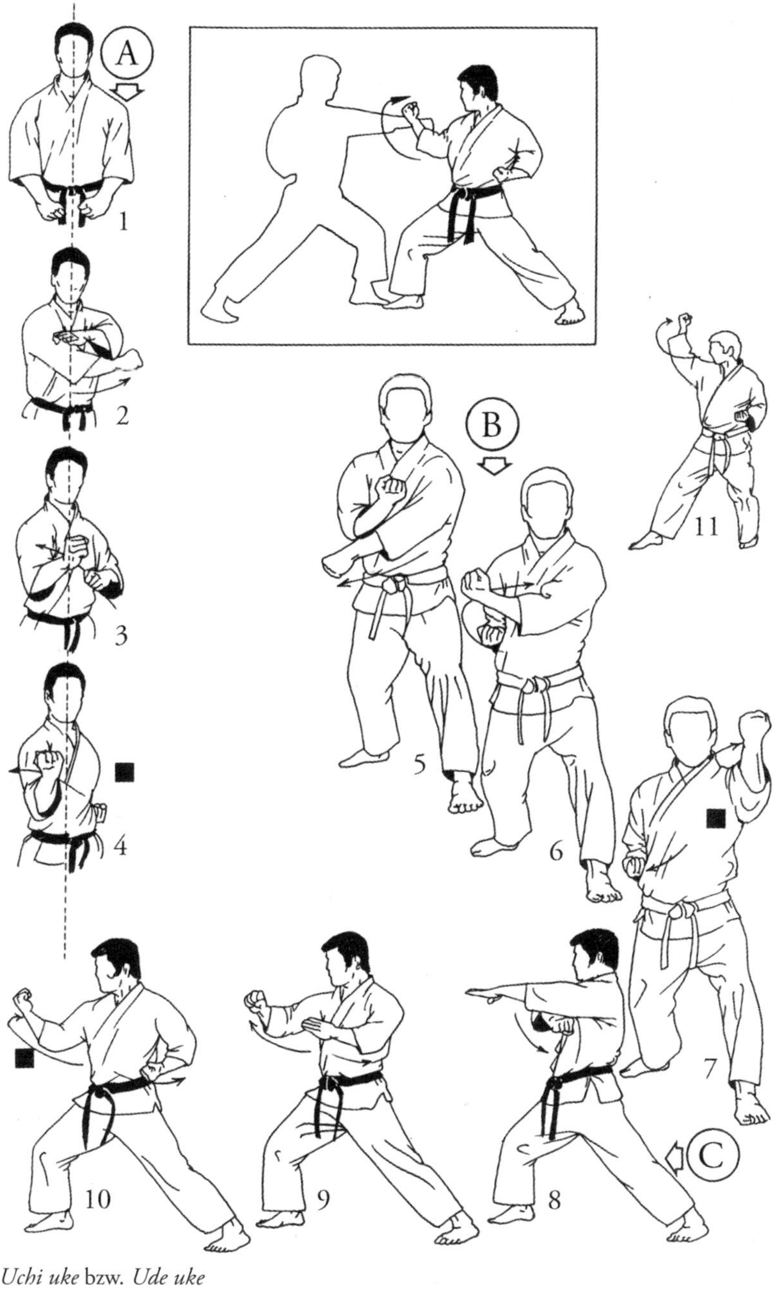

Uchi uke bzw. *Ude uke*

Ude barai (Shôtôkan/Wadô)

Ude barai ist die Fegeabwehr mit dem Unterarm. – Das Grundprinzip ist das gleiche wie beim *Gedan nagashi uke*, allerdings wird die Oberseite des Unterarms (zwischen Handgelenk und Ellbogen) eingesetzt, und die Fegebewegung erfolgt von außen nach innen. Man kann die Faust schließen oder die Hand mit den Fingern nach unten offen lassen. Diese Technik ist sowohl für den Einsatz gegen Fauststöße als auch gegen Fußtritte geeignet.

Ude uke (Shôtôkan/Wadô)

Siehe *Uchi uke*.

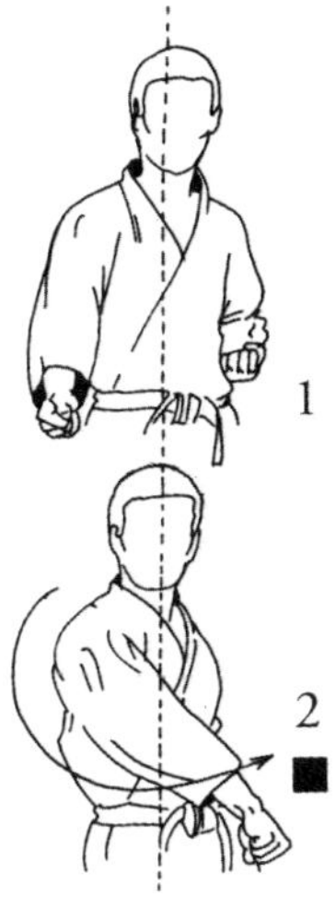

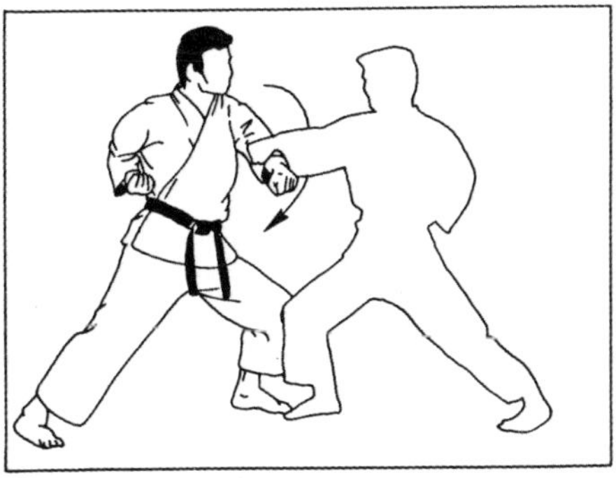

Ude barai

Uraken uchi (Shôtôkan/Wadô)

Uraken uchi ist der Faustrückenschlag. – Von dieser Technik gibt es zwei grundlegende Formen:

- Serie A: Man schlägt den Gegner auf den Kopf, indem man die Faust wie einen Hammer von hinten nach vorn und von oben nach unten schmettert. Beim Auftreffen zeigt die Faustinnenseite nach oben.
- Serie B: Man schlägt den Gegner seitlich, indem man die Faust wie eine Keule nach außen schmettert. Beim Auftreffen ist der Daumen oben. Der Schlag erfolgt mit *Kento*.

Zu beachten
- Man holt weit Schwung, bevor man zuschlägt.
- Die andere Faust geht in *Hikite*-Position.
- Der Ellbogen dient als Drehpunkt. In beiden Techniken bleibt er auch am Ende noch leicht gebeugt.

Varianten
- Man kann auf allen drei Höhenstufen schlagen. Führt man die Technik auf *Chûdan*-Höhe aus, ist die Faust beim Auftreffen auf Schulterhöhe.
- Siehe auch *Tettsui uchi*.

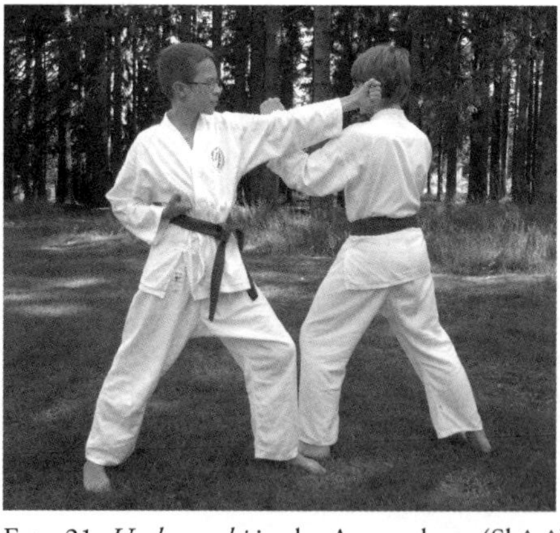

Foto 21: *Uraken uchi* in der Anwendung (Shôtôkan)

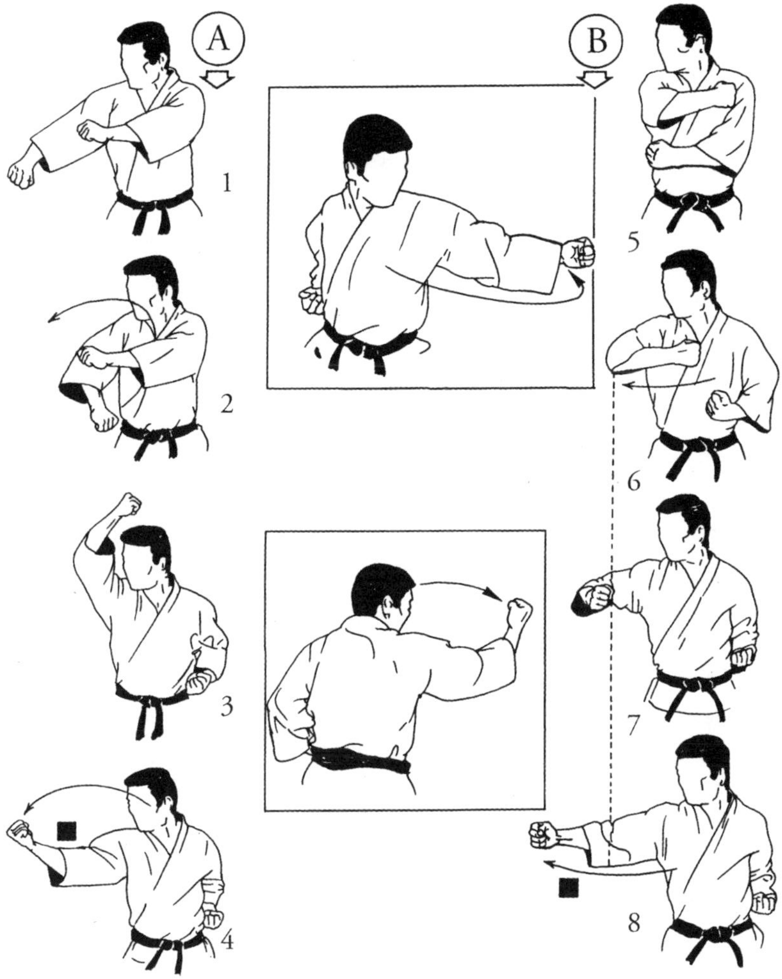

Uraken uchi

Ura mawashi geri (Shôtôkan/Wadô)

Ura mawashi geri (auch *Ushiro mawashi geri*) ist der Halbkreisfußtritt nach innen. – Der Tritt erfolgt mit der Ferse in einem großen Kreisbogen (in umgekehrte Richtung als beim *Mawashi geri*). Man zielt auf die Taille oder den Rücken des Gegners.

Zu beachten

- Die Endposition (beim *Kime*) ähnelt der des *Mawashi geri.*
- Die Innenkante des Fußes ist beim Auftreffen parallel zum Boden.
- Der Oberkörper bleibt gerade (der Gürtelknoten wird »herausgedrückt«). Die gesamte Kraft ist im Rücken konzentriert.
- Das Bein wird beim Auftreffen soweit wie möglich gestreckt (mit gestrecktem Knie).
- Nach dem Auftreffen dreht man sich weiter in dieselbe Richtung, um am Ende den Fuß ganz normal abzusetzen.

Varianten

- Die Angriffe mit dem hinteren Fuß (*Ushiro ashi ura mawashi geri*) nach einer Wende am Ort wurden nicht bildlich dargestellt. – Man kann die Technik auch mit dem vorderen Fuß ausführen (*Mae ashi ura mawashi geri*), indem man einen Sprung in Richtung Gegner vollführt (*Tobikonde ura mawashi geri*).
- Die Angriffstechnik kann auf allen drei Höhenstufen ausgeführt werden. Der Angriff auf *Chûdan*-Höhe stellt auch eine hervorragende Fege- und Verhakungstechnik dar, die während einer Drehung ausgeführt wird. Das ausgestreckte Bein wird dabei sehr tief geführt.

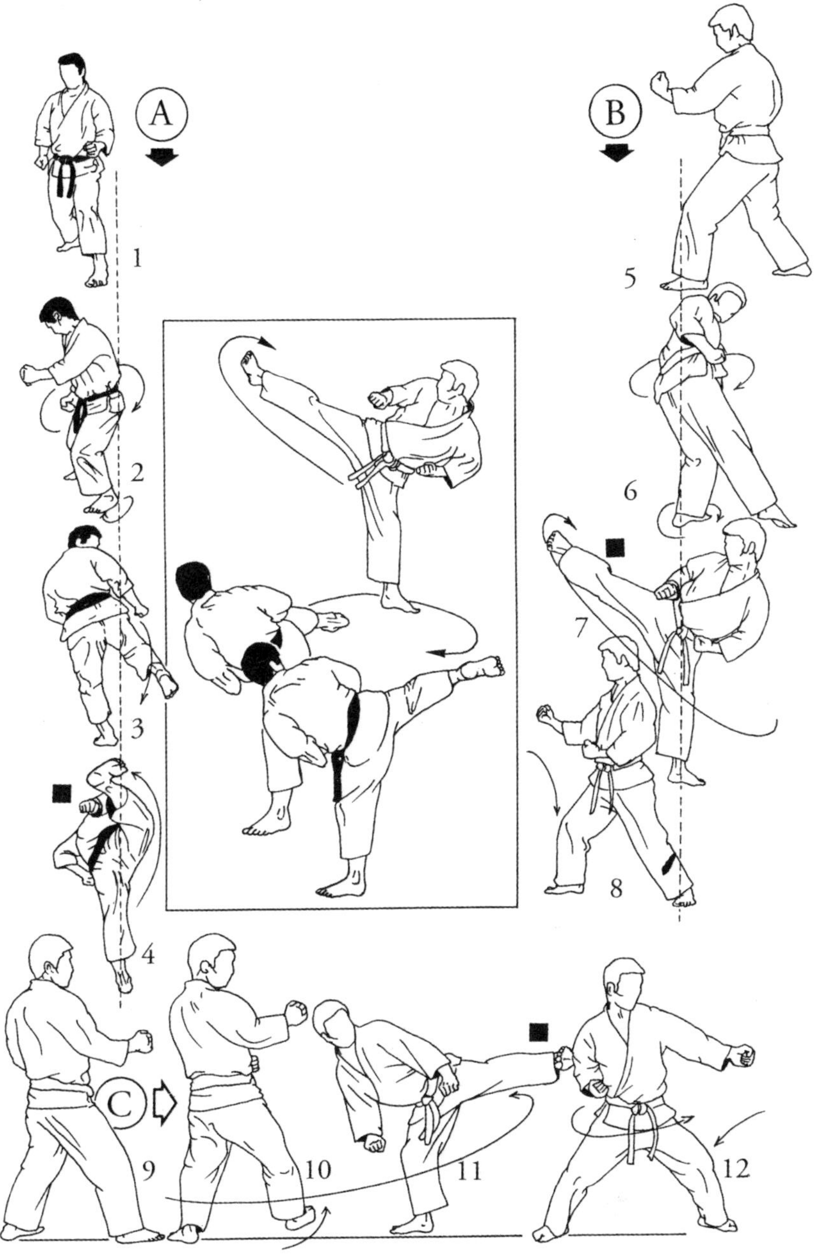

Ura mawashi geri

Ura zuki (Shôtôkan/Wadô)

Ura zuki ist der Fauststoß nach vorn ohne Drehung der Faust. – Hierbei handelt es sich um einen *Choku zuki* (*Kara zuki*), der auf halber Strecke endet, bevor die Faust sich zu drehen beginnt. Die Faustinnenseite bleibt nach oben gedreht, der Ellbogen bleibt gebeugt und zeigt zum Boden. Diese Technik wird auf allen drei Höhenstufen ausgeführt. Sie ist für den Fall geeignet, dass man sehr nah am Gegner ist (es handelt sich um eine Nahkampftechnik). Der Ellbogen darf nicht zu weit nach vorn gestoßen werden.

Zu beachten

- Siehe *Choku zuki* bzw. *Kara zuki* (S. 54 ff.).

Ushiro empi uchi (Shôtôkan/Wadô)

Ushiro empi uchi (auch *Ushiro hiji ate*) ist der Ellbogenstoß nach hinten. – Der Stoß mit der Spitze des Ellbogens erfolgt in gerader Linie direkt nach hinten.

Zu beachten

- Man holt mit der Faust Schwung, indem man den Ellbogen hebt (1).
- Der Stoß wird nach hinten geführt, genauso, als würde man *Hikite* während eines *Choku zuki* bzw. *Kara zuki* ausführen. In der Endstellung ist demzufolge die Faustinnenseite nach oben gedreht.
- Während des Schlages dreht man die Hüften ein wenig in Stoßrichtung.

Alle Ellbogenschläge, wie auch die Stöße mit dem Knie, sind sehr wirksame Techniken, die in unmittelbarer Nähe zum Gegner (Nahkampf-Situationen) angewendet werde. Sie sind jedoch relativ schwierig zu kontrollieren!

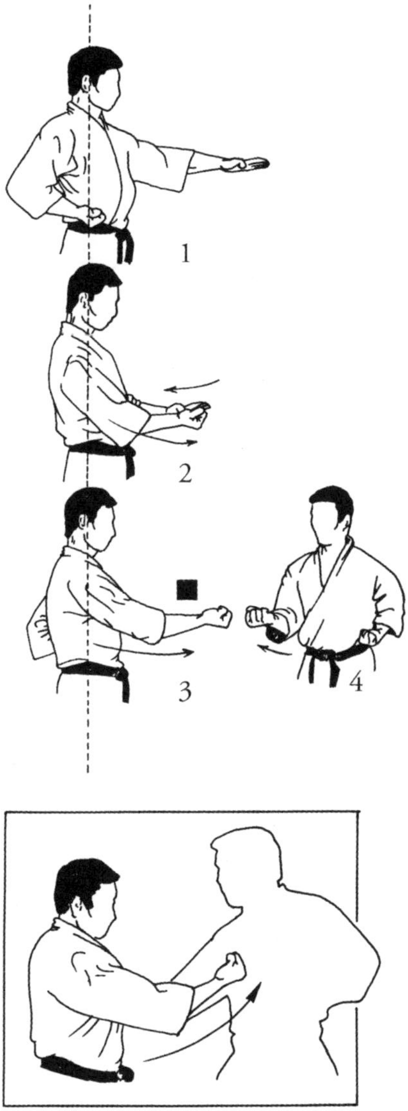

Ura zuki

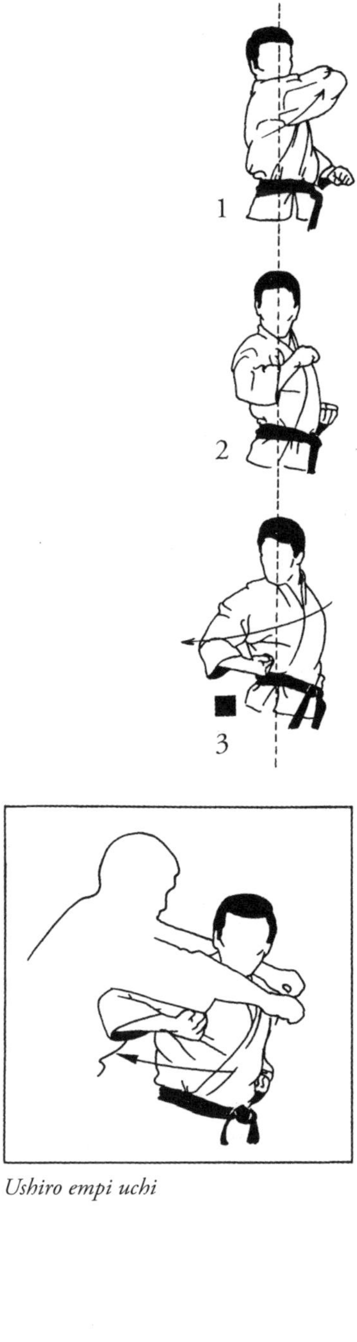

Ushiro empi uchi

Ushiro geri (Shôtôkan)

Ushiro geri ist der Fußtritt nach hinten. – Man tritt mit der Ferse, indem das Bein direkt nach hinten gerissen wird.

Zu beachten

- Der Tritt erfolgt geradlinig, mit einer kolbenartigen Bewegung. Dabei werden die Hüften in Richtung des Tritts gestoßen.
- Die Ferse des Standbeins wird nicht angehoben.
- Beim Auftreffen (*Kime*) sind die Zehen, soweit es geht, in Richtung Boden gedreht.
- Das Knie wird unverzüglich nach dem Auftreffen wieder zurückgezogen; erst danach dreht man sich auf dem Standbein, um den Fuß wieder abzusetzen.
- Das Knie wird vor dem Tritt angehoben (A3, B7, C11) wie beim *Mae geri*.
- Man beugt sich ein wenig (aber nicht zu weit – der Rücken bleibt durchgedrückt) entgegengesetzt zur Richtung des Tritts.
- Der Tritt erfolgt ohne Drehung der Hüften direkt nach hinten (Zeichnung D). Der tretende Fuß streift das Standbein, wenn er an ihm vorbeigeführt wird.

Varianten

- Die Zeichnungen der Serie A zeigen einen Angriff mit dem Fuß nach hinten, während man sich auf dem Standbein dreht.
- Die Zeichnungen der Serie B zeigen eine Technik des Tretens mit dem hinteren Bein, nachdem man den vorderen Fuß zurückgesetzt hat (Ausweichen nach hinten und Tritt zum Stoppen des Angriffs).
- Die Zeichnungen der Serie C zeigen eine Grundübung zum Training der Technik aus einem natürlichen Stand heraus.
- Lediglich die *Kekomi*-Form wurde illustriert. Die Ausführung als *Keage* wird wesentlich seltener geübt.
- Man kann den Tritt mit dem vorderen Bein ausführen (*Tobikonde ushiro geri*).
- Die Technik ist auf allen drei Höhenstufen anwendbar.
- Die Techniken des *Fumikomi* (Variante B, S. 85) und des *Kakato geri* sind mögliche Anwendungen des *Ushiro geri*.

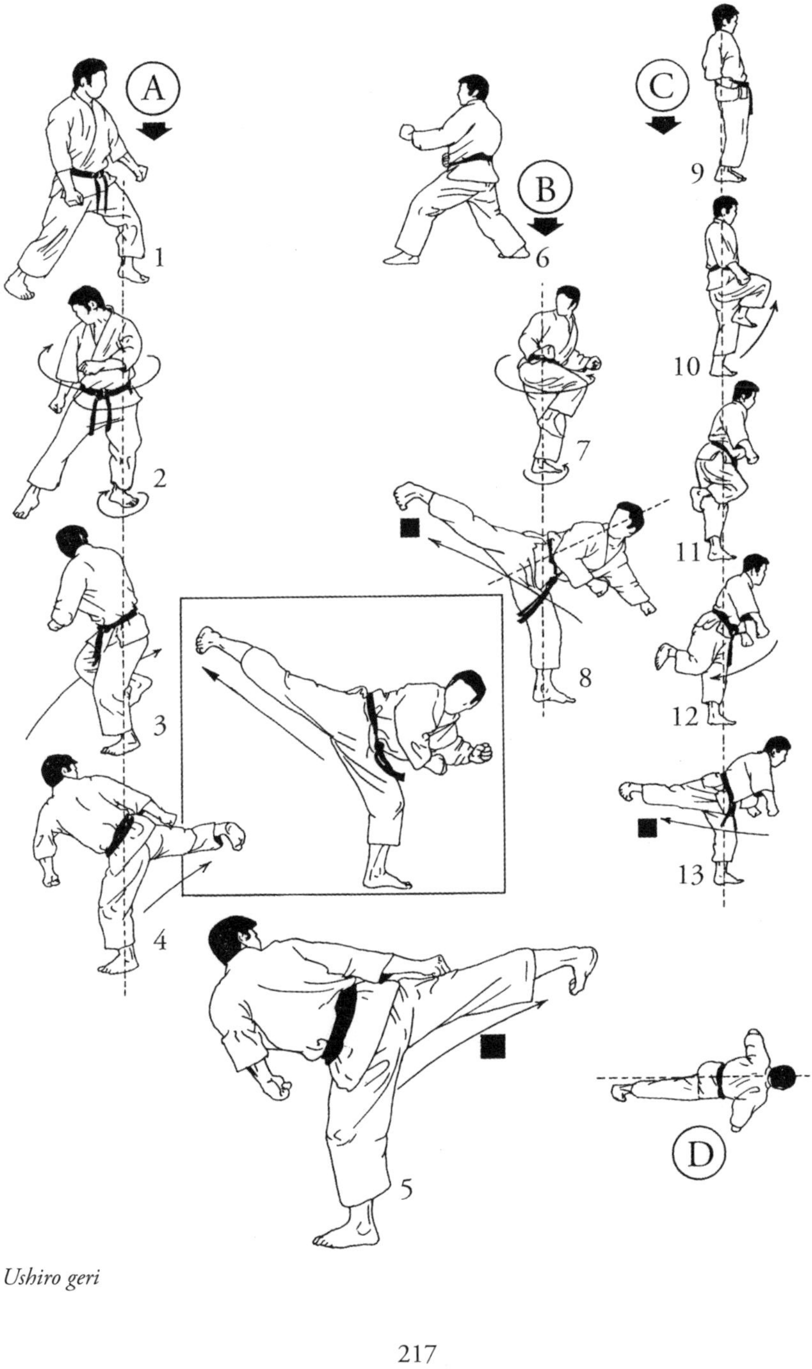

Ushiro geri

Ushiro geri (Wadô)

Ushiro geri ist der Fußtritt nach hinten. – Man tritt mit der Ferse, indem das Bein direkt nach hinten gerissen wird.

Zu beachten
- Die gleichen Punkte wie für den *Ushiro geri* des Shôtôkan.
- Der Oberkörper wird weiter in die Gegenrichtung des Tritts geneigt als bei der Shôtôkan-Ausführung; der Rücken ist weniger durchgestreckt.

Varianten
- Die Serie A zeigt einen Angriff mit dem hinteren Bein (nach einer Drehung am Ort, aus einer *Kamae* mit dem rechten Fuß vorn heraus).
- Serie C zeigt diese Angriffsform mit einer Drehung aus einer *Kamae* mit dem linken Fuß vorn.
- Man beachte in den Zeichnungen D8 und D9 die kolbenförmige Bewegung des Knies und die Ausgleichsbewegung des Oberkörpers.
- Man kann auch mit dem vorderen Bein treten (*Tobikonde ushiro geri*).
- Die Technik kann auf allen drei Höhenstufen ausgeführt werden.
- Die Techniken des *Fumikomi* (Variante B, S. 85) und des *Kakato geri* sind mögliche Anwendungen des *Ushiro geri.*

Ushiro mawashi geri (Shôtôkan/Wadô)

Siehe *Ura mawashi geri.*

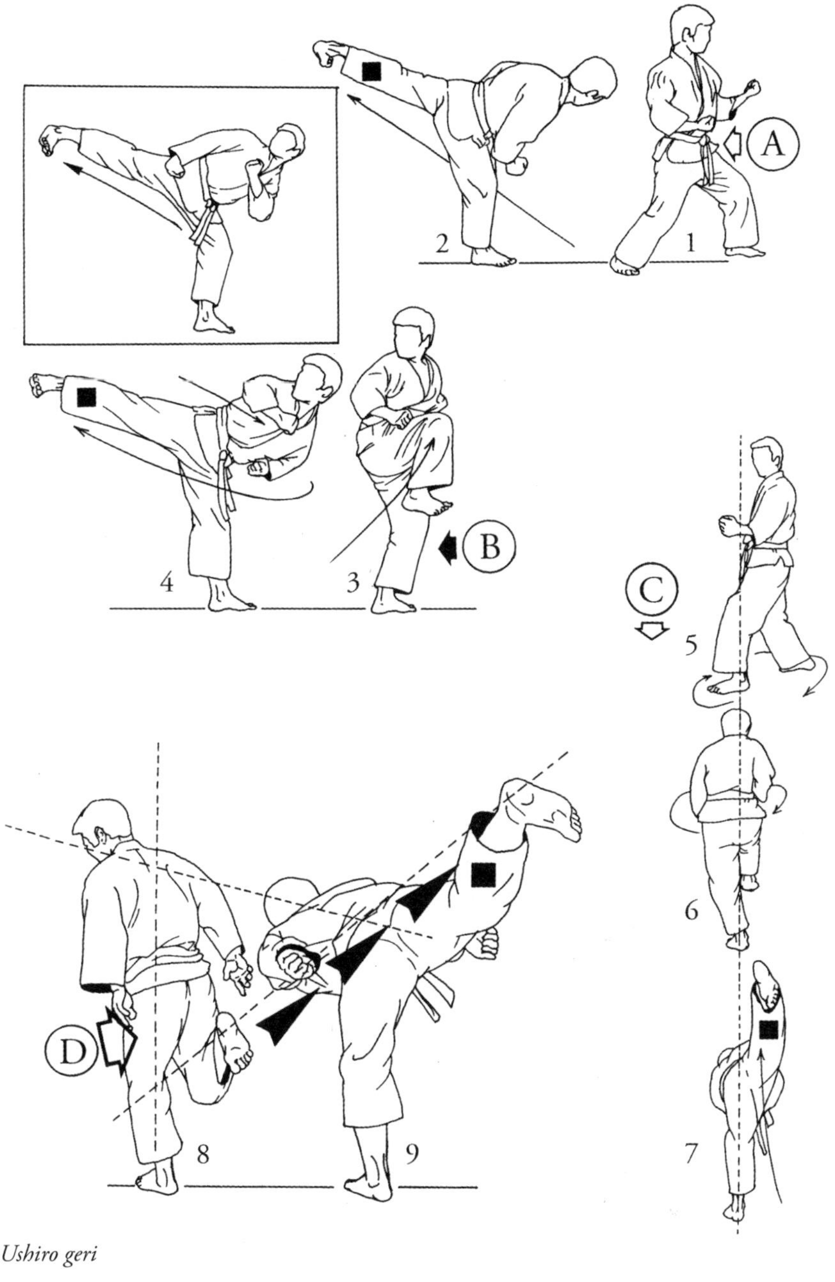

Ushiro geri

Yama zuki (Shôtôkan/Wadô)

Yama zuki ist der Berg-Stoß. – Hierbei handelt es sich um die simultane doppelte Fausttechnik *Awase zuki*, hier jedoch verbunden mit einer Hüftdrehung, durch die der Oberkörper im Augenblick des Auftreffens des Stoßes ins Profil gedreht wird.

Zu beachten

- Die Punkte für den *Morote zuki*.

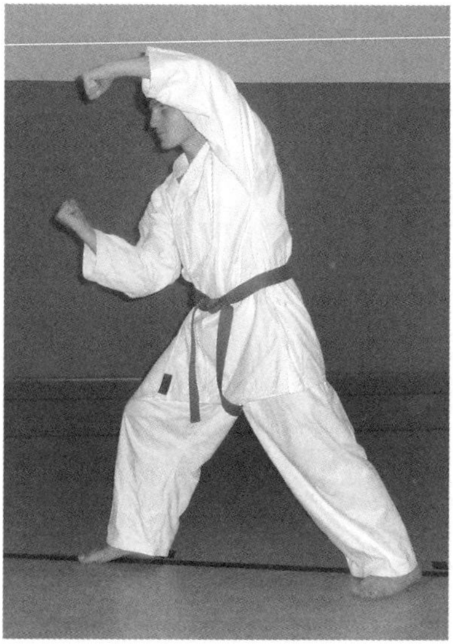

Foto 22: *Yama zuki* (Shôtôkan)

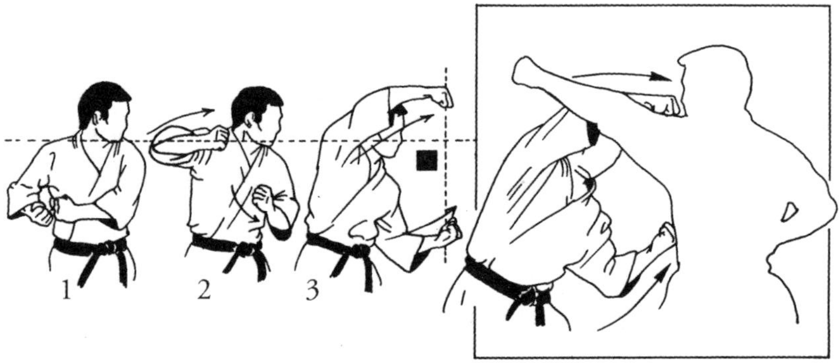

Yama zuki

Yokeru koto (Shôtôkan)

Yokeru koto sind die grundlegenden Ausweichbewegungen. – Hierbei handelt es sich um eine Gruppe der Ausweichtechniken (*Kawashi waza*).

A – Ushiro ni yokeru koto

Ushiro ni yokeru koto ist das Ausweichen nach hinten. – Man gleitet geradlinig nach hinten, um außer Reichweite des Angriffs zu gelangen.

Zu beachten
- Man steht dem Gegner in Bereitschaftsstellung mit dem linken Fuß vorn frontal gegenüber.
- Sobald der Gegner vorgeht, um anzugreifen, setzt man rasch den rechten Fuß zurück, ohne die Haltung des Oberkörpers zu verändern (A1).
- Der linke Fuß folgt unverzüglich (A2). Man steht nun erneut in *Kamae*, aber außer Reichweite des Gegners.

B – Hidari naname ni yokeru koto

Hidari naname ni yokeru koto ist das schräge Ausweichen nach links.

Zu beachten
- Man steht in Bereitschaftsstellung mit dem linken Fuß vorn dem Gegner frontal gegenüber (A1).
- Sobald der Gegner vorgeht, um anzugreifen, wird zunächst der linke Fuß nach hinten links versetzt (B1) und dann der rechte Fuß in Richtung des Angreifers (B2).
- Man steht nun schräg bezüglich seiner Angriffslinie, und man kann die Sequenz beenden, indem man entweder mit der rechten Hand blockt oder während der Bewegung einen Fauststoß ausführt.

(*Fortsetzung auf S. 224/225*).

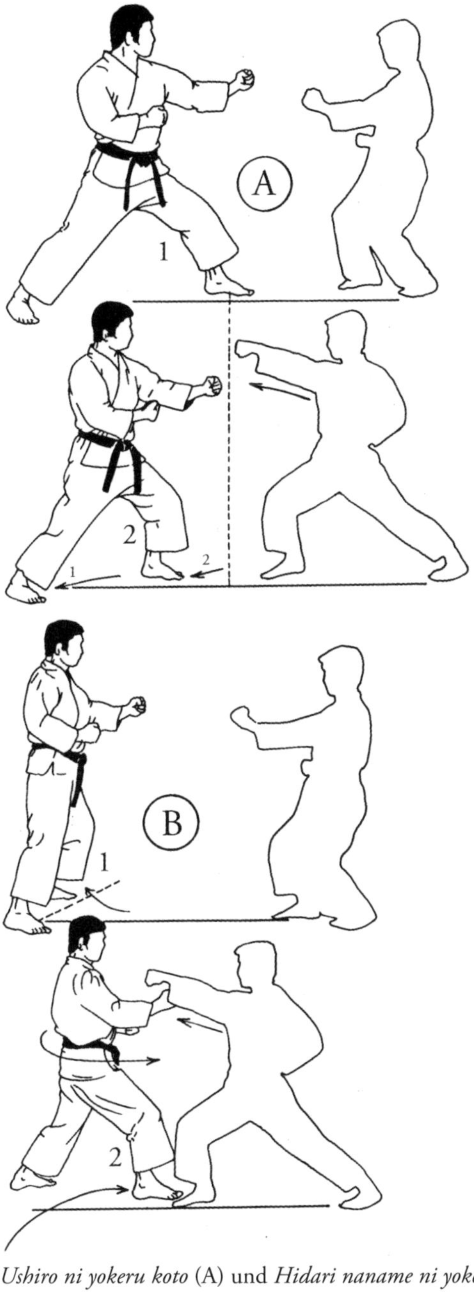

Ushiro ni yokeru koto (A) und *Hidari naname ni yokeru koto* (B)

Yokeru koto (Fortsetzung)

C – Migi naname ni yokeru koto

Migi naname ni yokeru koto ist das schräge Ausweichen nach rechts.

Zu beachten
- Man steht mit dem linken Fuß vorn in Bereitschaftsstellung dem Gegner frontal gegenüber (A1 auf S. 223).
- Sobald der Gegner vorgeht, um anzugreifen, wird zunächst der rechte Fuß nach hinten rechts versetzt (C1) und dann der linke Fuß in Richtung des Angreifers (C2).
- Man steht nun schräg bezüglich seiner Angriffslinie, und man kann die Sequenz beenden, indem man entweder mit der linken Hand blockt oder während der Bewegung einen Fauststoß ausführt.

Zu beachten für alle Ausweichtechniken (Shôtôkan/Wadô)
Es ist sehr wichtig, den letztmöglichen Moment abzuwarten, bevor man sich bewegt, damit der Gegner keine Möglichkeit hat, sich zu fangen (seine Bewegung zu unterbrechen) oder die Richtung des Angriffs zu verändern.

Yoko empi uchi (Shôtôkan/Wadô)

Yoko empi uchi ist der seitliche Ellbogenschlag. – Man schlägt mit der Spitze des Ellbogens in gerader Linie zur Seite.

Zu beachten
- Der Ellbogen vollführt eine kolbenförmige Bewegung.
- Man beachte die ausgleichende Rolle der anderen Hand, die in *Hikite*-Position endet.
- Der Schlag erfolgt genau mit der Spitze des Ellbogens; das heißt, der Ellbogen darf sich hinten nicht zur Seite drehen.
- Der Oberarm bleibt in einer Linie mit der Schulter.

Varianten
- Man kann auf *Chûdan*- (Zeichnungen) oder *Jôdan*-Höhe zuschlagen.

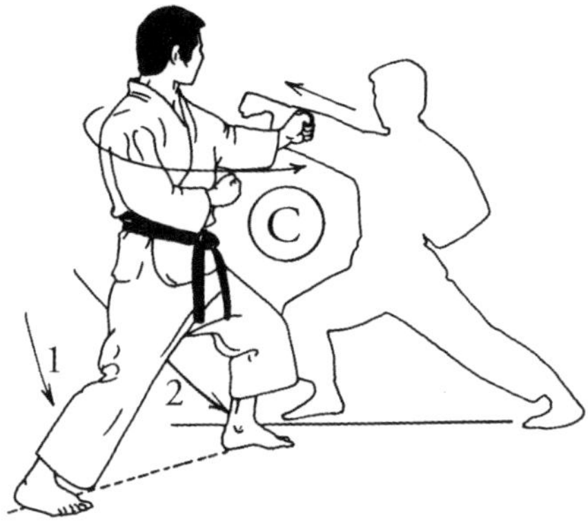

Migi naname ni yokeru koto

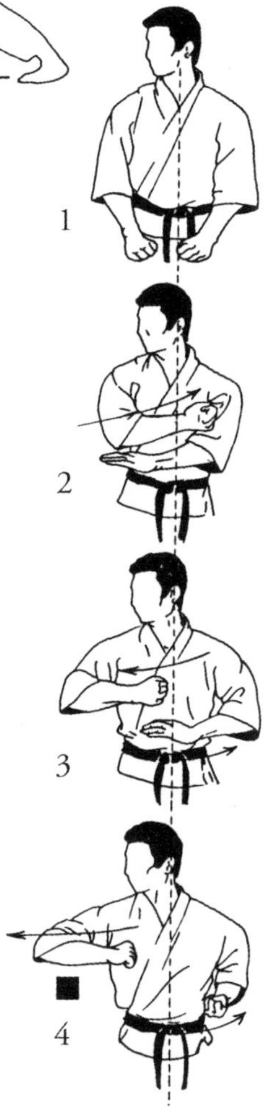

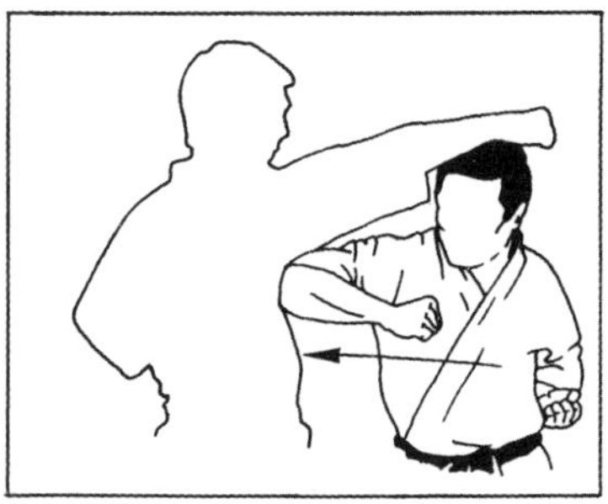

Yoko empi uchi

Yoko geri (Shôtôkan)

Yoko geri ist der Seitwärtstritt. – Man tritt mit der Außenkante des Fußes (*Sokutô*: Bereich zwischen Seite der Ferse und kleinem Zeh), indem das Bein seitlich gestreckt wird. Der Stoß erfolgt direkt zur Seite oder, nach einer Drehung auf dem Standbein (illustrierte Form), nach vorn.

Zu beachten

- Das Knie wird sehr hoch angehoben, und das Fußgelenk wird ein wenig einwärts gedreht (im Unterschied zur Vorbereitung eines *Mae geri*).
- Erst danach dreht man sich auf dem Standbein (ohne die Ferse anzuheben), während man das andere Bein direkt nach vorn stößt, als ob man ein Hindernis mit der Ferse eintreten wollte (A3).
- Man dreht sich wieder in die entgegengesetzte Richtung als zuvor und nimmt den Fuß zurück, wobei das Knie noch angehoben bleibt (A4). Nun erst wird der Fuß wieder abgesetzt.
- Beim Tritt ist die Ferse etwas höher als die Zehen (C9). Der Rücken bleibt durchgedrückt, und man bleibt so aufrecht stehen wie möglich.
- Die Arme werden während des Tritts nicht nach oben genommen.

(*Fortsetzung auf S. 228*).

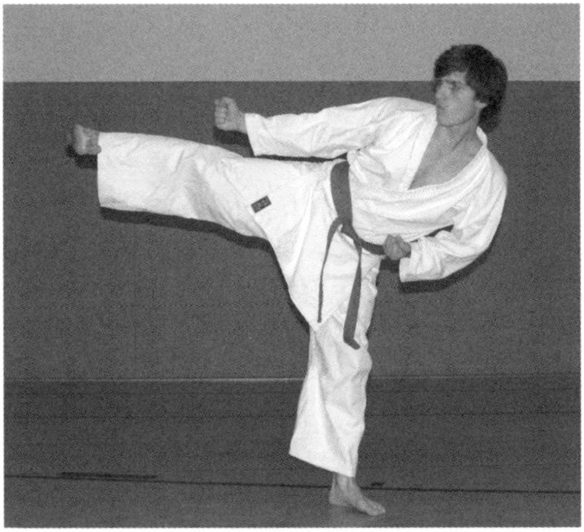

Foto 23: *Yoko geri* (Shôtôkan)

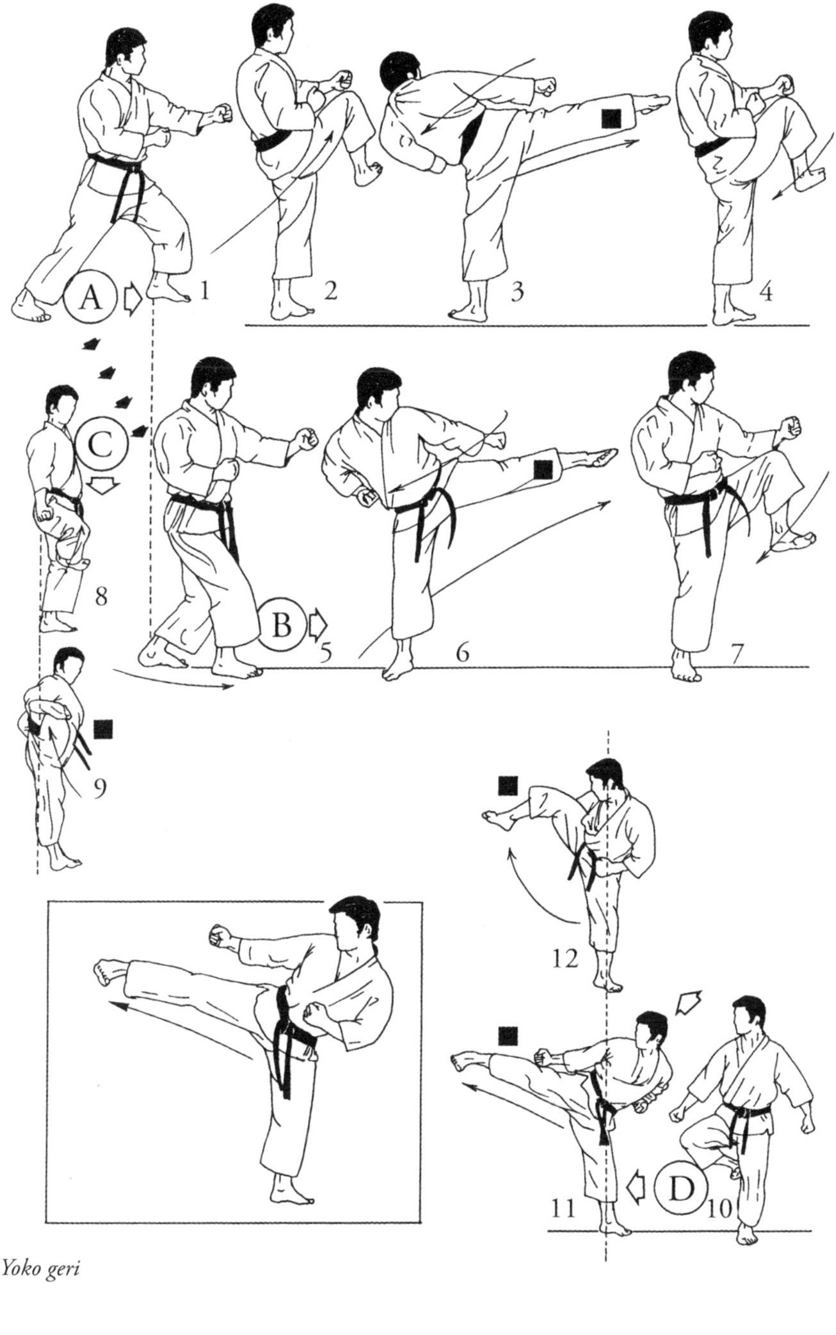

Yoko geri

Yoko geri (Shôtôkan) (Fortsetzung)

Varianten

- Man kann auf allen drei Höhenstufen treten. Führt man die Technik auf *Gedan*-Höhe aus (gegen das Fußgelenk des Gegners), bezeichnet man sie als *Fumikiri.*
- Man kann mit dem vorderen Fuß treten, nachdem der hintere herangeführt oder über Kreuz gestellt wurde (B5 und B6: *Tobikonde yoko geri*), oder auch ohne vorherigen Schritt.
- Diese Technik wird als *Kekomi* trainiert (Serien A, B, C, D10 und D11), indem man die Hüften kraftvoll in Richtung des Tritts stößt (wie um etwas einzutreten), oder als *Keage* (D10 und D12), indem der Fuß kreisbogenförmig weiter nach oben schnappt (um nach oben zu stoßen). Die Technik in der *Keage*-Ausführung kann dazu dienen, einen Fauststoß zu blocken. Der Oberkörper bleibt hierbei aufrechter als bei der *Kekomi*-Ausführung (D12).
- Die Zeichnungen C8 und D10 zeigen eine interessante vorbereitende Haltung für diese Technik: Man steht, die Fußsohle liegt am Knie des Standbeins an, das Knie zeigt in Richtung des Ziels (*Tsuruashi dachi*).
- Die entsprechende Wadô-ryû-Technik ist *Sokutô*.

Yoko geri (Wadô)

Yoko geri ist der Seitwärtstritt. – Man tritt wie beim *Mae geri* (mit *Koshi*), aber indem man sich auf dem Standbein nach außen dreht (3). Hierdurch gelangt der Oberkörper ins Profil zum Gegner, während er beim *Mae geri* frontal zu diesem bleibt.

Zu beachten

Die Technik kann auf verschiedene Weise ausgeführt werden:

- direkt zur Seite, aus einer Stellung *Heikô dachi* oder *Heisoku dachi* (wie in der Kata *Pinan yondan*: Zeichnungen A und B),
- oder, indem man nach einem Übersetzschritt (*Suri komi*) oder einem Heransetzschritt (*Suri ashi*) nach vorn geht,

- oder ohne »Vorwarnung« direkt aus einer Bereitschaftshaltung für den Kampf (*Kamae*) heraus (Zeichnungen 1 bis 4). Der Standfuß wird in diesem Fall weit nach außen gedreht, während die hintere Hüftseite nach vorn gebracht wird, um den Tritt zu unterstützen.

Varianten

- Wie beim *Mae geri* kann man für diese Technik die Formen *Kekomi* (Zeichnung) und *Keage* einsetzen. In letzterem Fall ist der Tritt weniger weit, dafür aber nach oben gerichtet.
- Man kann die Technik auch mit dem vorderen Fuß ausführen, entweder ohne Ortsveränderung oder verbunden mit einem Ruck nach vorn (*Tobikonde*).

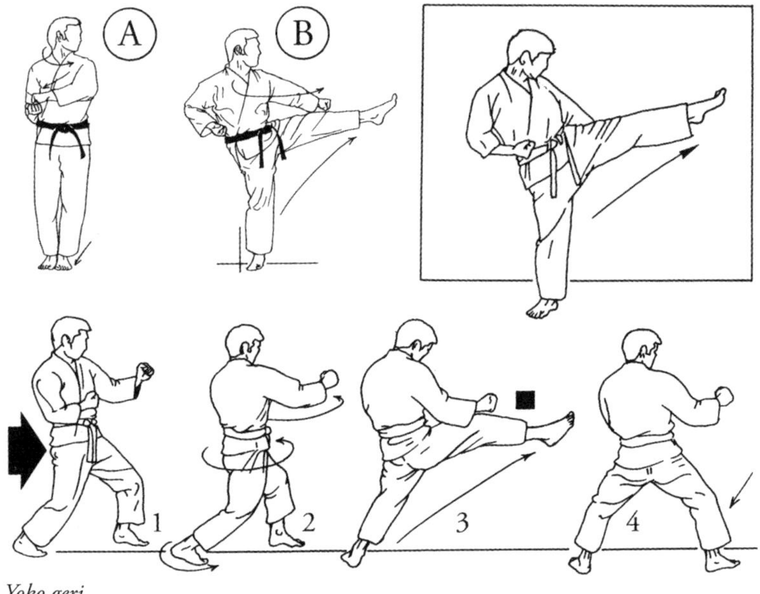

Yoko geri

Yoko tobi geri (Shôtôkan/Wadô)

Yoko tobi geri ist der Sprungtritt zur Seite. – Aus einer nach vorn gerichteten Stellung reißt man das hintere Knie nach oben, wobei ein starker Schub auf das vordere Bein ausgeübt wird (1 und 2). Für den seitlichen Tritt schwenkt man das Bein, um zu treten (3), während das andere Bein angewinkelt wird. Man nimmt den Fuß unverzüglich wieder zurück, um sich auszurichten, so dass man in stabiler Stellung landen kann (5).

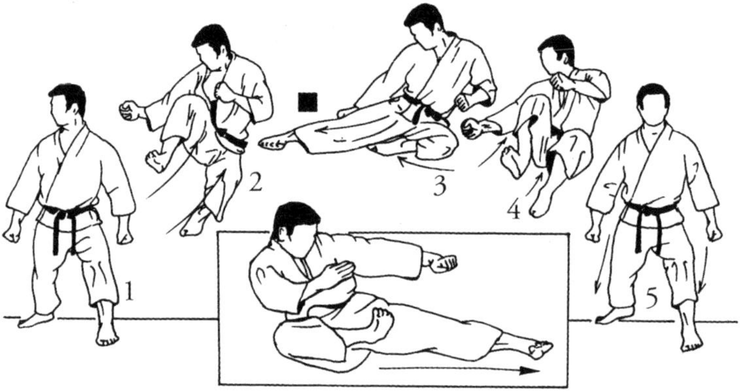

Yoko tobi geri

III

Die Schule des Kampfes: Kumite

Einführung in den Übungskampf (Kumite)

Der Sinn eines systematischen Trainings der Grundtechniken (*Kihon*) besteht offenkundig darin, den Karateka in die Lage zu versetzen, mit besten Erfolgsaussichten kämpfen zu können. Karate ist zuallererst Kampf. Natürlich ist es auch noch etwas mehr, und dieses »Etwas« wird den Karateka dazu bringen, dass er den Kampf zu vermeiden sucht, dass er eines Tages geradezu einen Widerwillen gegen das (reale) Kämpfen entwickeln wird. Auf hohem Niveau verwandelt sich das Kämpfenlernen in allen echten Kampfkünsten – zu denen Karate zählt – darin, zu lernen, den Kampf zu vermeiden. Das *Dô* des *Budô*, der Kampfkünste, ist in seinem Wesen ein Weg des Friedens! Doch es ist nicht selbstverständlich, dass man sich dessen bewusst wird. Dazu braucht es Zeit, Nachdenken und Erfahrung … Doch in der Zwischenzeit geht es erst einmal darum, im *Dôjô* die ersten erlernten Grundtechniken im Kampf mit einem Partner (*Kumite*) zu erproben.

Dabei gilt es vor allem drei äußerst wichtige Regeln zu beherzigen:

1. Derjenige, der einem im *Dôjô* gegenübersteht und der es einem ermöglicht, die Techniken an ihm zu erproben, ist ein Partner und kein Gegner. Ohne ihn ist kein Fortschritt möglich. Man muss sich ihm gegenüber daher höflich verhalten. Niemals darf man ihn wirklich schlagen oder treten (*Sundome*; siehe Teil 1, Abschnitt 10: Die Vitalpunkte und die Kontrolle, S. 72). Die Angriffs- und Verteidigungstechniken müssen schnell, kraftvoll und ernsthaft ausgeführt werden, aber immer auf kontrollierte Weise.
2. Man muss sich an den Rhythmus des Partners anpassen. Nie darf man versuchen, schneller als dieser zu sein, um der eigenen Eitelkeit zu schmeicheln, indem man ihm beweist, dass man der Schnellere ist. Man muss danach streben, ihm zu helfen, so wie er selbst einem hilft, voranzukommen.
3. Beim *Kumite* darf man niemals andere Techniken als die vom Lehrer vorgeschriebenen einsetzen. Man muss ihm vertrauen. Das, was er verlangt, ist Teil eines präzisen Plans, durch den allein es möglich wird, dass man eines Tages die Kunst des *Kumite* beherrscht.

Nun, da man das Alphabet – die Grundtechniken des Karate – erlernt hat, kann man zu schreiben lernen. Aber zuerst sind es ausschließlich »Diktate«, das heißt im Voraus »arrangierte« Kämpfe. Erst später wird man lernen, selbständig zu schreiben, das heißt sich im »freien« Kampf zu üben oder im sportlichen Wettkampf.

Die auf den folgenden Seiten beschriebenen Abläufe sind sowohl für Shôtôkan als auch für Wadô-ryû gültig.

1. Die ersten Schritte

1.1 Etikette und Einnehmen der Haltung

1. Der Gruß im Stehen (siehe S. 34 f.) muss *vor* und *nach* jeder Übung bzw. jedem Übungskampf erfolgen.
2. Beide Partner richten sich auf und nehmen die Haltung *Yôi* ein.
3. Der Angreifer – er wird als Tori bezeichnet, das heißt als derjenige, der die Aktion ausführt – setzt den rechten Fuß zurück und führt einen kraftvollen linken *Gedan barai* aus. Er ist nun bereit, einen Stoß mit der rechten Faust auszuführen (im Fall eines geplanten Angriffs mit links wird die Sequenz seitenverkehrt ausgeführt). Dies stellt eine Bereitschaftshaltung vor dem Angriff dar. Der Partner, der den Angriff abwehren wird – man nennt ihn üblicherweise Uke, das heißt derjenige, der sich verteidigt – bewegt sich nicht; er steht noch immer in *Yôi*. Sein Geist ist hellwach (*Zanshin*).

1.2 Einschätzen des Abstands für den Angriff und Training der Kontrolle (für Tori)

Anmerkung: Bevor man Uke auf klassische Weise angreifen darf, muss man sicher sein, dass man in der Lage ist, den Angriff einige Zentimeter vor dem Auftreffen auf seinem Körper zu stoppen, oder besser noch unmittelbar am Körper (*Sundome*).

4.-5. Tori: *Gyaku zuki* aus einer Kampfstellung ohne Ortsveränderung. Uke bleibt vollkommen unbeweglich. – Anschließend wird die gleiche Technik wiederholt, woraufhin die angreifende Faust sehr schnell in *Hikite*-Position gezogen wird.

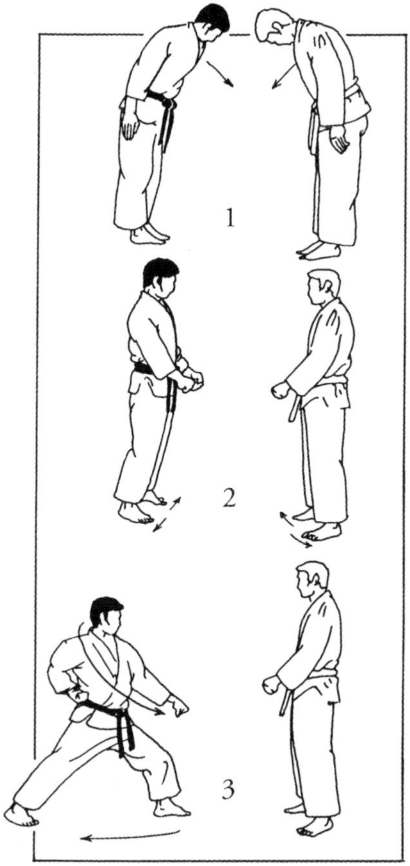

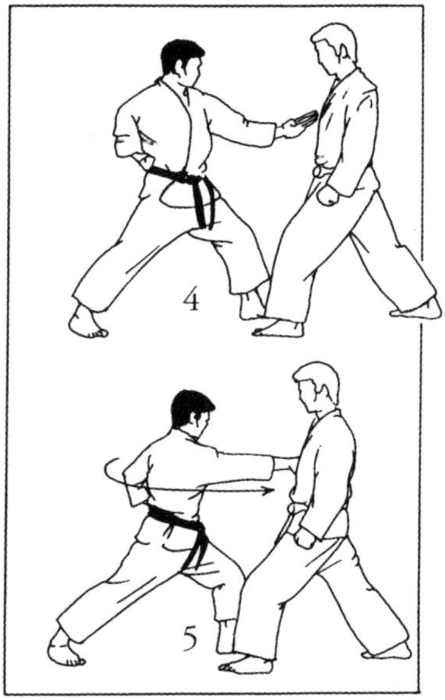

6.-8. Tori greift unmittelbar aus *Yôi* mit *Gyaku zuki* an (7) und fährt mit *Maite* (8) oder *Kizami zuki* gegen Ukes Gesicht fort, der unbeweglich bleibt.

Für alle *Kumite*-Übungen, gleichgültig, ob man als Tori oder Uke fungiert, gelten die folgenden Regeln:
- Niemals den Blick (*Metsuke*) senken. Die Augen bleiben auf das Gesicht des Partners geheftet.
- An das, was man tut, denken. Alle Aktionen werden rasch und entschlossen ausgeführt, mit *Kime* beim Blocken und beim Angriff oder Gegenangriff (die stets kontrolliert erfolgen müssen).
- Von Zeit zu Zeit einen *Kiai* ausstoßen, um den Willen, den Partner zu überraschen und seine gesamte Energie einzusetzen, auszudrücken.

1.3 Einschätzen des richtigen Moments für die Abwehr (für Uke)

- Erste Phase (9 und 10): Tori hat den rechten Fuß zurückgesetzt und dabei einen linken *Gedan barai* ausgeführt. Er steht in Bereitschaft (*Kamae*) links vorn und ist bereit anzugreifen. Uke bleibt in *Yôi*. Tori greift mit *Chûdan oi zuki* (*Chûdan jun zuki*) an, während er den rechten Fuß vorsetzt (10). Ohne den Oberkörper zu bewegen, setzt Uke den rechten Fuß zurück, so dass er einige Zentimeter außerhalb der Reichweite von Toris Faust gelangt.
- Zweite Phase (11): Am Ort, ohne dass Tori seine Faust zurückzieht, blockt Uke mit linkem *Sôtô uke*. Ein Gegenangriff erfolgt nicht.

Eine Vielzahl anderer Übungen ist möglich, damit Uke lernen kann, die Grundabwehrtechniken wie *Gedan barai*, *Age uke* usw. richtig zu »plazieren«.

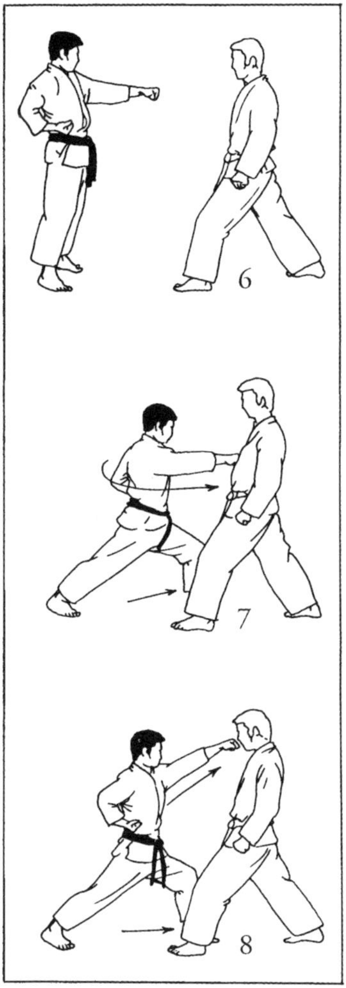
6
7
8

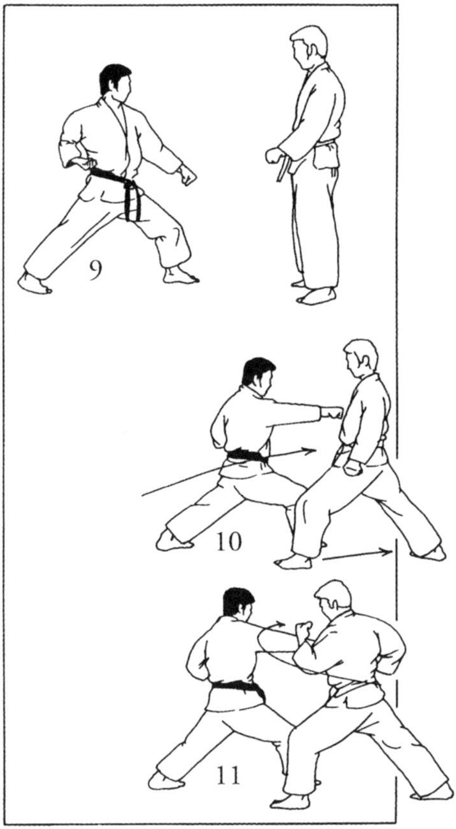
9
10
11

1.4 Einschätzen des Zeitpunkts für das Ausweichen (für Uke)

- Tori und Uke stehen einander direkt gegenüber, mit jeweils dem linken Fuß vorn (12). Tori misst die Distanz: Streckt er seinen rechten Fuß nach vorn, muss er in der Lage sein, Uke damit am Bauch zu berühren, wenn dieser sich nicht bewegt.
- Tori greift daraufhin mit einem rechten *Chûdan mae geri* an (dabei muss darauf geachtet werden, dass der Partner, wenn er sich nicht schnell genug bewegt, nicht getroffen wird!). Uke muss den rechten Moment abpassen, in dem er den linken Fuß zurücksetzt, um sich dem Angriff zu entziehen (13). Tori setzt den rechten Fuß vorn ab, während Uke den linken Fuß hinten absetzt (14).
- Tori fährt mit einem linken *Mae geri* fort usw.

Uke muss lernen, wie man ohne zu blocken ausweicht, einfach durch Rückzug nach hinten. Beide Partner, Tori wie Uke, müssen lernen, den richtigen Rhythmus zu finden (*Hyôshi*, S. 70). Es geht darum, schnell, kaltblütig und mit gutem Augenmaß handeln zu können.

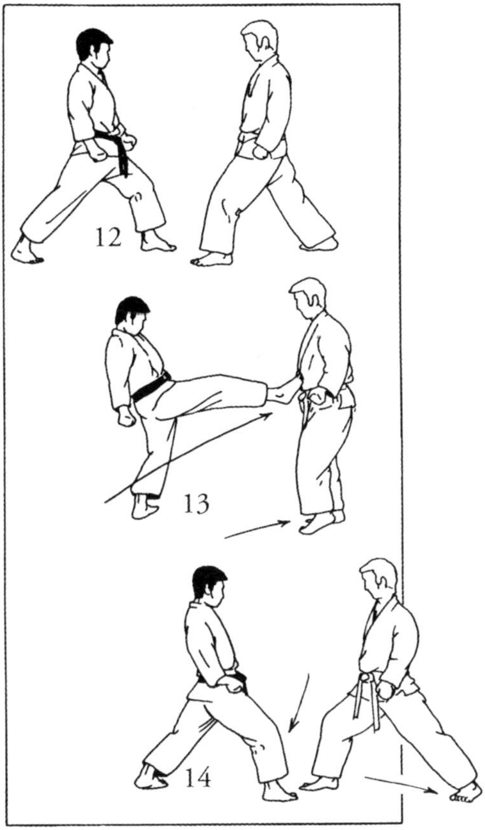
12
13
14

2. Die Stufen des Kumite

2.1 Kihon kumite (vereinbarter Angriff)

Alle Angriffe Toris werden im Voraus vereinbart, ebenfalls die Höhenstufen, auf denen die Techniken eingesetzt werden sollen. Nach dem vereinbarten Angriff oder der vereinbarten Angriffsfolge verharrt Tori in seiner letzten Haltung, so dass Uke seinen Gegenangriff anbringen kann. Man unterscheidet auf dieser Stufe die folgenden Kumitearten:

a) *Gohon kumite*: Fünf aufeinanderfolgende Angriffe, während man fünfmal auf einer Linie vorgeht,
b) *Sambon (Sanbon) kumite*: Drei aufeinanderfolgende Angriffe, während man dreimal auf einer Linie vorgeht,
c) *Ippon kumite*: Ein Angriff auf einen Schritt.

2.2 Ju ippon kumite (flexibler realistischer Angriff)

Das sind die Kumitetechniken für die fortgeschritteneren Karateka. Die Übung besteht darin, *einmal* anzugreifen, mit *einer* Technik und auf *einer* Höhenstufe, die im Voraus durch beide Partner vereinbart wurde. Doch im Unterschied zum *Kihon kumite* versucht man diesmal, den Partner tatsächlich zu treffen. Man greift die Brust, den Bauch, und mit sehr viel Vorsicht das Gesicht an (Uke muss dazu bereit und in der Lage sein, das Risiko in Abhängigkeit von seinem Niveau einschätzen zu können). Uke blockt, weicht aus und führt schließlich einen Gegenangriff aus, dies jedoch, ohne Tori damit tatsächlich zu treffen!

2.3 Ju kumite (flexibler freier Angriff)

Das sind die Kumitetechniken für die fortgeschrittensten Karateka. Die Rollen von Tori und Uke werden nicht mehr im Voraus festgelegt. Nach dem Gruß kann jeder angreifen, wie er will und wo er will, blocken, kontern, ausweichen, täuschen. Die einzige Regel besteht darin, dass der Gegner außer bei den Blöcken niemals berührt wird, nicht einmal leicht.

2.4 Shiai (Wettkampf)

Der sportliche Angriff in Gegenwart eines Schiedsrichters, der die Punkte zählt, die die Kämpfenden erzielen, stellt ein härteres *Ju kumite* dar, denn jeder will sich als Sieger sehen! Dennoch bleibt die vollkommene Kontrolle der Schläge die Regel, wenn es auch manchmal im Eifer des Gefechts geschehen kann, dass leichte Berührungen stattfinden. Wie der wichtige Aspekt der Berührung gehandhabt wird, hängt auch von den Regeln für diese Wettkämpfe ab und von den dahinterstehenden Vereinen und Verbänden. Diese Regeln verändern sich oft.

Es gibt heute auch ein Karate – ein Sportkarate, kein traditionelles –, in dem »Halbkontakt« oder »Vollkontakt« gestattet ist, mit mehr oder weniger wirksamen Schutzvorrichtungen. Doch dies ist nicht der Ort, solche Abweichungen von den traditionellen Lehrmethoden zu diskutieren, die ja zuallererst einen Weg der Verwirklichung durch Selbstbeherrschung (auch im Eifer des Gefechts) und nicht einen Weg der Konfrontation vor kommerziellem Hintergrund darstellen.

Was in jedem Fall zählt, ist, dass man keine Stufe überspringt, und gewissenhaft und geduldig die vielen Formen der konventionellen Angriffe trainiert.

3. Vom Kihon kumite zum Ju kumite

In der Folge werden einige Beispiele für eine Stufenfolge im *Kumite* vorgestellt.[19]

3.1 Gohon kumite – der Angriff auf fünf Schritten

Die Art des Angriffs und die Ziele werden im Voraus festgelegt. Tori (mit weißen Haaren) greift an, indem er fünf Mal hintereinander im *Zenkutsu dachi* (*Jun zuki no ashi*) mit *Oi zuki* (*Jun zuki*) vorgeht. Uke (mit schwarzen Haaren) weicht fünf Mal zurück, während er im gleichen Rhythmus blockt und schließlich, nach der Abwehr des fünften Angriffs Toris, einen Gegenangriff ausführt. Angriffe und Gegenangriffe erfolgen vollkommen kontrolliert. Das Vorgehen Toris und das Zurückweichen Ukes erfolgen auf einer Linie und in einem Rhythmus. – Keiner darf versuchen, schneller zu sein als der andere, und Uke darf erst zu blocken beginnen, wenn er sieht, dass Tori tatsächlich vorgeht, und nicht bereits reflexartig im Voraus!

3.1.1 Gohon kumite für Anfänger (15 bis 21)

- Tori geht fünf Schritte nach vorn mit *Jôdan oi zuki*, und Uke weicht mit fünf *Age uke* zurück, am Ende folgt ein Gegenangriff mit *Jôdan gyaku zuki*.
- Uke blockt immer mit dem Arm auf der Seite, auf der das Bein vorn steht.

[19] Für weitere Beispiele von *Kumite*-Abläufen, vor allem für den fortgeschritteneren Karateka, siehe Habersetzer, R.: Karate der Meister. Mit Körper und Geist. Chemnitz: Palisander Verlag 2010.

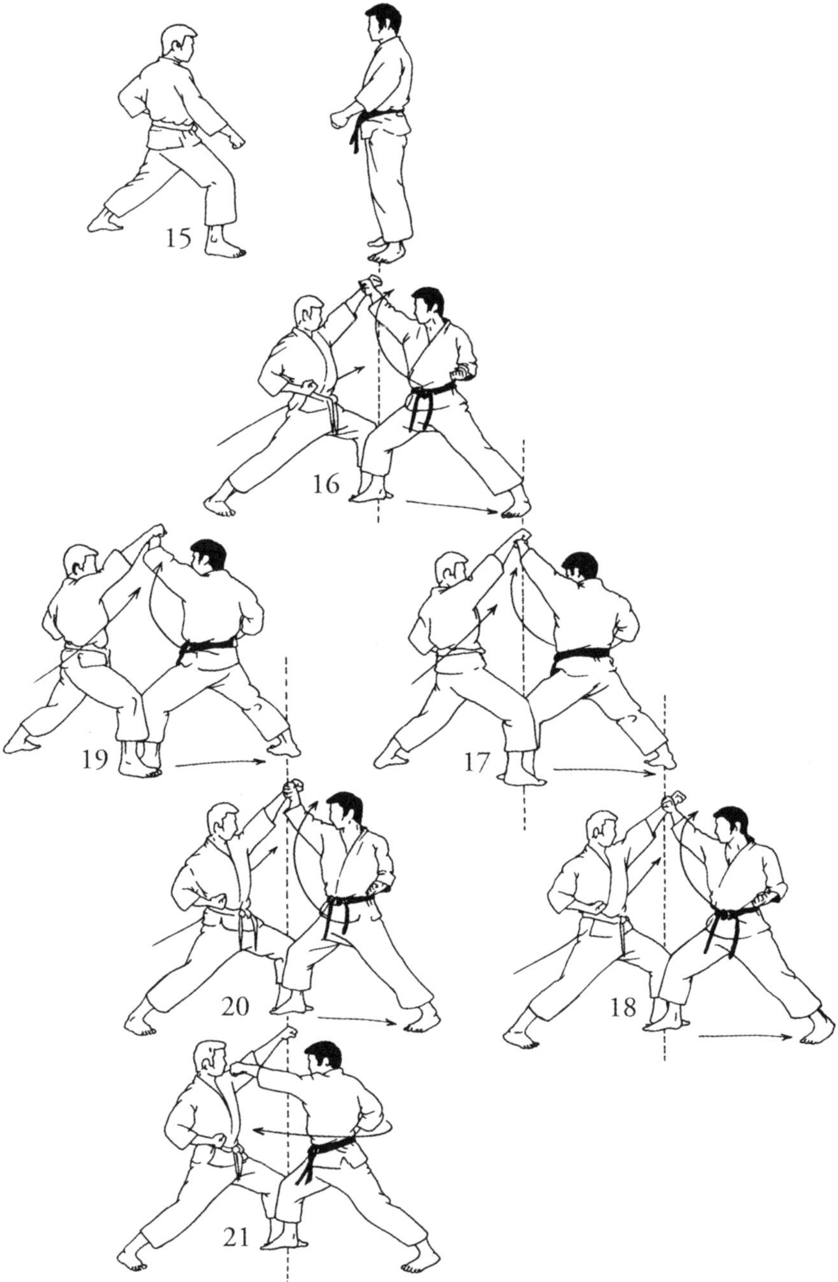
15
16
19
17
20
18
21

Andere Beispiele (ohne Abbildungen)

- *Chûdan oi zuki* (Tori) mit *Sôtô uke* oder *Uchi uke* (Uke), *Gedan oi zuki* (Tori) mit *Gedan barai* (Uke), *Mae geri* (Tori) mit *Gedan barai* (Uke) usw.
- Uke geht jedes Mal in *Kôkutsu dachi* (*Mahanmi no nekoashi dachi*) zurück und führt seinen Gegenangriff aus, wobei er ohne Ortsveränderung in *Zenkutsu dachi* umsetzt.

3.1.2 Gohon kumite für Fortgeschrittene (22 bis 28)

- Tori geht fünf Schritte nach vorn, wobei er jedoch die Höhenstufe seiner Angriffe verändert (vereinbarte Veränderungen). Uke weicht zurück und blockt entsprechend den Angriffshöhen. Im illustrierten Beispiel (S. 245/246) ist die Abfolge: *Jôdan oi zuki* und *Age uke*, *Chûdan oi zuki* und *Sôtô uke*. – Eine Vielzahl an Varianten ist möglich.

Varianten (ohne Abbildungen)

- Man kann vereinbaren, dass Uke schnelle Gegenangriffe nach jedem Angriff ausführt, bevor er vor dem nächsten Angriff zurückweicht.
- Es ist nicht zwingend erforderlich, sich auf einer geraden Linie zu bewegen. So kann Tori Uke folgen, wenn dieser seitlich ausweicht.
- Tori greift mit *Mae geri*, *Yoko geri*, *Mawashi geri* usw. an.
- Uke blockt in rückwärtiger Stellung (*Kôkutsu dachi*, *Nekoashi dachi*) und kontert, indem er eine nach vorn gerichtete Stellung einnimmt (*Zenkutsu dachi*).

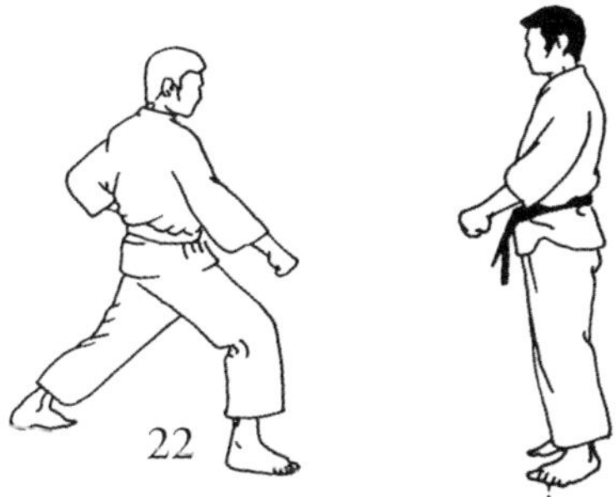

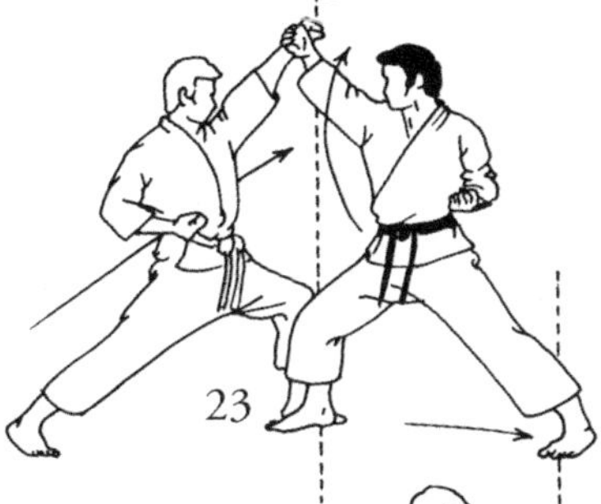

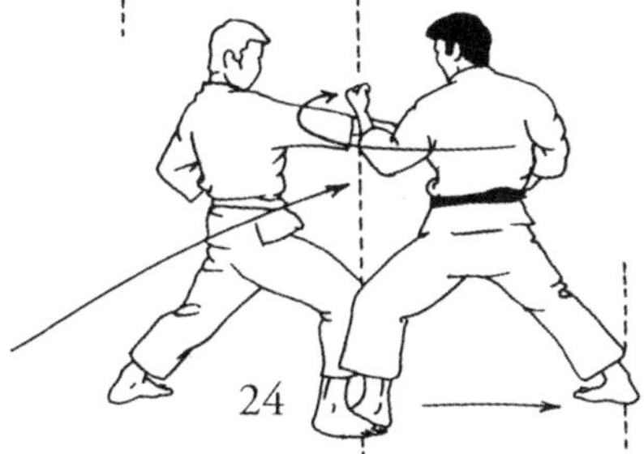

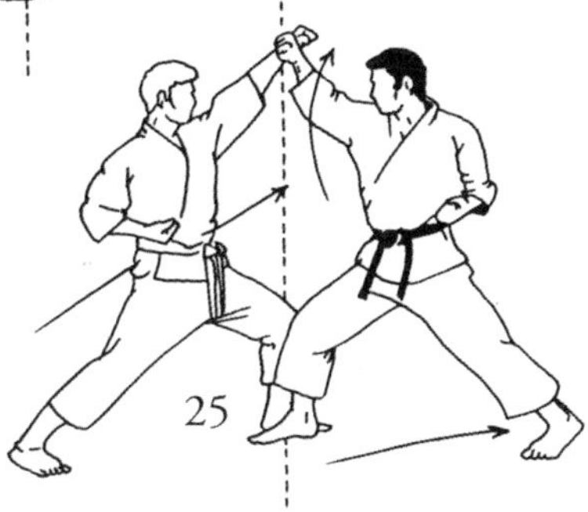

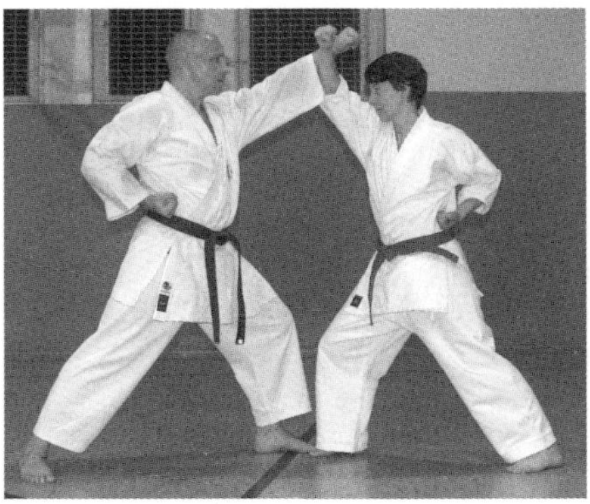

Foto 24: *Age uke* gegen Angriff mit *Oi zuki* (Shôtôkan)

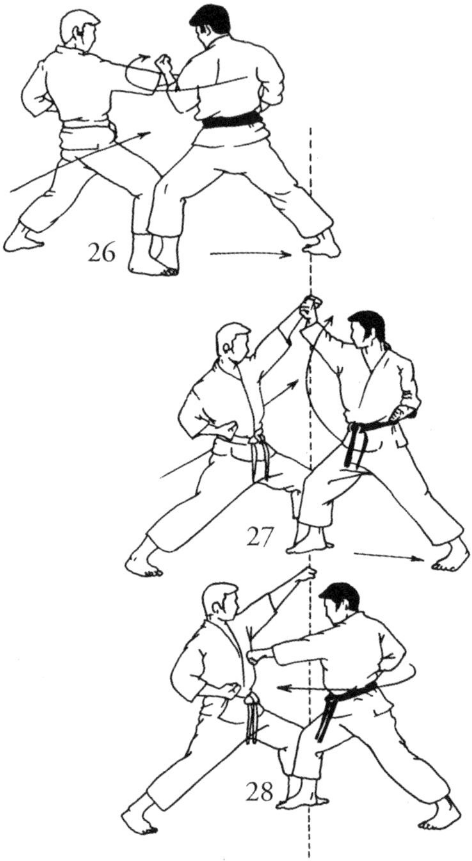

3.2 Sambon (Sanbon) kumite – der Angriff auf drei Schritten

Es gelten die gleichen Vereinbarungen wie für *Gohon kumite*, nur dass Tori diesmal nur auf drei Schritten angreift. Ebenfalls gelten die gleichen Regeln und Ratschläge, wie auch das Fortschreiten von den einfachsten Techniken für Anfänger hin zu den kompliziertesten Techniken für den fortgeschrittenen Karateka.

- 29 bis 33: Tori greift dreimal mit *Chûdan mae geri* an. Uke blockt drei Mal mit *Chûdan barai* oder *Gedan barai* (Foto 25) und kontert schließlich mit *Yoko geri* (*Sokutô*) mit dem vorderen Bein.

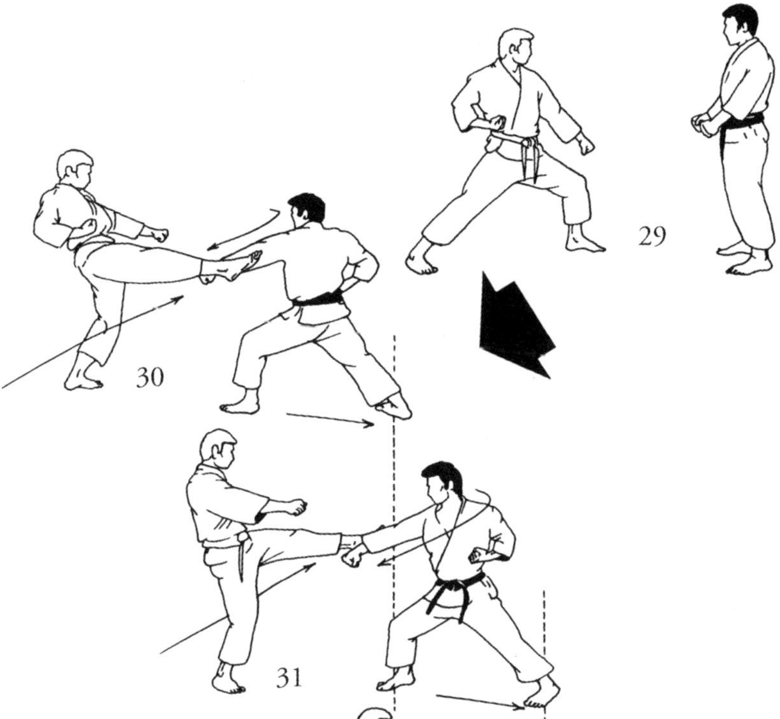
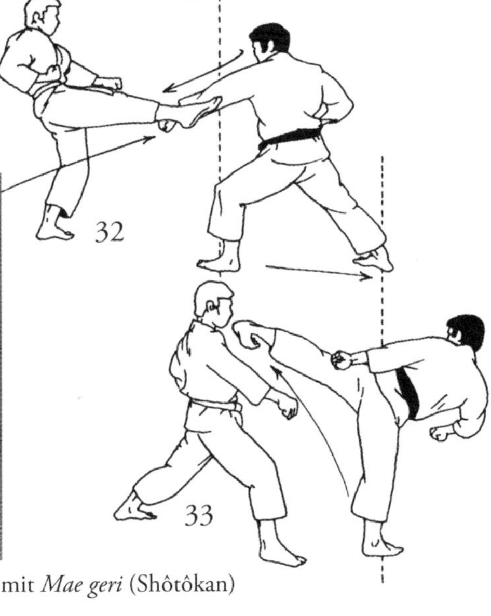

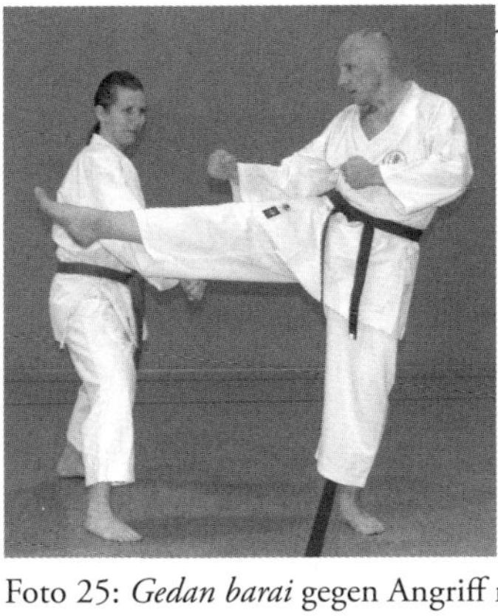

Foto 25: *Gedan barai* gegen Angriff mit *Mae geri* (Shôtôkan)

- 34 bis 38: Tori greift dreimal mit *Jôdan mawashi geri* an. Uke blockt dreimal mit *Jôdan uchi uke* in einer rückwärtigen Stellung und kontert schließlich mit *Gyaku zuki*, während er eine nach vorn gerichtete Stellung einnimmt.

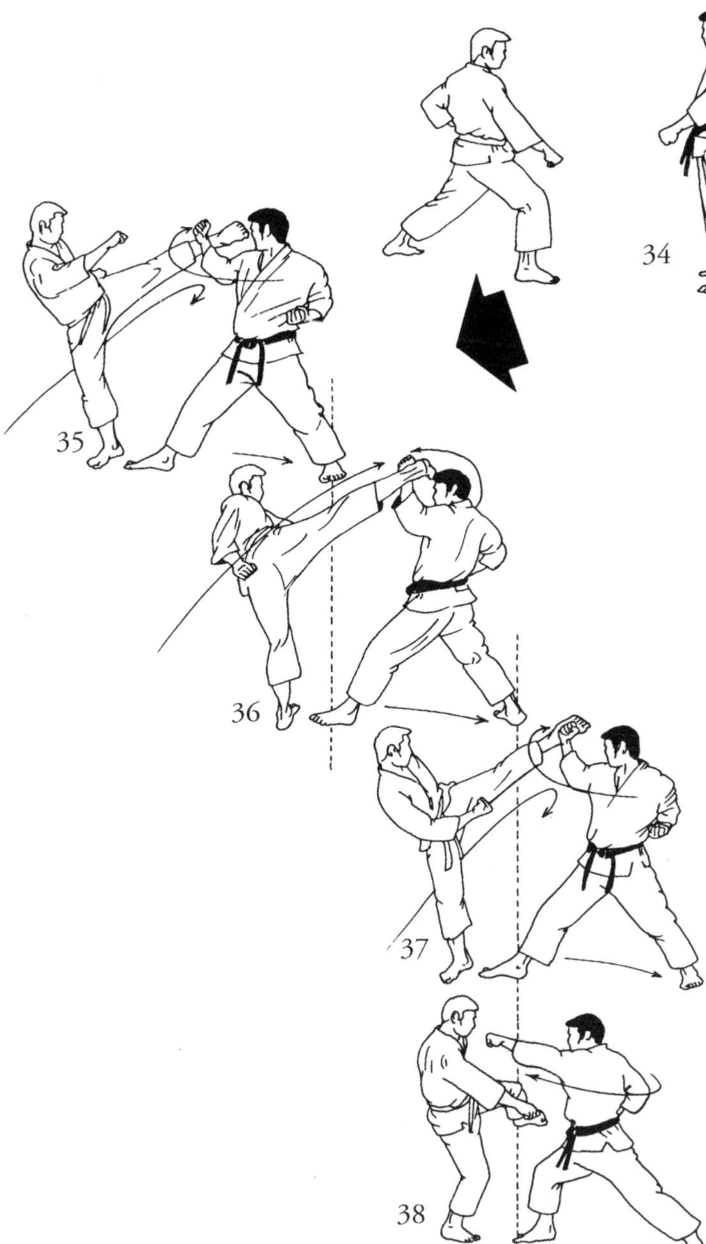
34
35
36
37
38

3.3 Ippon kumite – der Angriff auf einen Schritt

Es gelten auch hier die gleichen Vereinbarungen wie zuvor, aber alles geschieht mit einer einzigen Bewegung. Tori greift ein Mal mit der hinteren Faust an und setzt den hinteren Fuß ein Mal nach vorn. Uke blockt oder weicht aus und führt unverzüglich seinen Gegenangriff aus. Es handelt sich noch immer um *Kihon kumite*, und die Kontrolle der Schläge muss absolut sein. Die Art des Angriffs und die Höhenstufe müssen vorher genau festgelegt werden. Auf einer fortgeschritteneren Stufe kann man vereinbaren, dass Tori mit zwei oder drei unterschiedlichen Techniken (aber als verbundene Abfolge) beim Vorwärtsgehen angreift.

Auf den folgenden Seiten findet sich eine Auswahl aus einer endlosen und faszinierenden Vielfalt an Möglichkeiten.

- Tori ist rechts vorn in Bereitschaft (39).
- Angriff mit *Chûdan oi zuki* und Abwehr mit *Sôtô uke* (40).
- Gegenangriff mit *Jôdan mawashi geri* mit dem hinteren Fuß (41).

- Angriff mit *Chûdan oi zuki* und Abwehr mit *Chûdan barai* in Angriffsrichtung, in *Kiba dachi* (42).
- Gegenangriff mit *Jôdan yoko geri* (*Sokutô*) des rechten Beins (43).

- Angriff mit *Chûdan oi zuki* und Abwehr mit *Uchi komi* von innen, in *Kiba dachi* (44).
- Gegenangriff mit *Yoko empi uchi* mit demselben Arm (45).

- Angriff mit *Jôdan oi zuki* und Abwehr mit *Shutô uke* nach außen bezüglich der Angriffsrichtung, in *Nekoashi dachi* (46).
- Gegenangriff mit *Mae geri* des vorderen Fußes (47).

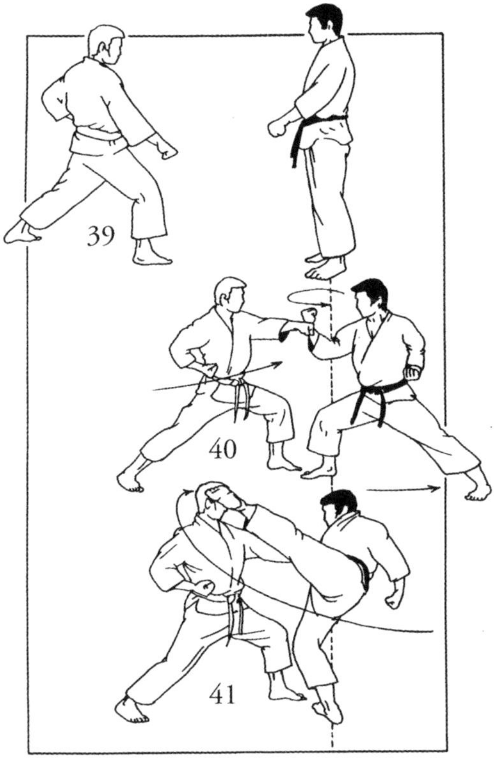
39
40
41

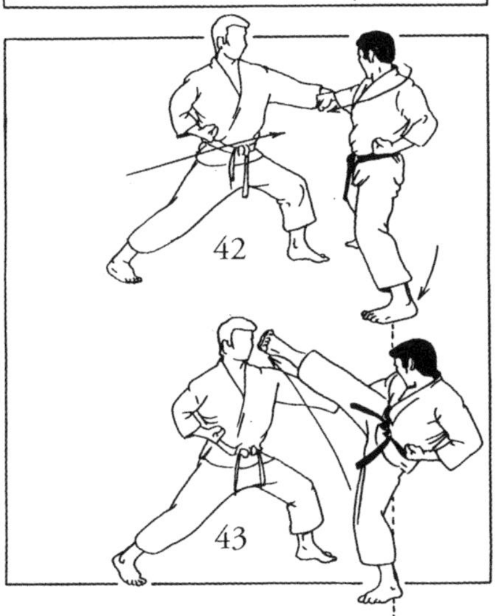
42
43

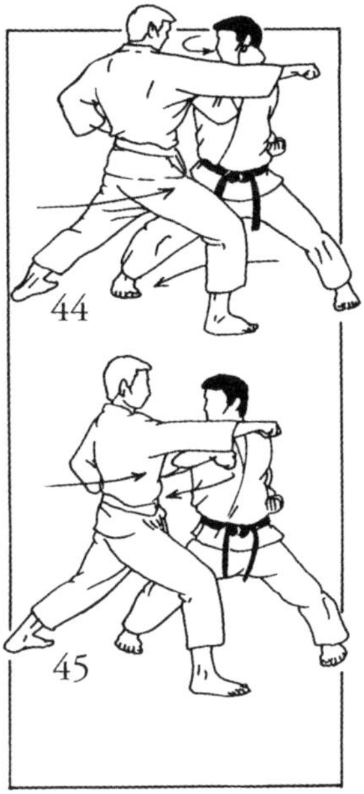
44
45

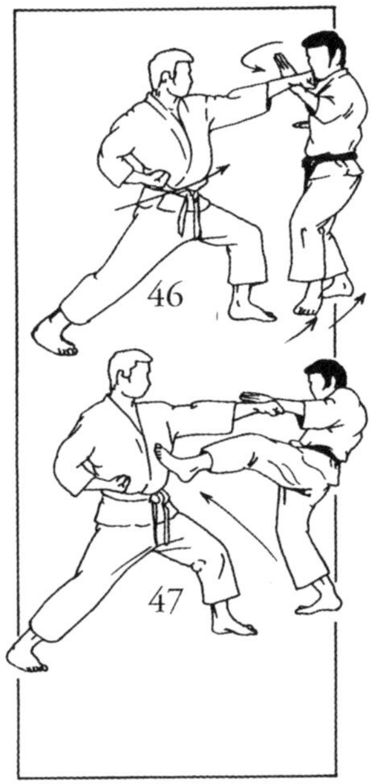
46
47

- Tori steht links vorn in Bereitschaft (48).
- Auf einen Angriff mit *Chûdan oi zuki* geht Uke auf Tori zu, weicht dabei ohne zu blocken mit dem Körper aus und greift direkt mit *Uraken uchi* in *Kiba dachi* an (49). Hierfür bedarf es einer hervorragenden Beherrschung des »Moments des Ausweichens«, da Uke keine Abwehrtechnik einsetzt.

- Angriff mit *Chûdan oi zuki* und Abwehr mit *Tate shutô uke* mit einem Gleitschritt auf Tori zu, wie im vorigen Beispiel, schräg in *Kiba dachi* oder in *Zenkutsu dachi* (50).
- Gegenangriff mit linkem *Chûdan mawashi geri*, wobei der rechte, gestreckte Arm von Tori mit beiden Händen ergriffen wird (51).

Da Uke in den letzten beiden Beispielen dem Angriff ausweicht (er geht ihm entgegen), ist seine Technik als *Irimi*, als »Überströmen«, einzustufen.

- Tori ist links vorn in Bereitschaft (52).
- Angriff mit *Chûdan oi zuki* und Abwehr mit *Morote tsukami uke* mit Brechen des Gleichgewichts (53).
- Erster Gegenangriff mit *Mawashi geri* des hinteren Beins (54).
- Zweiter Gegenangriff mit *Tettsui uchi* der vorderen Faust (55).

Man kann auch direkt von 53 zu 55 übergehen.

- Tori ist in Bereitschaft rechts vorn (56)
- Beginn des Angriffs mit *Chûdan oi zuki*, den Uke direkt mit *Gedan barai* (stoppender Schlag) abfängt, wobei er Tori entgegengeht (57).
- Gegenangriff mit *Hiza geri* aus unmittelbarer Nähe (58).

Achtung: Der Block ist für beide Partner schmerzhaft. Auf keinen Fall darf Uke gegen Toris Ellbogen schlagen. – Der Partner muss gewarnt werden, bevor man diese Vorgehensweise wählt, und der Aufschlag muss kontrolliert erfolgen!

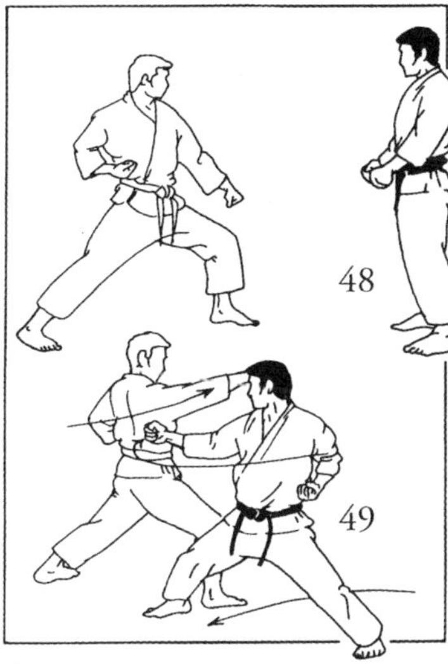

48 49

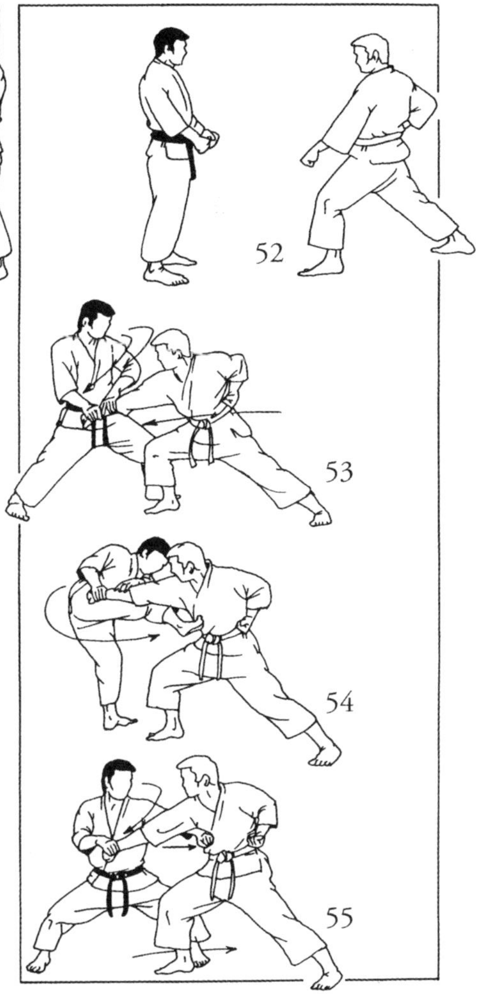

52 53 54 55

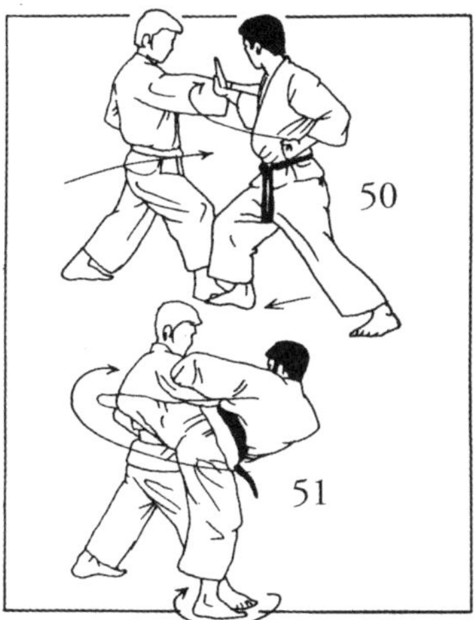

50 51

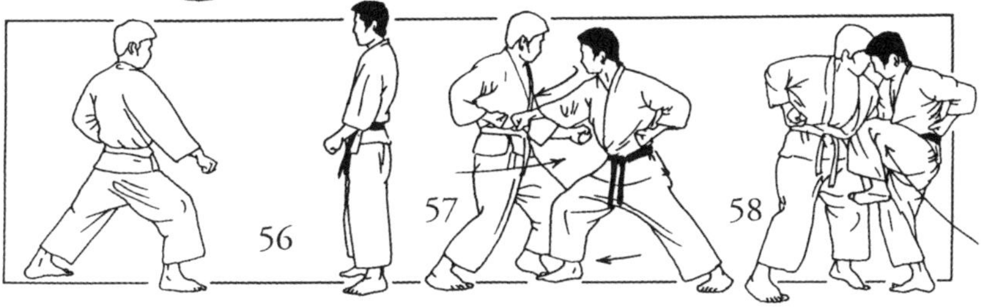

56 57 58

- Angriff mit *Chûdan oi zuki* und Abwehr mit *Shutô uke* von innen (59).
- Gegenangriff mit *Gyaku nukite zuki* (60).

- Angriff mit *Jôdan oi zuki* und Abwehr mit *Shutô kake uke* von innen (61).
- Gegenangriff mit *Shutô uchi* von außen nach innen (62).

- Tori in Bereitschaft rechts vorn (63).
- Tori greift mit *Mae geri* an, gefolgt von *Jôdan oi zuki* (*Kette jun zuki*).
- Uke blockt zunächst mit *Gedan barai* (64) und dann, am Ort, mit *Age uke* mit demselben Arm (65).
- Gegenangriff mit *Jôdan gyaku zuki* (66).

In allen Formen des Kihon kumite *ist es wichtig, dass man zunächst Faustangriffe trainiert und dann erst Angriffe mit dem Fuß. Beim Vor- und Zurückgehen müssen die Hüften auf einer Höhe bleiben, und man darf den Oberkörper nicht nach vorn oder hinten beugen. Des weiteren muss darauf geachtet werden, dass stabile Stellungen beibehalten werden. Für den fortgeschrittenen Karateka ist die Vielfalt der Angriffsmöglichkeiten grenzenlos!*

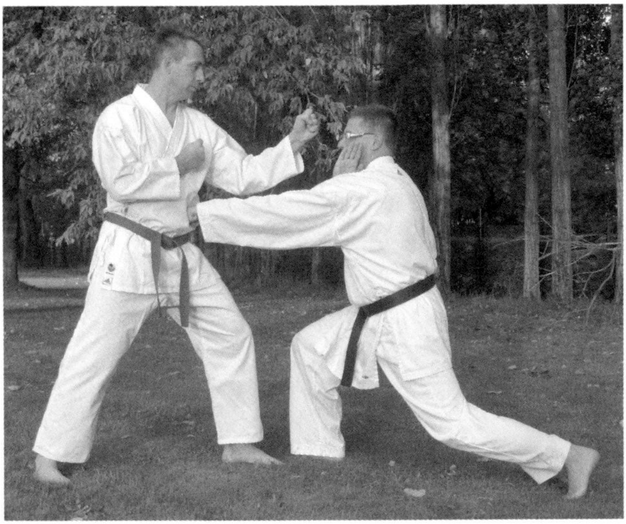

Foto 26: Angriff mit *Chûdan gyaku zuki* (Wadô)

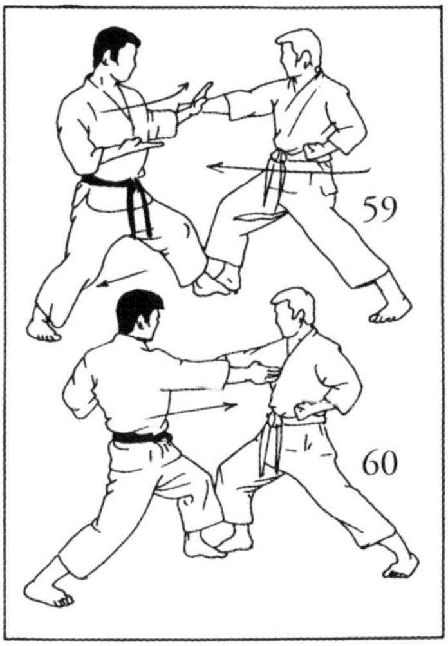
59
60

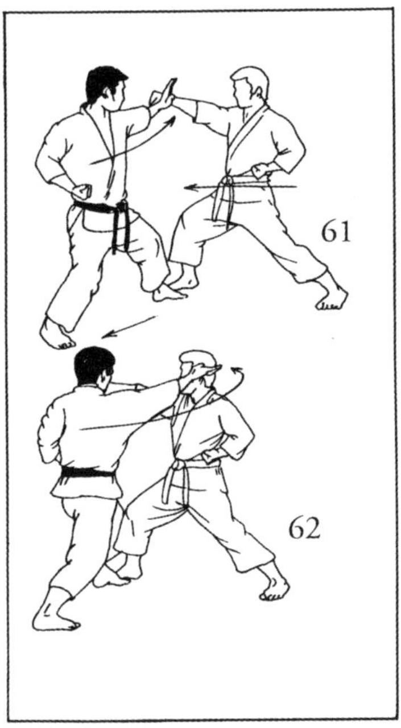
61
62

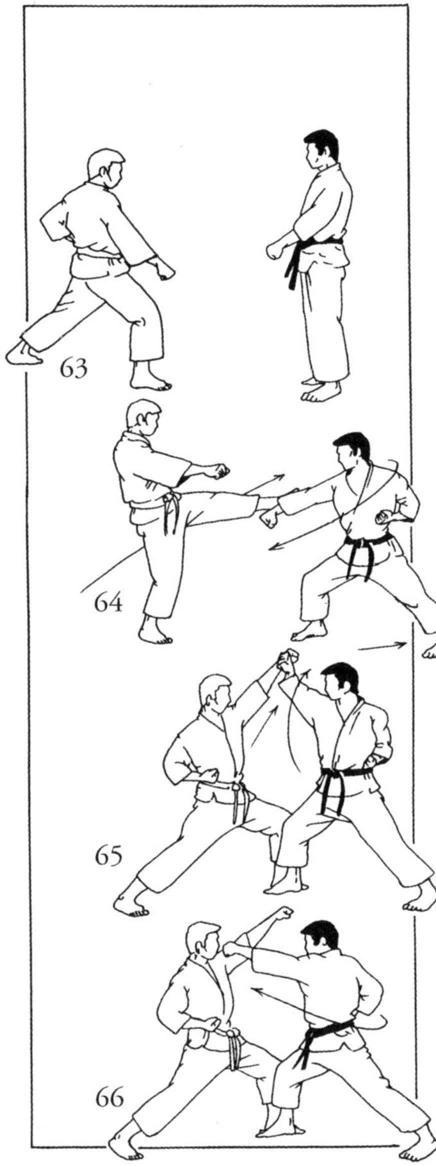
63
64
65
66

3.4 Ju ippon kumite – der flexible realistische Angriff auf einen Schritt

Die zu treffenden Vereinbarungen für diese Form des Kampfes wurden bereits weiter vorn beschrieben. An dieser Stelle seien noch einmal die wichtigsten Unterschiede zum *Ippon kumite* aufgeführt:

- Tori und Uke beginnen aus einer freien Bereitschaftshaltung (*Kamae*).
- Tori kann seine Techniken entwickeln, sich drehen und den besten Angriffswinkel suchen – es handelt sich nicht mehr um eine Übung auf einer Linie.
- Tori kann täuschen, darf aber nur mit den Techniken tatsächlich angreifen, die zuvor abgesprochen wurden, und dies auf der vereinbarten Seite und der vereinbarten Höhenstufe.
- Tori muss versuchen, tatsächlich den Partner zu treffen – am Körper, aber niemals im Gesicht!
- Uke jedoch darf Tori auf keinen Fall bei seinem Gegenangriff real treffen.

Diese Art des Trainings soll die Schnelligkeit, die Reflexe und den Willen (den *Kiai*) im Angriff wie in der Verteidigung schulen. Es ist sinnvoll, damit nicht vor dem grünen Gürtel zu beginnen und die Übungen auch wesentlich weniger häufig als die *Ippon-kumite*-Formen auf einer Linie zu trainieren.

Im Folgenden einige Beispiele für *Ju ippon kumite*:

- Tori und Uke sind in *Kamae* (67).
- Angriff mit *Jôdan mawashi geri* und Abwehr mit *Sokumen awase uke* (68).
- Gegenangriff mit *Gyaku zuki* (69).

- Angriff mit *Chûdan oi zuki*, Abwehr mit *Teishô uke* im *Kiba dachi* (70).
- Gegenangriff mit *Jôdan uraken uchi* mit derselben Hand (71).

- Tori und Uke sind in *Kamae* (72).
- Angriff mit *Chûdan oi zuki* und Abwehr mit *Sôtô uke* (73).
- Gegenangriff mit *Gyaku zuki* auf einen Gleitschritt mit beiden Füßen in Richtung von Tori (74).

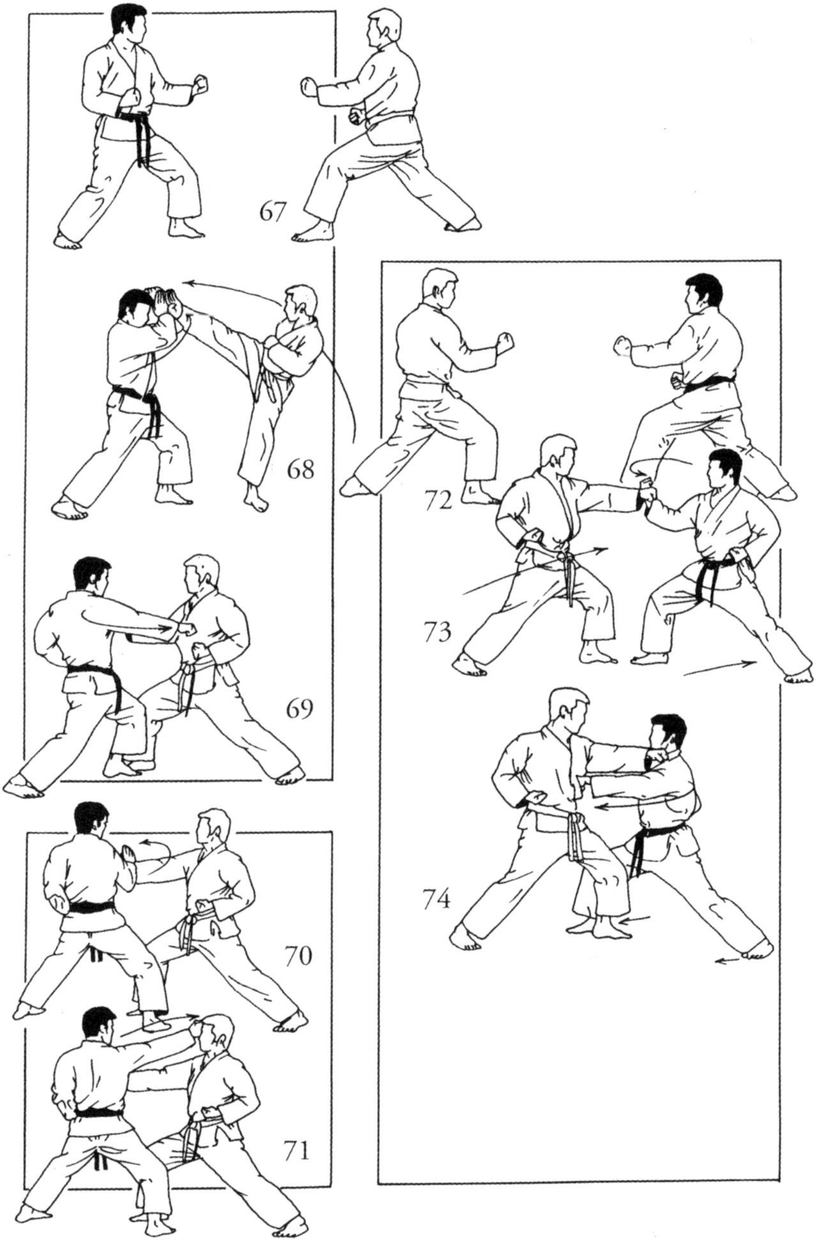
67
68
69
70
71
72
73
74

- Tori und Uke sind in *Kamae* (75).
- Angriff mit *Jôdan oi zuki* und Abwehr mit *Shutô uke* von innen (76).
- Gegenangriff mit *Jôdan gyaku zuki* (77).

- Angriff mit *Chûdan oi zuki*, Abwehr mit *Nagashi uke* von außen (78).
- Gegenangriff mit *Kagi zuki* auf Gleitschritt in *Kiba dachi* (79).

- Angriff mit *Chûdan mae geri*, dem mit einem *Gedan barai* nach innen zur Angriffsrichtung ausgewichen wird (80).
- Gegenangriff mit *Gyaku zuki* (81). Uke muss versuchen, den Gegenangriff anzubringen, bevor Tori auch nur die Zeit hat, seinen Fuß zurückzusetzen.

- Sobald Tori zum *Mawashi geri* ansetzt, springt Uke in den Angriff und plaziert einen *Mae geri* (82).

Man kann in einem fortgeschrittenerem Stadium auch gesprungene Angriffe mit dem vorderen Fuß (*Tobikonde*) oder mit der vorderen Faust (*Maite, Kizami*) ausführen. Noch einmal sei aber daran erinnert, dass zwar Tori beim Angriff Uke treffen darf, Uke beim Gegenangriff aber auf keinen Fall Tori.

3.5 Der Weg zum Ju kumite – der flexible freie Angriff

Mit der Zeit und mit zunehmender Erfahrung werden die Übungskämpfe immer vielfältiger und komplizierter werden, aber immer entsprechend den vorher getroffenen Vereinbarungen. Zunehmend eröffnet sich dem Karateka dann auch die Stufe des *Ju kumite*, des flexiblen freien Angriffs, bei dem beiden Kämpfern alles erlaubt ist, außer den Partner tatsächlich zu treffen. Das ist ein leidenschaftliches Spiel, bei dem alle Kräfte und Fähigkeiten gefragt sind. Aber man muss auch in der Lage bleiben, mit korrekten Techniken zu kämpfen und in stabilen Ständen zu bleiben. Das heißt, man darf die Grundtechniken dabei nicht vergessen, ansonsten ist das, was man tut, kein Karate mehr.

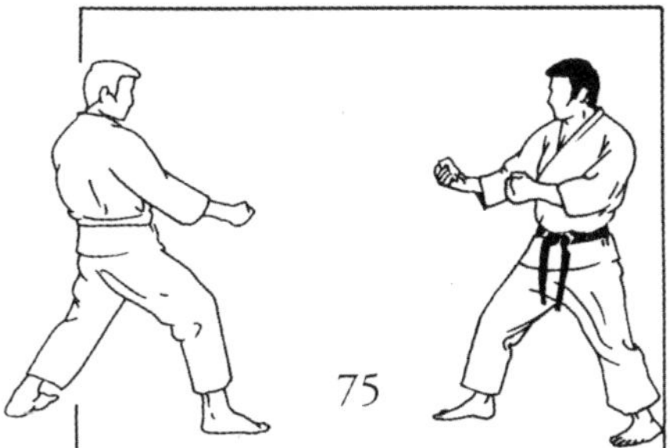
75

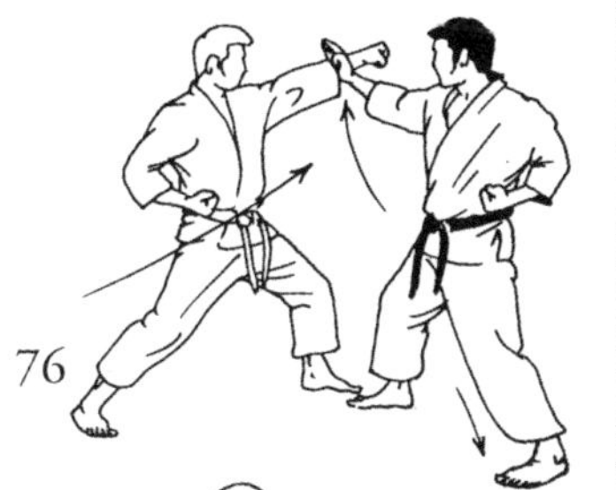
76

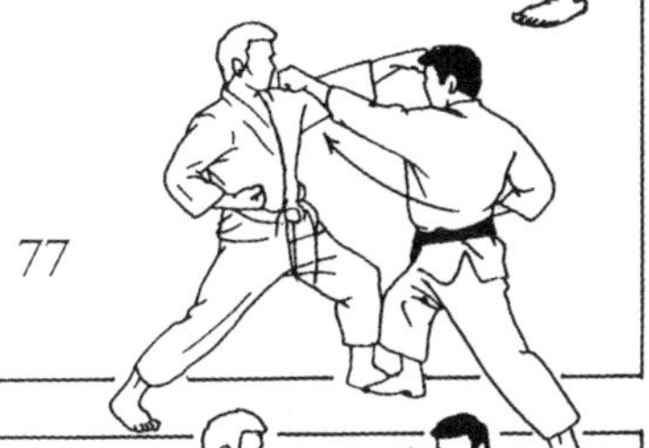
77

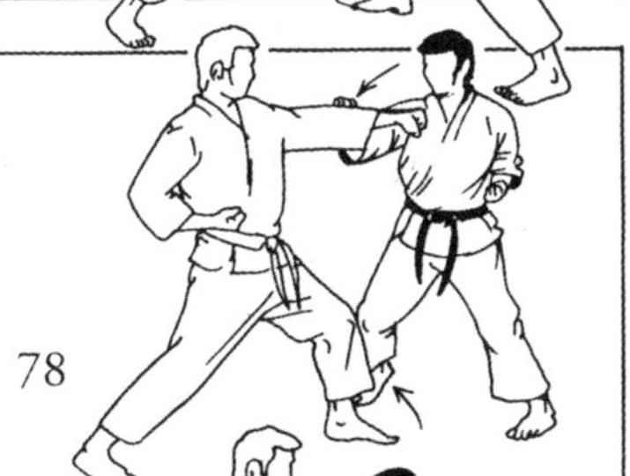
78

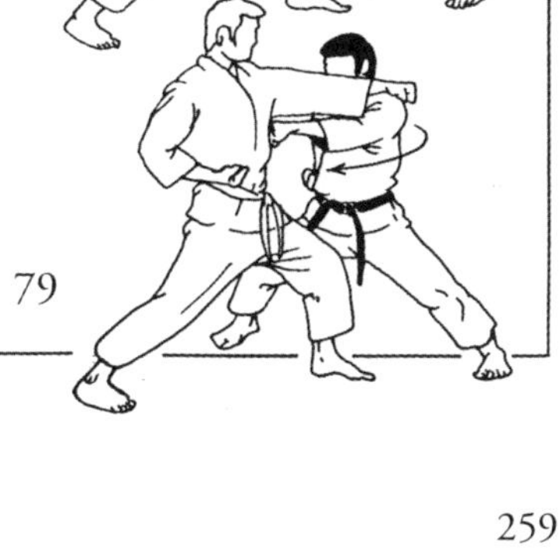
79

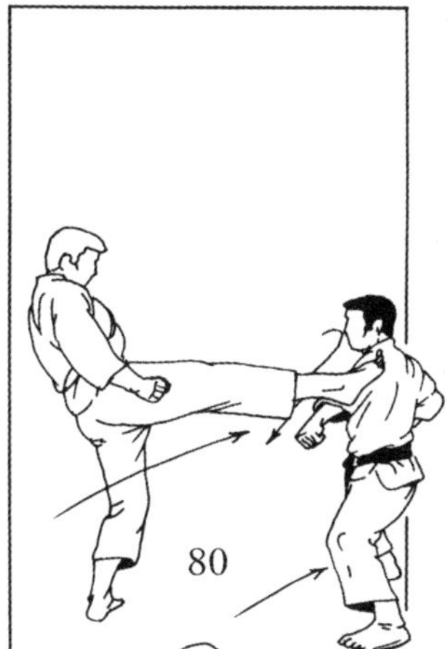
80

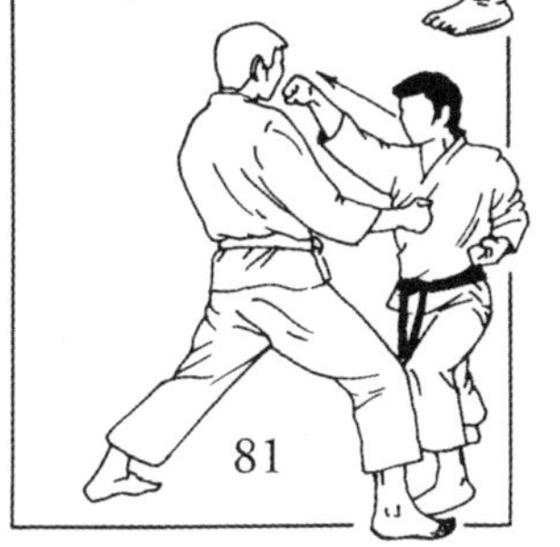
81

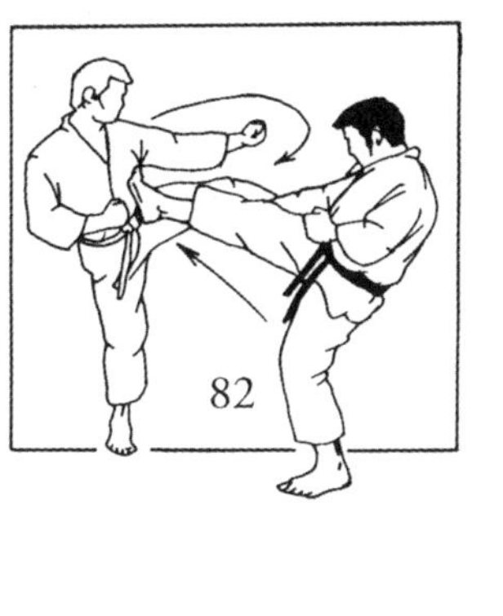
82

Der *Sensei* kann seine Schüler, bevor er sie zum *Ju kumite* führt, verschiedene flexible Kombinationen von Techniken üben lassen, bei denen beide abwechselnd die Rollen von Tori und Uke übernehmen. Auf diese Weise lernt man besser, das grundlegende Problem, das sich beim freien Kampf stellt, zu beherrschen, nämlich das des richtigen Abstands (*Maai*).Wenn man eine Technik anbringt, darf man weder zu nah am Partner sein noch zu weit entfernt von ihm. Und das ist schwierig zu gewährleisten, wenn beide Kämpfer unaufhörlich in Bewegung sind …

In der Folge wird ein (theoretisches) Beispiel für *Ju kumite* vorgestellt:

Da Tori und Uke ihre Rollen wechseln, werden hier die Kämpfer durch ihre Haar- und Gürtelfarbe unterschieden, also Schwarz (S) und Weiß (W).

83. W greift mit *Mae geri* an, S blockt mit *Chûdan barai* oder *Gedan barai* (in Abhängigkeit vom Abstand und somit davon, wie weit das Bein von W gestreckt ist).
84. W fährt mit *Jôdan oi zuki* fort, den S am Ort mit *Age uke* mit dem gleichen Arm abwehrt wie bei der Technik zuvor.
85. S vollführt einen Gegenangriff mit *Jôdan gyaku zuki*, den W mit einem *Age uke* mit dem anderen Arm abwehrt.
86. W fährt mit *Mawashi geri* mit dem vorderen Bein fort; S weicht aus mit *Chûdan barai* oder *Gedan barai* (siehe Anmerkung zu 83) und geht in die Angriffsrichtung hinein.
87. Während S einen Gegenangriff mit *Chûdan mae geri* ausführt, pariert W mit einem gegenseitigen *Gedan barai.*
88. S fährt mit *Jôdan oi zuki* fort, der am Ort von W mit *Age uke* abgewehrt wird.
89. W führt einen Gegenangriff am Ort mit *Maite* aus, S blockt mit gegenseitigem *Sôtô uke.*
90. W geht mit *Mae geri* vor, und S weicht mit einem *Gedan barai* zurück.
91. W fährt mit *Jôdan oi zuki* fort, den S mit gleichseitigem *Age uke* blockt.
92. W führt einen *Chûdan gyaku zuki* aus, den S mit einem *Sôtô uke* mit demselben Arm abwehrt.
93. Man kann die Abfolge mit einem *Gyaku zuki* von S gegen W, der nun bewegungslos verharrt, beenden.

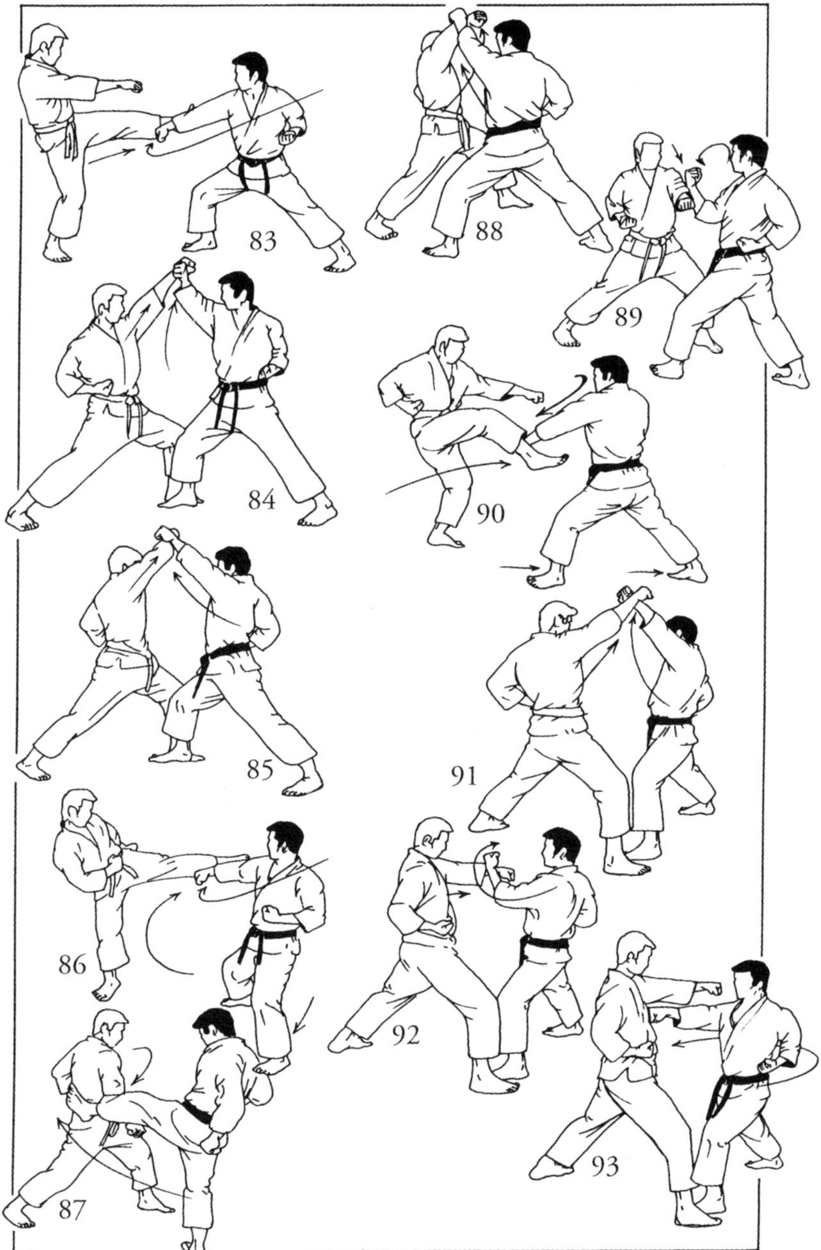
83
84
85
86
87
88
89
90
91
92
93

Das »Dô« des Karate, oder von der Verantwortung des »Schwarzgurts«

Unsere Gesellschaft entwickelt sich unaufhörlich in eine bestimmte Richtung. Im Vordergrund stehen mehr und mehr Vergnügen und Zerstreuung, und alles, was als Zwang empfunden werden könnte, gerät zusehends ins Hintertreffen. Für das Erlernen einer traditionellen Kampfkunst bedeutet das ein Problem (neben anderen). Denn die Ausbildung, die hierfür vonnöten ist, muss – was sie schon immer war – autoritär sein und denen, die sich ihr unterziehen, ein Gefühl von Strenge vermitteln. Es geht darum, die Auswirkungen von Bewegungen bis ins letzte Detail zu begreifen, die Bedeutung jedes Schrittes zu verstehen. Das führt zu Entdeckungen und einem Erfahrungsschatz, der auch im Alltag eine Rolle spielen wird. Aber die Menschen ertragen immer weniger auch nur den kleinsten Zwang, welcher Zweck auch damit angestrebt wird.

Ich praktiziere und lehre die Kampfkünste, und vor allem Karate – eine der Wurzeln meiner Leidenschaft – seit mehr als einem halben Jahrhundert. Das scheint unglaublich lange zu sein, und vielen wird so etwas unzeitgemäß vorkommen; der aktuelle Zeitgeist verlangt ja geradezu, dass die Menschen in allem, was sie tun, nach unaufhörlicher Veränderung streben. Aber die wirklichen Künste des Kampfes – in denen man furchteinflößende Kampftechniken lernt, die man aber niemals anwenden darf! – verlangen, dass man sich Zeit lässt, voll Zuversicht, Geduld, Vertrauen und Bescheidenheit. Der Weg des *Budô* endet erst, wenn es einem körperlich nicht mehr möglich ist, ihn weiter zu beschreiten. »*Kyû dô mu gen*«, »der Weg des Lernens hat kein Ende«, besagt ein japanischer Spruch.

In der heutigen Welt sind die traditionellen Bezugspunkte durch moderne »Werte« (!) wie den allgemeinen Zweifel und das öde Streben nach Geld hinweggefegt worden. Was zählt, ist Wettkampfgeist und nicht das Streben nach Menschlichkeit. Ich wünsche mir trotz allem heute mehr denn je, dass man jenes langfristige Ziel nicht aus den Augen verliert, welches die Entdeckung des *Weges* (*Dô*) darstellt. Dieser gestattet es dem Menschen, *wirklich* zu existieren, einen Sinn in seinem Leben und seinen Platz zwischen den anderen Menschen zu finden. Zu lernen, sich durch den Weg des *Karatedô* selbst zu beherrschen und sich zu entfalten, ist Teil einer ethischen Lebenslehre. Diese beinhaltet vor allem aber auch, gegenseitigen Respekt und Toleranz zu erlernen in einer Gesellschaft, in der nur ein friedliches Zusammenleben das Wohlergehen aller gewährleisten kann.

Es lässt sich nicht leugnen, dass der primäre Grund, aus dem man eine Kampfkunst trainiert, darin besteht, rasch einige vordergründige Vorteile zu erlangen. Dazu zählen erhöhtes Selbstvertrauen, Entwicklung und Beherrschung des Körpers, das Gefühl größerer Sicherheit, bessere körperliche Fähigkeiten, ein messbarer Nutzen für die Gesundheit, sportliche Erfolge, Graduierungen usw. Daran ist nicht das mindeste auszusetzen. Selbst wenn einen dies manchmal zu riskanten Übertreibungen und unüberlegten Handlungen treibt, so lohnen diese Ziele insgesamt durchaus die Mühe. Eine Kampfkunst zu praktizieren, wenn dies mit der nötigen Ausdauer verbunden ist, lehrt einen »besser zu leben«. Dies gilt allerdings nur unter der Voraussetzung, dass man nicht in die Falle des Geltungsbedürfnisses, der Selbstüberhebung tappt, und statt dessen geduldig echtes Selbstbewusstsein sich entwickeln lässt.

Man darf nie vergessen, dass im Zentrum jeder authentischen Kampfkunst (bei der die Nachsilbe »*Dô*« im Namen ihre Berechtigung hat) die innere Entwicklung des Ausübenden steht. Durch das magische Wirken einer Art innerer Alchemie soll er zu einer anderen Form des »Wissens« gelangen. Dieser Gegenstand durchzieht wie ein roter Faden alle Bücher, die ich verfasst habe. Auch am Ende dieses »technischen« Werkes über die Grundlagen des Karate will ich darauf verweisen, dass jemand, der wenigstens die Idee einer solchen Möglichkeit akzeptiert, bereits eine Ahnung von einer anderen Dimension der Kampfkünste bekommt. Damit kann sich ihm mit der Zeit ein unglaublich weites und fruchtbares Feld erschließen, ein Gebiet, das nicht zuletzt auch unter sozialen Aspekten hochinteressant ist. Denn wenn diese innere Entwicklung dazu führt, dass man tatsächlich besser mit sich selbst zurechtkommt, dann führt sie auch zu einem besseren Auskommen mit den Mitmenschen. Auf diese Weise mündet die Kampfkunst in etwas Unerwartetem – sie wird zu einem Weg der Menschlichkeit.

Beim Üben der Kampfkunst erkennt man seine Möglichkeiten und seine Grenzen, seine positiven Seiten und auch seine Schattenseiten und Schwächen, lotet die eigenen Ängste und Triebe aus. Lernt man dabei, sich so zu akzeptieren, wie man ist, nicht nach Entschuldigungen zu suchen, bescheiden zu bleiben, wird man durch die Selbsterkenntnis mit der Zeit auch Verständnis für die anderen entwickeln, ihnen näher kommen.

Wer unbeirrt auf dem *Weg* voranschreitet, sich nicht mit den flüchtigen Erfolgen zufrieden gibt, die sich unterwegs einstellen können, wird das wirkliche Leben kennenlernen. Vor allem wird er lernen, das zu erkennen, was tatsächlich wichtig ist, und er wird nicht das Risiko sinnloser, nicht kontrollierbarer Konfrontationen auf sich nehmen. Das ist das Wesen meines »Weges des Tengu« (*Tengu no michi*).

Ein echter *Budôka* ist vor allem deswegen effektiv, weil er gelernt hat, der Konfrontation aus dem Weg zu gehen. Er weiß, dass er lediglich dem eigenen Ego schmeichelt, wenn er sich, nur um sich zu beweisen, mit anderen messen will. Und ihm ist bewusst, dass er sich dadurch von seinem wahren Ziel entfernt. Er wird nur kämpfen, wenn es keine andere Möglichkeit gibt, um Leben und Gesundheit zu schützen. Das ist die Grundhaltung, die jeder »Schwarzgurt« demonstrieren und verteidigen sollte. Das ist die pädagogische Botschaft, die es wert ist, ohne Unterlass in allen *Dôjô* und auch außerhalb derselben verbreitet und erläutert zu werden. Sie muss bis ins Herz unserer so gefährdeten Gesellschaft des 21. Jahrhunderts dringen, einer Gesellschaft, die durch ihre begründeten Zukunftsängste schon verzagt und zerbrechlich geworden ist. Angesichts dieser Botschaft sollten all die kleinen Streitigkeiten zwischen den Schulen und den Stilrichtungen, die Versuche, sich gegenseitig zu überbieten oder mit elitären Ausbildungsinhalten zu glänzen, all die endlosen Dispute, die nur zu Zerwürfnissen führen bzw. zu nichts anderem gut sind, als die Selbstgefälligkeit vor dem Hintergrund des Lobbyismus zu nähren, verblassen.

Aber wie soll man das erklären in einer Welt, die zunehmend in einen Strudel aus Gewalt und Widersprüchen gerät, die trunken ist vom Geist des Wettbewerbs, der durch willfährige Medien zum universellen Wert heraufstilisiert wurde? Wie kann vermieden werden, dass der kriegerische Weg nicht endgültig die verheißungsvolle Ausrichtung verliert, die seine Urväter ihm einst gegeben haben? Wer wird sich in Zukunft darum kümmern? – Das alles liegt in der Verantwortung der »Schwarzgurte des *Budô*«, solange sie noch echte *Yudansha* (Danträger) in der Tradition sind.

Denken Sie daran, wenn Sie sich diesen kostbaren Gürtel umbinden, nach dem Sie so lange gestrebt, den Sie sich verdient haben in den unzähligen Stunden, in denen Sie die Techniken des *Kihon* übten, in denen Sie sich keine Schwäche gestatteten, nicht nach Ausreden suchten, wenn Sie die Bewegung nicht makellos ausgeführt hatten … Alles beginnt mit den dem *Kihon*, den Grundtechniken! Durch sie lernt man, wie wichtig es ist, nach Vollkommenheit zu streben. Alles fängt mit den Grundlagen an, mit nichts als den Grundlagen …

TENGU-RYU
karatedo

Tengu
no Michi

Glossar

A

Age	Anheben, nach oben
Age uke	Aufsteigende Abwehr
Ashi	Fuß
Ashibo kake uke	Abwehr mit dem Schienbein
Ashikubi kake uke	Abwehr mit dem Fußgelenk
Ashi uke waza	Abwehrtechnik mit dem Fuß
Atemi	Schlag (*Ate*) auf den Körper (*Mi*)
Awase zuki	Beidhändiger Fauststoß in U-Form

B

Barai	Fegen; mähen
Budô	Weg des Kriegers, Kampfkunst
Buki	Waffe

C

Chimei	Tödlicher Schlag
Choku zuki	Direkter Fauststoß
Chûdan	Mittlere Höhenstufe
Chûdan barai	Fegeabwehr auf mittlerer Höhe
Chûdan jûji uke	Kreuzabwehr auf mittlerer Höhe

D

Dachi (Tachi)	Stellung
Dan	Stufe, Grad
Dô	Weg
Dôjô	Ort (*Jô*), an dem der Weg (*Dô*) studiert wird

E

Empi	Ellbogen
Empi uchi (Hiji ate)	Ellbogenstoß
Empi uke	Abwehr mit dem Ellbogen

F

Fumikiri	Schneidetritt
Fumikomi	Stampftritt

G

Gamae (Kamae)	Bereitschaft
Gedan	Untere Höhenstufe
Gedan barai	Fegeabwehr auf unterer Stufe
Gedan jûji uke	Kreuzabwehr auf unterer Stufe
Gedan kake uke	Hakenabwehr auf unterer Stufe
Gedan nagashi uke	Untere Fegesperre
Go	Fünf
Gôjû-ryû	Schule (Ryû) des Karate, gegründet von Miyagi Chôjun
Gohon kumite	Angriff auf fünf (Go) Schritten
Go no sen	Gegenangriff nach dem Beginn des gegnerischen Angriffs
Gyaku	Umgekehrt; seitenverkehrt
Gyaku mikazuki geri	Umgekehrter Halbmondtritt
Gyaku zuki	Gegenseitiger Fauststoß
Gyaku zuki no ashi	Stellung für Gyaku zuki
Gyaku zuki no tsukomi	Gegenseitiger Fauststoß mit Körperunterstützung
Gyaku zuki tsukomi no ashi	Stellung für Gyaku zuki no tsukomi

H

Hachiji dachi	Offene Fußstellung
Haishu	Handrücken
Haishu uke	Abwehr mit dem Handrücken
Haisoku	Spann
Haitô	Innenhandkante, Schwertrücken
Haitô uke	Schlag mit der Innenhandkante
Haiwan nagashi uke	Fegeabwehr mit dem Rücken des Unterarms
Hanmi	Im Halbprofil, schräg
Hanmi no nekoashi dachi	Schräge Katzenfußstellung
Hara	Bauch; Zentrum der Lebenskraft
Heikô	Parallel
Heikô dachi	Offene Parallelstellung
Heisoku dachi	Geschlossene Parallelstellung
Hidari	Links
Hidari gamae	Bereitschaft nach links
Hidari hanmi gamae	Bereitschaft nach schräg links
Hidari shizentai	Natürliche Stellung nach links

Hiji	Ellbogen
Hiji uchi	Ellbogenstoß
Hiji uke	Abwehr mit Ellbogen
Hikite	Zurückziehende Hand bzw. Faust
Hiki uke	Abwehr nach hinten
Hineri nagashi	Dreh-Fegeabwehr
Hiraki uke	Ausweichen zur Seite
Hitsui	Knie
Hitsui geri	Kniestoß
Hiza	Knie
Hiza geri (Hiza uchi)	Kniestoß
Hiza uke	Abwehr mit dem Knie

I

Ichi	Eins
Ippon ken	Einfingerfaust
Ippon kumite	Angriff auf einen Schritt
Ippon tote gyaku zuki	Gegenseitiger Fauststoß am Ort
Ippon tote gyaku zuki no tsukomi	Gegenseitiger Fauststoß am Ort mit Ausweichen
Irimi	Vorwärtsbewegung
Irimi uke	Verteidigung, bei der der Angriff vorbeigeleitet wird

J

Jôdan	Obere Höhenstufe
Jôdan jûji uke	Kreuzabwehr auf oberer Stufe
Jû	Zehn
Ju ippon kumite	Flexibler Angriff auf einen Schritt
Ju kumite	Flexibler Angriff
Jun zuki	Gleichseitiger direkter Fauststoß beim Vorwärtsgehen
Jun zuki no ashi	Stellung für Jun zuki
Jun zuki tsukomi	Gestreckter direkter Fauststoß
Jun zuki tsukomi no ashi	Stellung für Jun zuki tsukomi

K

Kagi zuki	Haken-Fauststoß
Kakato	Ferse
Kakato geri	Fersentritt

Kakete	Hakenabwehr mit der Hand
Kakiwake uke	Abwehr gegen doppelten Griff
Kakutô uke	Abwehr mit Handgelenkrückseite
Kamae (Gamae)	Bereitschaft
Kamiza	Ehrenplatz im Dôjô
Karada	Körper; Gesundheit
Kara zuki	Direkter Fauststoß
Karategi	Trainingskleidung
Kata	Stilisierte Kampfform
Kawashi waza	Ausweichtechnik
Keage	Geschnappter Fußtritt
Keikogi	Trainingskleidung
Kekomi	Gerader Fußtritt
Kento	Basisknöchel von Zeige- und Mittelfinger in der Faust
Keri waza	Fußtritttechnik
Kette gyaku zuki	Abfolge aus Fußtritt und gegenseitigem Fauststoß
Kette jun zuki	Abfolge aus Fußtritt und gleichseitigem Fauststoß
Ki	Vitalenergie
Kiai	Kampfschrei zur Unterstützung einer Technik
Kihon	Grundtraining, Basistraining
Kihon kumite	Grundform des Trainingskampfes
Kime	Konzentration der Energie beim Auftreffen am Ziel
Kizami zuki	Gestreckter direkter Fauststoß
Ko	Klein
Kohai	Anfänger
Koken	Rückseite des einwärts gebeugten Handgelenks
Koken uke	Abwehr mit der Handgelenkrückseite
Kôkutsu dachi	Rückwärtsstellung
Kokyû	Tiefer Bauchatem (ko: Einatmen; kyû: Ausatmen)
Koshi	Fußballen; Hüfte
Kubi mawashi geri	Peitschentritt mit dem Spann
Kumite	Übungskampf, Angriff
Kyû	Schülergrad

M

Maai (oder Ma)	Abstand
Mae	Nach vorn
Mae empi uchi (Mae hiji ate)	Ellbogenstoß nach vorn
Mae geri	Direkter Fußtritt nach vorn
Mae hiza geri	Kniestoß nach vorn
Mae tobi geri	Gesprungener Fußtritt nach vorn
Mae ude hineri uke	Abwehr mit dem Unterarm mit Verdrehung
Mahanmi no nekoashi dachi	Große Katzenstellung
Maite	Fauststoß nach vorn
Makiwara	Schlagpfosten
Manmae no nekoashi dachi	Katzenstellung nach vorn
Mashômen no nekoashi dachi	Katzenstellung nach vorn
Mawashi empi uchi (Mawashi hiji ate)	Gepeitschter Ellbogenstoß
Mawashi geri	Halbkreisfußtritt
Mawashi hiza geri	Halbkreiskniestoß
Mawashi zuki	Halbkreisfauststoß
Mawate	Umdrehen
Mawate gedan barai	Untere Fegeabwehr mit Wende
Mikazuki geri	Halbmondtritt
Mikazuki geri uke	Fegeabwehr mit der Fußsohle
Morote	Mit beiden Händen
Morote uke	Beidhändige Abwehr
Morote zuki	Beidhändiger Fauststoß
Musubi dachi	Grundstellung mit geschlossenen Fersen

N

Nagashi	Fegen, fließen; den Angriff aufnehmen
Nagashi zuki	Ausweichstoß
Naihanchi dachi	Reiterstellung, mit parallelen Füßen
Nami ashi uke	Aufsteigende Abwehr mit der Fußsohle
Naore	Entspannen; bequemer Stand
Nekoashi dachi	Katzenfußstellung
Ni	Zwei
Nidan geri	Gesprungener Zweistufentritt
Nukite	Speerhand

O

Ô	Groß
Obi	Gürtel
Oi zuki	Gleichseitiger Fauststoß
Osae	Gepresst
Osae uke	Pressabwehr nach unten
Otoshi	Von oben nach unten
Otoshi empi uchi (Otoshi hiji ate)	Schmetternder Ellbogenschlag nach unten
Otoshi uke	Abwehr von oben nach unten

R

Rei	Ritueller Gruß
Renzoku waza	Verknüpfte Techniken
Ren zuki	Faustschläge in schneller Abfolge
Ritsurei	Ritueller Gruß im Stehen

S

San	Drei
Sambon (Sanbon) kumite	Angriff auf drei Schritten
Sambon (Sanbon) zuki	Dreifacher Fauststoß
Seiryûtô	Handwurzel (der Schwerthand)
Seiryûtô uke	Abwehr mit der Handwurzel (Block mit der »Ochsenkieferhand«)
Sempai	Älterer, fortgeschrittener Schüler
Sen	Initiative (Gegenangriff vor Angriff)
Sen no sen	Initiative auf die Initiative (Gegenangriff auf Angriff)
Sensei	Lehrer
Shi (Yon)	Vier
Shiai	Wettkampf in Gegenwart eines Schiedsrichters
Shiko dachi	Reiterstellung, mit nach außen zeigenden Füßen
Shitô-ryû	Schule des Karate, gegründet von Mabuni Kenwa
Shôtôkan	Schule des Karate, gegründet von Funakoshi Gichin
Shutô	Handkante, Schwerthand
Shutô uchi	Schwerthandschlag
Shutô uke	Abwehr mit der Handkante

Sokumen awase uke	Seitenabwehr mit beiden Händen
Sokutei mawashi uke	Fegeabwehr mit der Fußinnenkante
Sokutei osae uke	Block mit der Fußsohle
Sokutô	Fußaußenkante, »Schwertfuß«; Seitwärtstritt
Sokutô osae uke	Block mit der Außenkante des Fußes
Sôtô	Außen
Sôtô uke	Block mit dem Unterarm von außen nach innen
Sukui uke	Schaufelabwehr
Suri komi	Übersetzschritt
Suri ashi	Gleitschritt, beginnend mit dem hinteren Fuß; Heransetzschritt

T

Tachi (Dachi)	Stellung
Tanden	Zentrum der inneren Energie
Tate	Senkrecht
Tate empi uchi (Tate hiji ate)	Ellbogenschlag von unten nach oben
Tate shutô uke	Abwehr mit der senkrecht stehenden Handkante
Tate zuki	Stoß mit der senkrechten Faust
Teiji dachi	T-Stellung
Teishô	Handwurzel, Handballen
Teishô uke	Abwehr mit dem Handballen
Te nagashi uke	Fegeabwehr mit der Hand
Te osae uke	Pressabwehr mit der Hand
Tettsui	Eisenhammerfaust
Tettsui uchi	Schlag mit der Eisenhammerfaust
Tobi	Gesprungen
Tobi geri	Gesprungener Fußtritt
Tobikomi zuki	Gleitender Fauststoß nach vorn
Tobikonde	In den Angriff hinein springen
Tobikonde mae geri	Fußtritt nach vorn auf einen Sprung
Tobikonde mawashi geri	Halbkreistritt auf einen Sprung
Tobikonde ura mawashi geri	Halbkreistritt nach innen auf einen Sprung
Tobikonde ushiro geri	Halbkreistritt nach hinten auf einen Sprung
Tobikonde yoko geri	Seitwärtstritt auf einen Sprung
Todome waza	Tödliche Technik
Tori	Angreifer; Ausführender
Tsukami uke	Greifabwehr
Tsuki (Zuki)	Grundlegender Fauststoß

U

Uchi	Innen
Uchi komi	Abwehr mit Unterarm von außen nach innen
Uchi nagashi	Schräges Ausweichen nach hinten
Uchi uke	Abwehr mit Unterarm
Ude barai	Fegeabwehr mit Unterarm
Ude uke	Abwehr mit Unterarm
Uke	Abwehr; Verteidiger
Uraken	Faustrücken
Uraken uchi	Schlag mit dem Faustrücken
Ura mawashi geri	Halbkreisfußtritt nach innen
Ura zuki	Fauststoß nach vorn ohne Drehung
Ushiro	Hinten
Ushiro empi uchi (Ushiro hiji ate)	Ellbogenschlag nach hinten
Ushiro geri	Fußtritt nach hinten
Ushiro mawashi geri	Halbkreisfußtritt nach innen

W

Wadô-ryû	Schule des Karate, gegründet von Ôtsuka Hironori
Wan	Unterarm
Waza	Technik

Y

Yama zuki	Berg-Stoß
Yame	Beenden; Rückkehr in Grundstellung
Yassme	Entspannen; bequemer Stand
Yôi	Bereitschaft
Yokeru koto	Ausweichbewegung
Yoko	Seitlich
Yoko empi uchi (Yoko hiji ate)	Seitlicher Ellbogenschlag
Yoko geri	Seitwärtstritt
Yon (Shi)	Vier

Z

Zanshin	Geisteszustand, geprägt durch Wachheit, Bereitschaft und innere Ruhe
Zenkutsu dachi	Stellung nach vorn
Zuki (Tsuki)	Grundlegender Fauststoß

Bubishi – Mit den 32 Formen des Kaisers Song Taizu

Die Bibel der Kampfkunst mit leerer Hand

In der südchinesischen Provinz Fujian (Fukien) entstand vor Jahrhunderten der Kampfstil des Weißen Kranichs, als Fang Jin Jang, Tochter eines Shaolinmeisters, die Kampfkunst ihres Vaters mit Haltungen und Bewegungen des Kranichs verknüpfte. Dieser Stil wird im Bubishi beschrieben, einem illustrierten Manuskript, das für jene bestimmt war, die Meister im Kampf ohne Waffen werden wollten. Es zeigt sich, daß die im Bubishi beschriebenen Techniken nichts weniger darstellen als jene Urformen, aus denen sich so unterschiedliche moderne Kampfkünste wie Karate, Jūjutsu, Jūdō, Aikidō oder Wingchun entwickelt haben. Alle Geheimnisse der waffenlosen Kampfkünste sind hier bereits offenbart.
In diesem Werk werden die 48 Nahkampftechniken des Bubishi (ergänzt durch ausführliche Kommentare und detaillierte Zeichnungen des Autors), die Kunst des Dianxue (die geheimnisumwitterten Vitalpunkttechniken der »vergifteten Hand«), die Geschichte des Kampfstils des »Weißen Kranichs« sowie Geschichte und Technik der Kata Hakufa und Happoren vorgestellt.

Die vorliegende Neuauflage des Bubishi enthält zudem eine umfassende Darstellung der »32 Formen des Boxens des Kaisers Song Taizu«. Hierbei handelt es sich um ein vollständiges Kapitel des chinesischen Klassikers Ji Xiao Xin Shu von General Qi Jiguang, der 1564 erschien.

Der japanische Karatemeister Ôtsuka Tadahiko, Lehrer und Freund Roland Habersetzers, analysiert die darin vorgestellten 32 Kampfpositionen. Der Wushu-Experte Maik Albrecht, welcher über zehn Jahre in China lebte, übersetzte und kommentierte die Einleitung des Ji Xiao Xin Shu, das erstmals einer nichtasiatischen Leserschaft zugänglich gemacht wird.

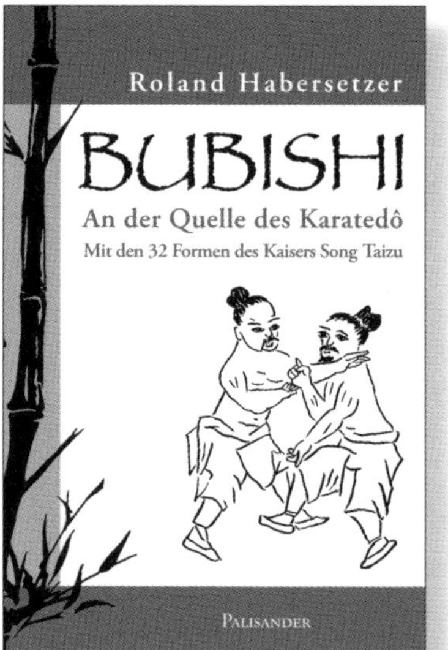

Maik Albrecht, der bei einigen der größten lebenden Meister des Wushu (Kungfu) in die Lehre gegangen ist und chinesische Sprache und Kultur studiert hat, hat es vollbracht, den klassischen Text auf eine Weise zu übertragen und zu erläutern, daß der Leser tiefe Einblicke in die faszinierende Welt der waffenlosen Kampfkünste im alten China gewinnt.

Roland Habersetzer
Bubishi – *An der Quelle des Karatedō*
Mit den 32 Formen des Kaisers Song Taizu
Aus dem Französischen von Frank Elstner
320 Seiten mit zahlreichen Abbildungen
5. Auflage 2020
ISBN 978-3-938305-00-3
25,90 €

Koshiki Kata

Die klassischen Kata des Karatedô

Die Kata der großen Stilrichtungen des Karate – Shôtôkan ryû, Gôjû ryû, Wadô ryû und Shitô ryû – besitzen eine gemeinsame Grundlage, die Koshiki Kata. Diese klassischen Kata des Karatedô stammen aus Okinawa. Die Meister, die sie zwischen dem 17. und 19. Jahrhundert schufen, schöpften dabei sowohl aus chinesischen Quellen (die Tao des Wushu) als auch aus der jahrhundertealten einheimischen Kampfkunsttradition, dem Tôde bzw. dem Okinawa te. Die Koshiki Kata wurden einerseits als hocheffiziente, verschlüsselte Kampfformen konzipiert, andererseits stellen sie aber auch ein wirksames Mittel für die geistige Entwicklung des Praktizierenden dar, einen Weg zu tiefer Selbsterkenntnis. Damit sind sie tatsächlich unerschöpfliche Fundgruben, unendliche Schätze.

Roland Habersetzer, 9. Dan *Karatedô*, Historiker der Kampfkünste, schildert in diesem Buch Geschichte, Philosophie und Praxis der *Koshiki Kata*. Parallel dazu beschreibt er die Entwicklung vom *Tôde* über das *Okinawa te* zum modernen Karate und die Herausbildung der bedeutendsten Stilrichtungen des japanischen und okinawanischen *Karatedô*.

28 der *Koshiki Kata* werden ausführlich und auf praktisch nachvollziehbare Weise in Wort und Bild vorgestellt, so z. B. die 16 Kata der Schule des Matsubayashi Shôrin ryû (die fünf Kata Pinan, die drei Naihanchi-Kata sowie die Kata Kûshankû, Passai, Ananko, Wankan, Rôhai, Wanshu, Chintô, Gojûshiho), acht personalisierte Kata (Itosu no Kûshankû, Matsumura no Passai, Chibana no Passai, Aragaki no Sôchin u. a.), zwei Kata des Uechi ryû (Sanchin und Seisan) und die Happoren-Kata.

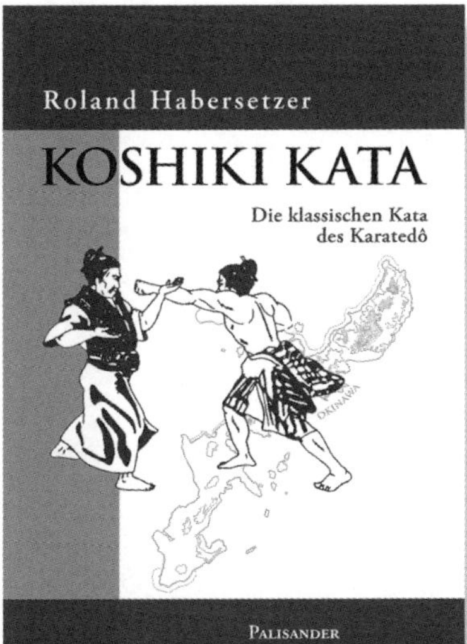

Roland Habersetzer
Koshiki Kata
Die klassischen Kata des Karatedô
Aus dem Französischen von Frank Elstner
400 Seiten mit zahlreichen Abbildungen
5. Auflage 2020
ISBN 978-3-938305-01-0
26,80 €

Karate der Meister – Mit Körper und Geist

Eine harmonisch entwickelte Einheit von Körper und Geist

Dieses Lehrbuch wendet sich an fortgeschrittene Karateka. Es hat den Anspruch, sie tiefer in die Welt des Karatedô zu führen und ihnen dadurch zu ermöglichen, den grundlegenden Dingen ihrer Kampfkunst näherzukommen.

Roland Habersetzer möchte mit seinem Werk dem erfahrenen Karateka Perspektiven eröffnen, die es ihm erlauben, Karate als lebenslangen Weg zu betreiben, während er die drei klassischen Entwicklungsstufen (Shu-Ha-Ri) vom Schüler zum Meister durchschreitet. Karatedô heißt für den Autor, »kämpfen zu lernen mit Aktivierung der inneren Energie (Ki), die in jedem Wesen existiert, aber meistens verborgen bleibt«.

Nach einem Abschnitt über Tradition und Karate wird im ersten Teil des Buches auf zentrale Themen wie die Aktivierung der Kraft des Hara, das Prinzip des Kime und die Beherrschung der Distanz im freien Kampf eingegangen, ebenso wie auf verschiedene Abwehrtechniken, so zum Beispiel die Abwehr mit doppelter Wirkung.

Der zweite Teil behandelt Kampfstrategien. Es wird gezeigt, wie man passives und aktives Verhalten nutzen kann, um dem Angreifer Fallen zu stellen, und welche Mittel der Täuschung es außerdem gibt. Ein weiteres Kapitel beschreibt Techniken von Tiger, Kranich und Drachen.

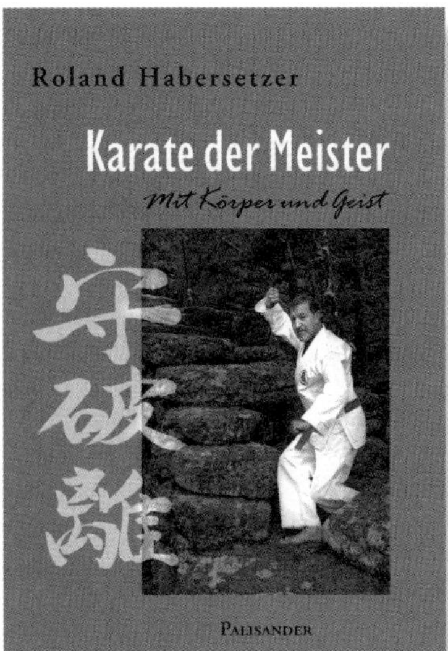

Den Leser erwarten eine Vielzahl anspruchsvoller Techniken, dargestellt mittels klarer und übersichtlicher Zeichnungen, zahlreicher Fotos und ausführlicher Beschreibungen, eingebettet in den philosophischen und geistigen Hintergrund des Karatedô.

Roland Habersetzer
Karate der Meister
Mit Körper und Geist
264 Seiten, mit zahlreichen Abbildungen
1. Auflage 2010
ISBN 978-3-938305-16-4
24,90 €

Von der Form einer Kampfkunst

Die Kata als zentrales Übungskonzept des Karate

Die traditionell überlieferten Formen des Karate, die Kata, enthalten sämtliche Facetten des Karatetrainings. Doch dieses Wissen wird nur dann umfassend zugänglich, wenn die Kata auf eine Weise analysiert werden, die das Weltbild der Menschen, die sie vor langer Zeit geschaffen haben, berücksichtigt, das heißt ihre religiösen Anschauungen, ihre Kenntnisse in traditioneller chinesischer Medizin, ihr Wissen über den Fluss des Ki (Qi) und vieles mehr.

Auf der Grundlage von über 40 Jahren eigener Übungs- und Unterrichtspraxis sowie umfangreicher Forschungsarbeit gelingt es dem Autor, anhand zahlreicher praktischer Beispiele und origineller Analysen darzustellen, wie es möglich ist, die Kata so zu entschlüsseln, dass der Karateka daraus vielfältiges anwendbares Wissen gewinnen kann. Erst mit solchem Wissen kann Karate wieder zu der echten und hocheffektiven Kampfkunst werden, als die es einst geschaffen wurde.

Das Werk beginnt mit Erläuterungen zu Aufbau und Struktur der Karate-Kata und zur potentiellen Wirkungsweise der enthaltenen Techniken; die Gesetze der Physik werden hierbei ebenso berücksichtigt wie alternativmedizische Modellbetrachtungen. Im zweiten Teil wird ausführlich auf das Üben der Kata und deren Umsetzung im freien Kampf eingegangen. Im dritten Teil werden einzelne für das heutige Karate besonders bedeutende Kata beschrieben und miteinander verglichen, so zum Beispiel die Kata Naifanchin und Bassai.

Roman Westfehling, 5. Dan, möchte den Leser ermutigen, immer wieder Altbekanntes in Frage zu stellen, damit er weiterkommt auf dem Weg der leeren Hand, dem Karate-dō. Dieses Buch richtet sich an jeden fortgeschrittenen Karateka – unabhängig von seiner Stilrichtung –, und auch dem interessierten Anfänger kann es als Wegweiser und Wegbegleiter dienen.

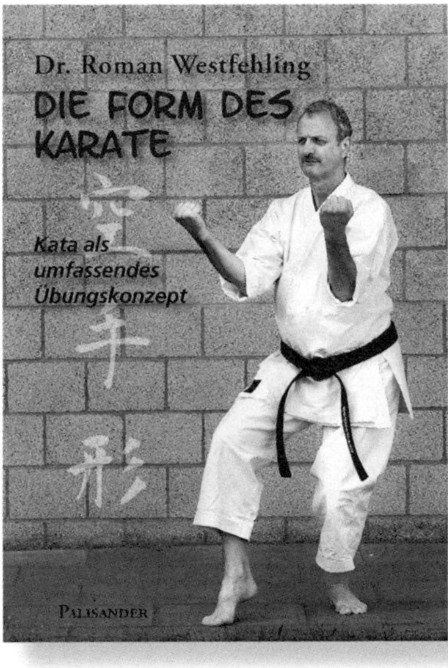

Roman Westfehling
Die Form des Karate
Kata als umfassendes Übungskonzept
408 Seiten mit 106 Abbildungen
1. Auflage 2015
ISBN 978-3-938305-84-3
24,80 €

Jamal Measara: Verschollene Traditionen des Okinawa-Karate

Traditionen für unsere Zeit

Der aus Malaysia stammende Jamal Measara genießt weltweit den Ruf eines der besten Kenner der klassischen okinawanischen Kampfkünste. Anhand zahlreicher Beispiele und Geschichten zeigt der Schüler von Shimabukuru Zenpo und Donn F. Draeger in diesem Buch, was die Philosophie und die Praxis des Okinawa-Karate auszeichneten. Zu den Themen zählen die Rolle der Geduld, die Bedeutung des Respekts, das Verhältnis zwischen Lehrer und Schüler, die Beziehung zwischen Kampfkunst und Heilkunde sowie traditionelle Methoden zum Muskelaufbau und zur Abhärtung. Ein großer Teil des Buches ist den Kampftechniken des klassischen Karate gewidmet. Mit Hilfe von Fotografien und Erläuterungen werden eine Reihe konkreter Anwendungen von Techniken aus den alten Kata vorgestellt, von Verteidigungen, die zugleich als Angriffe eingesetzt werden, bis hin zu Vitalpunkttechniken. Besonderer Wert wird darauf gelegt, aufzuzeigen, dass die Kampftechniken einst von kampferprobten Meistern für den Zweck der Selbstverteidigung entwickelt wurden. Im modernen Karate werden viele davon kaum noch gelehrt, weil sie für den sportlichen Wettkampf nicht geeignet sind.

Der Autor erläutert, welche nützliche Rolle Tradition in der modernen Zeit spielen kann. Schülern des Karate sollen die Möglichkeiten, die ihre Kampfkunst ihnen bieten kann, gezeigt werden, nicht nur hinsichtlich der Entwicklung ihrer kämpferischen Fähigkeiten, sondern auch für ihre Persönlichkeitsentwicklung, welche im klassischen Budō eine zentrale Rolle spielt. Tatsächlich kann Karate-dō einen lebenslangen Weg darstellen, eine umfassende Schule des Lebens.

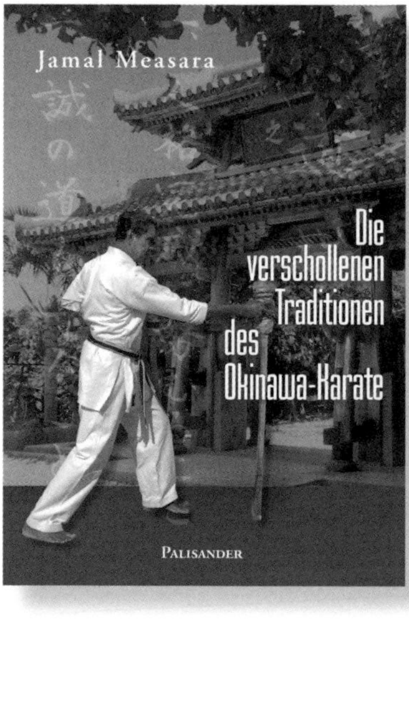

Karatetrainer erhalten zahlreiche Anregungen, wie sie die Ausbildung ihrer Schüler reichhaltiger gestalten können.

Sensei Measara lebt seit 1980 in Deutschland. In seinen Lehrgängen, die ihn in zahlreiche Länder führen, verbreitet und lehrt er die klassischen Kampfkünste Okinawas.

Jamal Measara
Die verschollenen Traditionen des Okinawa-Karate
160 Seiten, ca. 280 Fotos
1. Auflage 2012
ISBN 978-3-938305-11-9
€ 18,90

Die Krieger des alten Japan – Berühmte Samurai, Rōnin und Ninja

Erzählungen aus 700 Jahren japanischer Geschichte

Dem Kampfkunstexperten und Historiker Roland Habersetzer ist es gelungen, die Zeit des alten Japan auf fesselnde Weise lebendig werden zu lassen.

Der Autor entführt seine Leser in die abenteuerliche Welt der Samurai, Rōnin und Ninja. Äußerst spannend erzählt er von legendären Helden der japanischen Geschichte. In authentischen Erzählungen, die auf historischen Quellen beruhen, werden Begebenheiten aus dem Leben der »Schwertheiligen« Tsukahara Bokuden und Miyamoto Musashi sowie des »letzten Samurai«, Saigō Takamori, dargestellt. Außerdem finden sich im Buch Berichte über den blutigen Machtkampf zwischen den Klanen der Minamoto und der Taira im 12. Jahrhundert, den Aufstieg und den Fall des Klans der Takeda, den Rachefeldzug der 47 Rōnin aus Akō und zahlreiche andere berühmte wie auch nahezu in Vergessenheit geratene Ereignisse der japanischen Geschichte.

Zum Inhalt dieses Werkes gehören des Weiteren unterhaltsame Kōdan- und Dōjō-Geschichten, die Zenweisheiten vermitteln, und Begebenheiten aus der Welt der Ninja, jener geheimnisvollen Schattenkrieger des japanischen Mittelalters.

29 Farbtafeln mit Reproduktionen von Holzschnitten aus der Edo-Zeit und zahlreiche Schwarzweißillustrationen verleihen dem Buch einen besonderen Reiz.

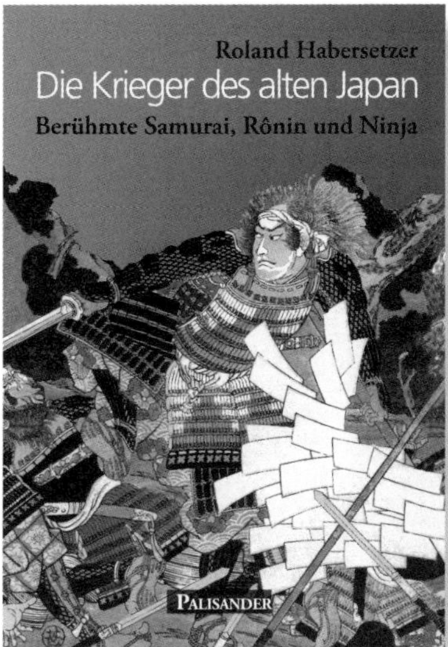

Roland Habersetzer
Die Krieger des alten Japan
Berühmte Samurai, Rōnin und Ninja
Aus dem Französischen von Frank Elstner
352 Seiten
29 Farbtafeln mit Holzschnitten
Zahlreiche Schwarzweißabbildungen
ISBN 978-3-957840-33-2
Neuausgabe 2021
€ 32,00
Auch als eBook erhältlich!